V&R Academic

Forschungen zur Kirchen- und Dogmengeschichte

Herausgegeben von
Volker Henning Drecoll and Volker Leppin

Band 105

Vandenhoeck & Ruprecht

Gerda Lettner

Das Spannungsfeld zwischen Aufklärung und Absolutismus

Die Ära Kaunitz (1749–1794)

Vandenhoeck & Ruprecht

Bibliografische Information der Deutschen Nationalbibliothek

Die Deutsche Nationalbibliothek verzeichnet diese Publikation in der Deutschen Nationalbibliografie; detaillierte bibliografische Daten sind im Internet über http://dnb.d-nb.de abrufbar.

ISSN 0532-2154
ISBN 978-3-525-56421-9

Weitere Ausgaben und Online-Angebote sind erhältlich unter: www.v-r.de

Satz: textformart, Göttingen
Druck und Bindung: ⊕ Hubert & Co GmbH & Co. KG,
Robert-Bosch-Breite 6, D-37079 Göttingen

Gedruckt auf alterungsbeständigem Papier.

Inhalt

Vorwort

Gab es im österreichischen 18. Jahrhundert die Aufklärung? Hatten ihre Toleranzideen Einfluss auf die österreichische Politik und auf das österreichisch-deutsche Volk?

Der einzige österreichische Historiker, der diese Frage bejaht, ist Ernst Wangermann: das Habsburgerreich war ein Rechtsstaat mit einer von Kaiser Leopold II. eingeführten Habeas Corpus Akte, die im Krieg gegen das revolutionäre Frankreich nur vorübergehend 1794 außer Kraft gesetzt werden konnte. Zu stark waren die Widerstände gegen den Rechtsbruch.[1] Wie eine aufgeklärte Religiosität die Toleranzedikte Josephs II. begleiten und Untertanen durch sie zu Staatsbürgern gebildet werden konnten, stellt Wangermann in seiner Studie über die Unterrichtspolitik Josephs II.[2] und über die Zensurpolitik dieses Kaisers dar.[3] Mit Zitaten aus den Quellen demonstriert er, wie selbstdenkende Staatsbürger Politik machen und Meinungen prägen konnten.

Für den Wiener Historiker Karl Vocelka „reduziert sich [das Jahrhundert der Aufklärung] bei näherem Hinsehen [...] auf einige wenige Jahrzehnte, und wenn man es ganz streng nimmt, auf einige wenige Jahre.[4] Vocelka führt den Dialog mit Wangermanns Forschungen nicht. Er widerlegt sie mittels der Behauptung: es gibt das Jahrhundert der Aufklärung im Habsburgerreich nicht. Und in seinem Buch: „Geschichte Österreichs: Kultur-Gesellschaft-Politik" behauptet er im Kapitel: „Das Zeitalter des aufgeklärten Absolutismus", der Typus des Untertans sei in diesem Zeitalter erst herangebildet worden: „Der Bürger des Staates wurde endgültig zum Untertan [...]"[5] – nicht zum Staatsbürger.

Vocelkas Werk: Geschichte Österreichs erlebte die siebente, sein Werk über die Österreichische Geschichte, die dritte Auflage. Bei diesen Gegebenheiten ist eine Dissertation, die auf Wangermanns Forschungen gründet und von ihm betreut wurde, vermutlich nicht förderungswürdig, denn: „Das Eigenschaftswort „aufgeklärt" darf über das Hauptwort „Absolutismus" nicht hinwegtäuschen".

---

1 Wangermann Ernst, From Joseph II. To the Jacobin Trials. Government Policy and Public Opinion in the Habsburg Dominions in the Period of the French Revolution, Oxford University Press, [1]1959, [2]1969. Deutsche Übersetzung mit den Originalzitaten: Von Joseph II. zu den Jakobinerprozessen, Wien, 1966.

2 Ernst Wangermann, Aufklärung und staatsbürgerliche Erziehung. Gottfried van Swieten als Reformator des österreichischen Unterrichtswesens 1781–1791, in: Österreich-Archiv, Wien, 1978.

3 Ernst Wangermann, Die Waffen der Publizität. Zum Funktionswandel der politischen Literatur unter Joseph II., in: Österreich Archiv, München, 2004.

4 Karl Vocelka, Österreichische Geschichte, München, 2010, S. 60.

5 Edb. Karl Vocelka, S. 155.

Darf nicht? Ich sehe die Aufklärung im Spannungsfeld zum Absolutismus, weil sie selbstdenkende Staatsbürger („philosophes", „citoyens") hervorbrachte. Den Einfluss der Aufklärer auf Maria Theresia, Joseph II., Leopold II. und bis zu einem gewissen Grad auch auf Franz II. stelle ich mit Ernst Wangermanns und mit meinen eigenen Forschungen in diesem Buch vor.

1. Einleitung

Die Epoche von 1760 bis 1800 kann mit Robert Palmer als Zeitalter der demokratischen Revolution charakterisiert werden, sie war aber auch vom Willen der absolut regierenden Fürsten geprägt, stehende Heere zu unterhalten und sich auf Kosten der Nachbarn zu vergrößern oder zu arrondieren. Ernst Wangermanns *Oeuvre* zeigt, dass der Wille zur Vergrößerung des stehenden Heeres bei den Habsburgern seit 1749 eine Reformpolitik auslöste, die im Vergleich zu anderen Staaten, wo es eine Reformpolitik gab, viel stürmischer verlief. Diese Reformpolitik (Abschaffung der Leibeigenschaft und Fron, Milderung der Robot bei gleichzeitiger Einführung von Erbpachtverträgen mit den befreiten Bauern) veränderte die feudale Grundlage der Gesellschaft nachhaltig und bildete mit der Schaffung einer toleranten Staatskirche (Reformation des Unterrichts, der Kirche und der Klöster bei gleichzeitiger Lockerung der Zensur) kritisches staatsbürgerliches Bewusstsein. Auch in der Zeit der Stagnation nach 1792 prägten manchmal Rückzugsgefechte der Aufklärung die Politik. Das alles brachte eine einmalige Blüte der Kultur hervor, die die europäische Zivilisation mit außerordentlichen Leistungen bereicherte.

1.1. Fragestellung

Die konkrete Fragestellung meines Buchs, das 2010 in Salzburg als eine von Ernst Wangermann betreute Dissertation approbiert wurde,[1] geht von Wangermanns historischer Studie über die umfangreiche Broschürenliteratur aus,[2] mit der er zeigen konnte, dass die Aufklärung nach Kants berühmter Definition das Bewusstsein sogar der unteren Schichten des städtischen Volkes (bis zu den Köchinnen, Schustern, Seifensiedern usw.) prägte. Sie war also tatsächlich konstituierendes Merkmal nicht nur der gelehrten Republik, sondern einer öffentlichen Meinung im reformkatholischen Österreich. Mit dieser Studie, deren Rezension der namhafte französische Germanist Jean Mondot 2005 mit der Bemerkung einleitete, ‚es sei schade, dass das Mozart Jahr […] französischen Herausgebern nicht Lust zur Übersetzung von Wangermanns „Waffen“ anstelle der Herausgabe der

1 1. Begutachter: Univ. Prof. Dr. Ernst Wangermann, 2. Begutachter: ao. Univ. Prof. Dr. Robert Hoffmann.

2 Ernst Wangermann, Die Waffen der Publizität. Zum Funktionswandel der politischen Literatur unter Joseph II., in: Österreich Archiv, München, 2004, im weiteren: Wangermann, Waffen.

zigsten Mozart-Biographie gemacht habe, weil dieses Werk [...] ein packendes Licht auf das „Mozart-Jahrzehnt" [...] werfe',[3] zeigt Wangermann, wie sich das politische Bewusstsein in der Zeit der Reformpolitik entwickelte, was das Phänomen „Mozart" erst ermöglichte. Die von Wangermann erforschte Art, *wie* erlaubte Kritik an den Gesetzen und Handlungen Josephs II. genützt wurde, ist Indiz für die sich ausprägende politische Reife der Staatsbürger, deren Urteile über Josephs Herrscherpersönlichkeit, den Türkenkrieg, die Justiz- und die Steuerreformen auch dem Historiker wichtige Anhaltspunkte für eine ausgewogene Beurteilung der Regierungspolitik Josephs II. bieten. Wangermann schneidet die Frage an, ob nicht aufgeklärte Minister bisweilen aufgeklärter dachten als Joseph? Diese Frage liegt dem Thema des Buchs zugrunde.

1.2. Der Anlass

Der Anlass zu meiner Dissertation ergab sich aus meiner Überzeugung, dass es notwendig wäre, meine 1988 im Verlag Campus-Forschung präsentierte Sicht von Kaiser Leopold II. als nur-reaktionärer Herrscher zu revidieren. Schließlich wird meine Studie[4] zitiert und gab der Reaktionsforschung einige Impulse[5]. Ich wollte eine Alternative zu dem von Adam Wandruszka ausgestrahlten Leopold-Bild von Hugo Hantsch[6] bieten, habe aber, nach meiner heutigen Sicht, ein zu einseitig negatives Leopold-Bild gezeichnet. Meine Dissertation versucht das zu korrigieren, indem sie den Widerspruch zwischen Absolutismus und Aufklärung über einen längeren Zeitraum hindurch darstellt.

---

[3] Rezension der „Waffen" in: Lumières, Numéro 6, 2e Semestre, 2005, S. 149: „Il est dommage que l'année Mozart qui fait couler partout des flots de musique mozartienne – et qui s'en plaindrait ? – n'ait pas donné envie à des éditeurs français plutôt que de publier une énième biographie de l'illustre musicien de faire traduire cet ouvrage d'Ernst Wangermann dont l'étude apporte un éclairage saisissant sur la „Décennie Mozart", i. e. les années 80 du XVIIIe siècle, à Vienne".

[4] Das Rückzugsgefecht der Aufklärung in Wien 1790–1792, Campus Forschung, Bd. 558.

[5] Edith Rosenstrauch-Königsberg, Die Denunziation der Aufklärung durch Johann Georg Zimmermann. Zimmermanns Mémoire an Kaiser Leopold II. (Jahreswende 1791/2) in: Zirkel und Zentren, 1991, S. 219–244. A. Weiß (Hg.), Johann Georg Zimmermann, Über den Wahnwitz unsers Zeitalters = Kleines Archiv des achtzehnten Jahrhunderts, 1995.

[6] „Mit diesen Ansichten (eines echten Bildungs- und Humanitätsoptimismus der Aufklärung) hat Leopold die Toskana regiert [...]. Und diese Grundsätze sollten ihn nun auch in Österreich leiten, das die despotische Reformsucht Josefs in größte innere Verwirrung gestürzt hatte": Hugo Hantsch, Die Geschichte Österreichs, 1950, Bd. 2, S. 258.

1.3. Der Zeitrahmen

Die Zeit von 1749 bis 1794 wird mit „Ära Kaunitz“ bezeichnet, nach dem Staatskanzler Maria Theresias und Schöpfer des Staatsrates Fürst Wenzel Anton von Kaunitz-Rietberg. Kaunitz hatte die Einführung der österreichischen Rechtsstaatlichkeit durch seine Schöpfung des Staatsrats kontrolliert und war zeit seines Lebens der Überzeugung, dass eine durch Menschlichkeit geleitete Gerechtigkeit die stärkste Stütze der Staaten sei. Er starb 1794. Unmittelbar nach seinem Tod wurden viele Kriegsgegner als Teilnehmer an einer „Jakobinerverschwörung“ verhaftet. Auf diese Weise wurde das Ende der Ära Kaunitz eingeleitet.

1.4. Zu Wangermanns Forschung über die Ära Kaunitz

Wangermanns Forschungsschwerpunkt ist der aufgeklärte Absolutismus. Besondere Forschungsergebnisse werden im Folgenden charakterisiert.

1.4.1. Funktionswandel der politischen Literatur unter Joseph II.

Die politische Literatur unter Joseph II. ist ein einmaliges literarisches Phänomen des österreichischen 18. Jahrhunderts. Es beginnt mit dem Abschied von Maria Theresia in Broschüren mit der Aussage: sie habe gut regiert, der Sohn werde wohl auch gut regieren. Das wurde dann mit Vorschlägen und Forderungen an Joseph in Broschüren unterstützt, als Joseph die Zensur lockerte, womit er dem Beispiel seiner Mutter bis 1772 und erneut im letzten Jahr in ihrer Regierung folgte. Seine Kirchenreformen, seine Toleranzedikte wurden literarisch procontra mit Broschüren begleitet. 1782 folgte die Auseinandersetzung über den Papst, was er in Wien mache und erreicht habe. Das Jahr des Papstbesuchs bewertete der Germanist Mondot als „annus mirabilis“. Denn mit ihm wurde bewiesen, der Aufstand gegen die Toleranzedikte, den der Papst anzetteln wollte, fand nicht statt. Nach der Abreise des Papstes konnten die Broschüren- und Zeitungsschreiber wieder schreiben. Eine wöchentliche Kritik der Predigten wurde von Freimaurern herausgegeben, sie konnte bis 1788 erscheinen. Von 1783 an übten die Schriftsteller Kritik an Josephs Politik vom Standpunkt der Aufklärung: an der zu wenig weit reichenden Toleranz, an dem die Autonomie der Logen zerstörenden Freimaureredikt. Das Spannungsfeld zwischen Aufklärung und Absolutismus vergrößerte sich 1786 als Josephs Willkürjustiz Strafen, anstatt sie zu mildern, verschärfte. Den ersten literarischen Angriff auf seine Willkürjustiz verbot Joseph, was wenig nützte, weil diese Schrift im deutschen Sprachraum weite

Verbreitung fand. Den zweiten literarischen Angriff auf sie erlaubte er, was einen Gegenangriff auf den Angreifer hervorrief, der an Heftigkeit und Unverhältnismäßigkeit den guten Ton überschritt und als erstes Signal für die kommende „Popularreaktion" auf die Aufklärung in Österreich bewertet werden kann. Es folgten Kritiken an Josephs Türkenkrieg in Broschürenform, sowie öffentliche Äußerungen von Respekt vor den Leistungen der Revolution in Frankreich mit großem Verständnis für die Errichtung der konstitutionellen Monarchie in diesem Land und ein sehr ausgewogener Abschied von Joseph II. anlässlich seines Todes.

1.4.2. Die „Jakobinerverschwörung"

Diese Entwicklung in der politischen Literatur unter Joseph II. brachte es mit sich, dass sich Staatsbürger unter Leopold II. und Franz II. über den drohenden Krieg, den das revolutionäre Frankreich Österreich 1792 tatsächlich erklärte, sehr entrüsteten. Sie missbilligten das Ziel des drohenden Krieges: die Rückgängigmachung der Abschaffung des feudalen Systems in Frankreich umso mehr, als ihre Fürsten seit Maria Theresia die Folgen des feudalen Systems durch die Schaffung einer Erbpächterklasse und Beschränkung der Robot gemildert hatten. Einen Krieg, der die Rückgängigmachung der Bauernbefreiung durch die Revolution in Frankreich zum Ziel hat, sollte man nicht führen, weil das Ziel nicht erreicht werden könne. Der Krieg verlief für Österreich verlustreich. Preußen schloss bald Frieden mit der Republik, um sich mit Russland Polen teilen zu können. Österreich, das von der Teilung ausgeschlossen worden war, blieb im Krieg. Noch bevor „Belgien" verloren ging, täuschte ein kaiserlicher Offizier mittels der Herstellung eines einzigen Kontaktes zum „Feind" in Paris und Übersendung seines Plan einer neuen Waffe an ihn eine organisierte Revolutionsgefahr vor, um der Polizei nahezulegen, Franz zur Schließung des Friedens mit der Republik zu raten. Nachdem er einen *agent provocateur* auf ihn angesetzt und den Ahnungslosen nach Konsumation von mehreren Krügen Biers zum unvorsichtigen Monologisieren über revolutionäre Taktik provoziert hatte, konstruierte der Polizeiminister aus dem Protokoll dieses Agenten eine Verbindung von zahlreichen österreichischen Kriegsgegnern zu den Jakobinern in Frankreich mit dem Ziel, Franz zu stürzen und zu ermorden. Er ließ diese Lüge durch Verhaftungen und drakonische Urteile behaupten. Weil es – mit der alleinigen Ausnahme der Herstellung eines einzigen Kontaktes zum „Feind" – keine rechtskräftigen Beweise für die Verbindung österreichischer Kriegsgegner zu den Jakobinern in Frankreich gab, setzte Franz die österreichische Rechtsstaatlichkeit, die Kaiser Leopold II. wiederhergestellt und befestigt hatte, außer Kraft. Der kaiserliche Offizier unterstand der Militärgerichtsbarkeit, er wurde wegen der Übermittlung seines Plans einer Waffe an den Feind gehängt. Diese Strafe war aus damaliger Sicht gerechtfertigt. Die anderen Kriegsgegner erhielten jedoch, ohne jemals in Kontakt zu den Jakobinern in Frankreich gestanden zu sein, eine Jahrzehnte währende schwere Kerkerhaft, die sie bis zu ihrer Amnestierung nach dem zweiten Koalitionskrieg kaum überlebten.

Es gab aber Widerstände gegen die Außer-Kraft-Setzung der österreichischen Rechtsstaatlichkeit in der aufgeklärten Bürokratie: der Vizepräsident der Obersten Justizstelle verfasste einen Protest, das Schriftstück fand seinen Weg in den Staatsrat. Franz musste jetzt die Protokolle der Polizei in die Zirkulation geben: der Staatsratsminister Graf Zinzendorf denunzierte den ‚nicht gleichgültigen Missbrauch der Polizei'. Daraufhin war das Verbrecher-Machen auf die Statuierung von „Exempla" begrenzt. Das von Leopold II. eingeführte Recht auf Entschädigung für die Willkürjustiz der Polizei wurde den nach dem Zweiten Koalitionskrieg amnestierten Kriegsgegnern verweigert. Franz bewahrte die Protokolle, mit denen die Polizei die Jakobiner-Verschwörung erfunden hatte, in seinem Privatarchiv auf, und er belohnte und beförderte den Grafen Saurau, der zusammen mit dem Grafen Pergen die „Verbrecher gemacht" hatte. Seit Jänner 1795 war öffentliche Kritik am Krieg gegen das revolutionäre Frankreich ein Kriminaldelikt, und das blieb so. Franz überantwortete schließlich die Zensur der Polizei. Dessen ungeachtet überlebte die Aufklärung in Form von Rückzugsgefechten, die durch die aufgeklärte Bürokratie im Bündnis mit dem aufgeklärten Klerus organisiert wurden, sie überlebte in den letzten Oratorien Joseph Haydns, die er mit Gottfried van Swieten in der Zeit der Koalitionskriege schuf, und sie überlebte auch in vom Erzherzog Johann verfassten Instruktionen für die Landwehr, die das erste Mal im Volkskrieg von 1809 eingesetzt wurde.

1.4.3. Das Echo auf Wangermanns Aufklärungsforschung

Anstatt Wangermanns These von 1959/69: „von Seiten der Kriegsgegner gab es keinen Plan, Franz zu ermorden", nachzuvollziehen, behauptete Denis Silagi 1962 das Gegenteil.[7] Und Adam Wandruszka, der in Köln unterrichtete, publizierte 1965 den zweiten Band seiner Leopold-Biographie, in dem er feststellte: „Für die Bekämpfung revolutionärer Umtriebe war [...] die zentralisierte josephinische Geheimpolizei Pergens weit geeigneter [...]".[8] Wandruszka erkannte im

[7] Denis Silagi, Jakobiner in der *Habsburger*-Monarchie. Ein Beitrag zur Geschichte des aufgeklärten Absolutismus in Österreich, in: Hantsch u. a. (Hg.), Wiener historische Studien, Bd. 6, 1962, S. 234, Anm. 271: „Bis jetzt hat sich allein Wangermann [...] an die Materie herangearbeitet". „Die Problematik der von Ignaz von Martinovics organisierten ungarländischen Verschwörung wird geklärt – sie erweist sich als ein missgeleiteter Ausläufer der geheimen Reformpläne Kaiser Leopolds II." = Herold-Verlag: Klappentext des Buchs.

[8] Adam Wandruszka, Leopold II. Wien, 1965, Bd. 2, S. 341

Polizeistaat Pergens das Ideal des Staates. 1966 erschien Wangermanns Studie in deutscher Übersetzung, mit den Originalzitaten aus den Quellen. Die Lehrkanzel für österreichische Geschichte an der Universität Wien erhielt Wandruszka.

Als Wangermann 1969 in Oxford die zweite Auflage seiner Studie, in die er das breite europäische und amerikanische Echo auf sie eingearbeitet hatte, herausgab, stellte in Wien der Jesuitenhistoriker F. Maaß „die Unverfrorenheit, das Unverständnis und die Verachtung des Fürsten Kaunitz für das geistliche Recht" fest.[9] Obwohl das Zweite Vatikanum die römisch-katholische Kirche gegenüber der Aufklärung öffnete, gab es fast keine aufgeklärt-katholischen österreichischen Historiker, die der Sicht von F. Maaß widersprochen hätten. Mit der alleinigen Ausnahme Grete Klingensteins blieb Kaunitz den ultramontanen Anti-Reformatoren der Kirche ebenso suspekt wie den, den Krieg bejahenden und die Revolution ablehnenden Historikern, die, wie beispielsweise Friedrich Walter, der FPÖ nahestanden. Wangermann musste auch die Verzerrung seiner Forschungen von jenen in Kauf nehmen, die mit der Wahl des Titels: „revolutionäre Demokraten" und des Untertitels „Wiener Jakobiner" in der von Walter Grab betreuten Sammlung[10] die Carbonaria ins 18. Jahrhundert verlegen und behaupten wollten: „revolutionäre Demokraten" planten den Umsturz. 1980 verwahrte sich Wangermann ausdrücklich gegen die Verzerrung seiner Forschungen durch den Wandruszka-Dissertanten Alfred Körner, der 1974 in der von Grab betreuten Sammlung die österreichische Opposition gegen den Krieg als „planmäßige" Opposition bezeichnet hatte.[11]

Dessen ungeachtet bezeichnet Karl Vocelka in seinem Standardwerk über die Aufklärung den zum Tod verurteilten kaiserlichen Offizier, Franz Hebensteit, Freiherr von Streitenfeld, als „Vertreter republikanischen Gedankengutes in Österreich",[12] ohne das zu begründen. Wie in wenigen Jahrzehnten republikanisches Gedankengut entsteht, ist eine apodiktische Behauptung, die der Klärung durch Vocelka bedürfte. Persönliche Häme wurde 1995/6 jener Wangermann-Forschung zuteil, die (als Beitrag zu der von F. A. Szabo angeregten neuen Kaunitz-Forschung) Kaunitz' Opposition gegen den Krieg gegen das revolutionäre Frankreich diskutierte. Auf der Grundlage eines Dokuments aus dem Haus-Hof- und Staatsarchiv beleuchtete Wangermann auf der Kaunitz-Tagung in Brno 1995 Kaunitz' Opposition gegen den Krieg gegen das revolutionäre Frankreich. Gleichzeitig meldete sich Michael Hochedlinger zu Wort.

---

9 Ferdinand Maaß, Der Frühjosephinismus = Forschungen zur Kirchengeschichte 8, Wien, 1969, S. 103.

10 „Deutsche revolutionäre Demokraten Herausgegeben und eingeleitet von Walter Grab. Alfred Körner Die Wiener Jakobiner", 1972.

11 Ernst Wangermann, Josephiner, Leopoldiner und Jakobiner, in: Einzelveröffentlichungen der Historischen Kommission zu Berlin, Bd. 29, 1980, S. 113, Anm. 38.

12 Karl Vocelka, Österreichische Geschichte, München, [3]2010, S. 71.

Hochedlinger (heute Archivar des österreichischen Staatsarchivs) hat bei Vocelka seine Diplomarbeit über den Türkenkrieg geschrieben. Seine Dissertation handelt vom Weg Österreichs in den Krieg gegen das revolutionäre Frankreich, sie ist völlig frei von jeglichem Bezug auf menschen- oder individualrechtliche Fragen. In Brno übernahm er F. Walters Kaunitz-Bewertung von 1959 als eines sich selbst täuschenden Sesselklebers. Und er bewertete das von Wangermann präsentierte neue Material aus dem österreichischen Staatsarchiv, mit dem gezeigt wurde, dass Kaunitz weder das österreichisch-preußische Bündnis noch den Krieg gegen das revolutionäre Frankreich unterstützte, als Zitate aus einer „hinsichtlich [...] *Aussagekraft* nicht lupenreinen Quelle“,[13] ohne die Gründe seiner Abwertung der Aussage eines Dokuments anzugeben, das auf der letzten Seite mitten im Satz abbricht, also unvollständig ist. Einige Jahre später beschrieb Hochedlinger in einem Organ der Wiener Akademie der Wissenschaften Wangermanns Kaunitz-Studie von 1996 mit den Worten: „Ernst Wangermann, Kaunitz und der Krieg gegen das revolutionäre Frankreich [...] ist ein Florilegium [Sammlung von Zitaten] aus Vivenots Quellendition“,[14] ohne das zu begründen. Sein vereinfachter Duktus: erstens sei die Aussage des von Wangermann 1996 präsentierten Dokuments nicht lupenrein, zweitens sei das Dokument überhaupt nicht publiziert worden, erinnert sehr an den Duktus seines Lehrers Vocelka: „Anstelle des Mythos von Friedrich dem Großen [...] baut man [heute] einen neuen Kaunitz-Mythos auf“.[15] Vocelka nennt Franz A. Szabo, Grete Klingenstein und Josephs britischen Biographen Derek Beales als Verehrer des Fürsten Kaunitz. Beales’ Forschung kann aber mit Klingensteins Forschung nicht analogisiert werden, weil Beales kritiklos die negative Kaunitz-Bewertung österreichischer Historiker übernimmt,[16] Klingenstein aber ihre Beschäftigung mit Kaunitz’ Bildungsweg als Element des Aufstieges des Hauses Kaunitz präsentierte. Es ist daher anzunehmen, dass Vocelka seinen Forschungsbericht erstellt hat, ohne Beales gelesen zu haben.

---

13 M. Hochedlinger, Das Ende der Ära Kaunitz in der Staatskanzlei, in: in: G. Klingenstein, F. A. J. Szábo (Hg.), Staatskanzler Wenzel Anton von Kaunitz-Rietberg 1711–1794, 1996, S. 128, Anmerkung 27.

14 M. Hochedlinger, Der Weg in den Krieg. Die Berichte des Franz Paul Zigeuner von Blumendorf, k.k. Geschäftsträger in Paris 1790–1892, in: Österreichische Akademie der Wissenschaften [Hg.], FRA II, Bd. 90 = 1999, S. XXXI, Anmerkung 42.

15 Karl Vocelka, Glanz und Untergang der höfischen Welt, Repräsentation Reform und Reaktion im habsburgerischen Vielvölkerstaat, in: H. Wolfram (Hg.), Österreichische Geschichte 1699–1815, 2001, S. 52.

16 D. Beales, Joseph II. In the shadow of Maria Theresa 1741–1780, Cambridge University Press, 1987, S. 418: „... its hard to know whether to castigate or to ridicule the conduct of ‚the three sovereigns‘ [i.e. Maria Theresa, Joseph II. und Kaunitz], as the French ambassador called them“. Der Hinweis auf die Quelle für: „the French ambassador called them the three sovereigns“ fehlt.

Mit Hochedlingers Bekenntnis zu Walters Sesselkleber-Bild, mit Vocelkas Häme über die „Kaunitz-Mythos" erzeugenden Historiker/Innen Klingenstein und Szabo und mit Vocelkas Polemik gegen das „wenige Jahrzehnte, genau genommen wenige Jahre" währende „Jahrhundert der Aufklärung" wird die alte Verachtung der Aufklärung, sowie der aufgeklärten Religiosität des 18. Jahrhunderts mit ihrer Mitspracheforderung bei der Führung der Kirche und des Staates neu belebt. Dieser Neubelebung der Geringschätzung der Aufklärung in der österreichischen Geschichtsschreibung will die vorliegende Studie ein Gegengewicht bieten.

2. Die Aufklärung im europäischen Kontext

Eine Wurzel der katholischen Aufklärung geht auf die Renaissance und insbesondere auf Erasmus von Rotterdam zurück. Dessen humanistische Auffassung von einer Religion, die theologische Grabenkämpfe ablehnte, wurde in Wien in Schulen gelehrt, die Kaiser Maximilian II. gestiftet hatte. Den Rat der Humanisten des 16. Jahrhunderts, wie die Kirche reformiert und die Protestanten in sie zurückgebracht werden könnten, lehnte der Papst mit dem Konzil in Trient (Bologna) bekanntlich ab. Kaiser Maximilian II. fuhr aber fort, die Polarisierung zwischen Katholiken und Protestanten mit seiner Unterrichtspolitik und mit der Beschlagnahmung einer Hass-Schrift des Rektors der Universität Wien gegen die Protestanten zu bekämpfen.[1] Als Oberster Feldherr des Kaisers hatte *Lazarus Freiherr von Schwendi* erfolgreich gegen die Franzosen und die Türken gekämpft, als Humanist wollte er den Bürgerkrieg zwischen den Religionsverwandten vermeiden, weshalb Maximilian nach seinem Rat verlangte, der lautete: die Protestanten in Böhmen wie in Österreich still zu dulden, die Lutherischen „in Ihren Erblanden und Königreichen auf gleichmäßige und gedämpfte Weg [...] zuzulassen, wie [...] [Eure Majestät das] bereits in Österreich zum Theil gethan hat".[2] Nach dem Tod Maximilians II. und seines Nachfolgers Rudolf II. regierten von den Jesuiten gegen die Protestanten voreingenommene Habsburger die Erblande. Bereits als Erzherzog schloss Ferdinand II. die protestantischen Schulen in Innerösterreich und verwies Johannes Kepler des Landes. Über die Art, wie im dreißigjährigen Krieg und danach gegenreformiert wurde, schreibt Ernst Wangermann: „Die Religionsreformationskommission' unter der Leitung des besonders militanten Fürstbischofs von Seckau, Martin Brenner, organisierte die Vertreibung der protestantischen Prediger, die Verbrennung protestantischer Bücher, die Zerstörung protestantischer Friedhöfe und militärische Einsätze gegen jeden versuchten Widerstand. Darauf folgten die Bekehrungspredigten, die Erklärung der Gemeinden, in den Schoß der katholischen Kirche zurückkehren zu wollen und die Spendung der Kommunion sub una".[3] Diese Praxis wurde

[1] Howard Louthan, The quest for compromise. Peacemakers in Counter-Reformation Vienna, Cambridge, 1997, S. 127.

[2] Denkschrift Schwendis von 1675, zitiert in: Wilhelm Edler von Janko, Lazarus von Schwendi. Oberster Feldhauptmann und Rat Kaiser Maximilians II., Wien, 1871, S. 122. Eugen Frauenholz, Des Lazarus von Schwendi Denkschrift über die politische Lage des deutschen Reiches von 1574, München 1939, S. 28 schreibt: ‚gezembte' anstelle ‚gedämpft'.

[3] Ernst Wangermann, Toleranz und Minderheitenrechte in Österreich seit der Reformation in: Mitteilungen des Instituts für Wissenschaft und Kunst, 53. Jg., 1996, Nr. 4, S. 5, im weiteren: Wangermann, Toleranz.

nach der Schlacht am Weißen Berg 1620 auf die gesamte Monarchie ausgedehnt, was im Westfälischen Frieden mit der teilweisen Ausnahme von Schlesien bestätigt wurde.

2.1. Zur Englischen Revolution des 17. Jahrhunderts

Die katholische Gegenreformation war nicht nur im Habsburgerreich, sondern auch im Frankreich Ludwigs XIV. im 17. Jahrhundert siegreich. Aber in England und in den nördlichen Niederlanden ging die Entwicklung in eine andere Richtung. Nach den Wirren der Revolution und des Bürgerkrieges konnte sich der Humanismus in der Religion durchsetzen, auf protestantischer Basis. Allmählich entstand, ganz im Gegenteil zur Entwicklung in Frankreich und im Habsburgerreich, eine ziemlich breite religiöse Toleranz und Glaubensfreiheit. Im Zuge einer 40 Jahre dauernden Revolution stellte sich das Parlament über den König.

Nach Cromwells Tod wurde die Dynastie der Stuarts restauriert, aber als konstitutionelle Monarchie. Nach dem gescheiterten Versuch des katholischen Königs aus dem Hause Stuart Jakob II., die absolute Monarchie wiederherzustellen, und der darauffolgenden glorreichen Revolution 1688/9 setzte das englische Parlament dessen Tochter Mary und ihren Mann Wilhelm von Oranien auf den Thron. Nun wurden sowohl die konstitutionelle Monarchie als auch die Toleranz aller protestantischen Sekten gesetzlich verankert. Die Einsetzung dieser konstitutionellen Monarchie mit ihrer doppelten Spitze erfolgte auf der Grundlage der *Bill of Rights*. Sie legte die Keime der demokratischen Verfassung der Vereinigten Staaten von Amerika und der Deklaration der Menschenrechte durch die Französische Revolution, weil sie die Verpflichtung des Königs enthielt, sich in allen wichtigen Entscheidungen an das Parlament zu halten. Sie schrieb ihm die anglikanische Kirche als Staatskirche bei gleichzeitiger Toleranz aller Sekten oder Religionen vor – mit der alleinigen Ausnahme der Katholiken, damals die stärkste Stütze der absolute Monarchie, und sie bestimmte, dass die individuellen Rechte und Freiheiten der Engländer niemals willkürlich außer Kraft gesetzt werden konnten.

Schon in der Restaurationszeit hatte der Republikaner John Milton sein Epos *Paradise Lost* mit einer neuen Sicht der Erbsündenlehre publiziert: Adam und Eva verlassen das Paradies als reife Menschen mit dem Willen, die Schöpfung für sich und ihre Nachkommen zu nützen. Eine private Gesellschaft Gelehrter, die sich als *Royal Society* konstituierte, und die Erforschung der Natur zum Ziel hatte, lieferte die wissenschaftliche Basis für eine neue Interpretation der Bibel. Mit der Popularisierung einer neuen Gottesvorstellung durch die Latudinarier in der anglikanischen Staatskirche kam Erleuchtung (Enlightenment) als Resultat der Zusammenarbeit zwischen Klerus und Wissenschaft in die vom Humanismus der Renaissance geprägte Welt. Nach der Revolution von 1688/9 publizierte

Isaac Newton seine Entdeckung über wie die Schwerkraft, die die Bewegungen der Himmelskörper bestimmte. Ein anderer Wissenschaftler, Robert Boyle, dotierte eine Vorlesungs-Reihe, in denen Latudinarier unter den anglikanischen Theologen die Existenz eines gütigen Gottes auf der Grundlage von Newtons Forschung bewiesen. Gott wirke im All nach Naturgesetzen, die sowohl das unendliche Weltall als auch die kleine Erde in einer unvorstellbaren wundervollen Ordnung hielten. Die Formel für das Wirken der Schwerkraft diente der Neuinterpretation der Bibel als Grundlage. Innerhalb der Vorstellung einer wunderbar harmonischen und geordneten Schöpfung war für die bisherigen Vorstellungen vom Teufel und den verheerenden Folgen der Erbsünde wenig Platz.[4] Raum wurde stattdessen geschaffen für die Erforschung einer sich der rationalen Erklärung zwar immer wieder entziehenden Schöpfung, die den Menschen als „gut, wahr und schön" erscheinen konnte. Letzteres war das Anliegen des dritten Grafen von Shaftesbury Anthony Ashley Cooper. Er übertrug die Vorstellung der harmonischen Schöpfung auf die Gesellschaft der Menschen.[5] Als Teil der Natur seien die Menschen dazu verpflichtet, für die Errichtung einer analog harmonischen Ordnung in ihrer Gesellschaft zu sorgen. Bei Erfüllung dieser Pflicht, könnten die Künstler den Menschen an die Hand gehen, indem sie ihnen mittels ihrer Kunst, sei es Poesie oder Musik oder die Kombination von beiden, die harmonische Schönheit der Schöpfung vermittelten und sie dazu verlockten, sich entsprechend dieser Harmonie tugendhaft zu verhalten.

Die neuen Harmonie- und Toleranzideen passten zu den englischen Freiheiten, wie sie in den Gesetzen, die die Könige ab 1689 beschworen, garantiert waren. Sie machten aus der englischen Freimaurerei das Mittel der Vereinigung der Konfessionen und zur Stiftung wahrer Freundschaft und Aussöhnung zwischen Menschen, die bis dahin in Distanz zueinander gelebt hatten.[6] In ihren sogenannten ‚Alten Pflichten', die 1723 im Druck erschienen, wurden Maurer, die früher in England auf die Zugehörigkeit zu der anglikanischen Kirche verpflichtet waren, jetzt „bloß zu der Religion verpflichtet, in welcher alle Menschen

[4] Ernst Wangermann, „‚Vom himmlischen Gewölbe / Ströhmt reine Harmonie / Zur Erde hinab'. Aufgeklärte Religiosität im Unterricht und in den Textbüchern zu Haydns Oratorien, „Vom himmlischen Gewölbe / Ströhmt reine Harmonie / Zur Erde hinab". Aufgeklärte Religiosität im Unterricht und in den Textbüchern zu Haydns Oratorien", In: [...] Haydns und van Swietens späte Oratorien – Aspekte ihres geistigen Hintergrunds und musikalischen Tons, Österr. Ak. d. Wiss. (Hg.), Wien, 2012, S. 20–25; im weiteren: Wangermann aufgeklärte Religiosität.

[5] Ernst Wangermann, Reform Catholicism and Political Radicalism, in: Roy Porter, Mikulas Teich (ed.), The Enlightenment in National Context, Cambridge, 1981, S. 127–128, im weiteren: Wangermann, Reform Catholicism.

[6] Ernst Wangermann, Die Freimaurerei Österreichs im 18. Jahrhundert, in: P. Csobadi (Hg.), Wolfgang Amadeus-Summa Summarum, P. Neff Verlag, 1990, S. 73, mit Bezug auf E. Lennhoff, O. Posner (Hg.) Internationales Freimaurerlexikon, Zürich, 1932, S. 15. Vgl. Andersons Masonic Constitutions of 1723, Punkt I: Of God and Religion, zitiert in: Margaret C. Jacob, The Radical Enlightenment, Pantheist, Freemasons and Republicans, London, 1981, S. 280.

übereinstimmen". Es genüge die Zugehörigkeit zu einer der geoffenbarten Religionen, die Maurer „sollen gute und wahrhafte Männer sein, Männer von Ehre und Rechtschaffenheit, durch was Sekten und Glaubensmeinungen sie auch sonst sich unterscheiden mögen". Atheismus wurde als „dumme Gottesleugnerei" bezeichnet. Mit diesem Vorbehalt ließen sich in die englischen Freimaurerlogen Männer ohne Rücksicht auf Standes- und Glaubensunterschiede rekrutieren, die die Loge als demokratische Vereinigung auffassten[7]. Dank dieses Durchbruchs der Harmonie-, Toleranz- und Demokratie-Ideen in England überholte England zwischen 1685 und 1715 – wie Hervé Hasquin treffend feststellt – Frankreich in geistiger und wirtschaftlicher Hinsicht um ein ganzes Jahrhundert.[8]

Im österreichischen 18. Jahrhundert wurden die Toleranzideen aus England bereits im Barockklassizismus des Architekten Johann Bernhard Fischer von Erlach und in dem Libretto einer Oper des Hofdichters Karls VI. Metastasio ausgedrückt.

2.2. Leibniz, Rojas y Spinola und Fischer von Erlach

Der Protestant Gottfried Wilhelm Leibniz stand an der Spitze jener geistigen Strömung, die sich die Versöhnung der Konfessionen angelegen sein ließ. Rojas y Spinola, Beichtvater der ersten Gemahlin Leopolds I. und Bischof von Tina (Kroatien), wurde 1683 von Leopold I. nach Hannover zu dem ersten Unionskonvent geschickt. Leibniz begrüßte das. 1690 weilte Spinola in dieser Angelegenheit ein weiteres Mal in Hannover, wurde aber von Leopold I., dessen gegenreformatorische Politik in dem im Zuge des Türkenkrieges gewonnenen Ungarn bald alle Volksklassen gleichmäßig, in einer gleichsam nationalen und sozialen Revolution, gegen ihn aufbringen sollte,[9] zurückberufen. Leopold I. schloss das militärische Bündnis mit England und erhob für seinen jüngeren Sohn Karl Anspruch auf den spanischen Thron, was, als Karl II. von Spanien starb, aufgrund der konkurrierenden Ansprüche der Habsburger und der Bourbonen den Spanischen Erbfolgekrieg auslöste. Als der finanzkräftigere Partner bestimmte England in dem erfolgreich geführten Krieg dessen Verlauf – im Interesse einer *balance of power*. Der unerwartet frühe Tod von Karls älterem Bruder, Kaiser Joseph I., führte dazu, dass England unilateral Frieden mit Ludwig XIV. schloss, einen Bourbonen auf den spanischen Thron setzte, während Karl, der nun als

7 Ernst Wangermann, Die Freimaurerei in Wien im 18. Jahrhundert: Organisation und mentalitätsgeschichtlicher Standort, in: Th. Hochradner T. Massenkeil (Hg.) Mozarts Kirchenmusik, Lieder und Chormusik, Laaber-Verlag, 2006, S. 546.

8 Hervé Hasquin, Louis XIV face à l'Europe du Nord. L'absolutisme vaincu par les libertés, Brüssel, Éditions Racine, 2005, S. 317.

9 Ernst Wangermann, The Austrian Achievement 1700–1800, London, 1973, S. 43–44, im weiteren: Wangermann, The Austrian Achievement.

Karl VI. die österreichischen und ungarischen Länder erhielt, auf den Großteil des spanischen Erbes verzichten musste. Er musste sich mit dem Besitz der spanischen Niederlande und der spanischen Territorien in Italien abfinden.

Leibniz, von Karl VI. zum Mitglied des Reichshofrates ernannt, weilte des öfteren in Wien – das letzte Mal, als in Rastatt der Friede zwischen Österreich und Frankreich geschlossen wurde und in Wien die Pest wütete. Er versuchte, Karl VI. für die Gründung einer Sozietät gelehrter Männer analog zu der *Royal Society*, deren Mitglied er war, zu gewinnen. Die Sozietät würde unter seiner Direktion und unter der Protektion eines gelehrten Prälaten stehen, Ordensmänner sollten in ihr mit Laien zusammenarbeiten. Zu den für die Sozietät geeigneten Laien rechnete Leibniz seinen Freund, den österreichischen Architekten Johann Bernhard Fischer von Erlach und dessen gelehrten Sohn,[10] die beide in seiner kaiserlichen wissenschaftlichen Gesellschaft zur Verbreitung der Toleranzideen wirken sollten. Karl VI. stimmte am 14.8.1713 dem Plan bedingt zu,[11] stellte aber – wahrscheinlich aus Furcht vor den Jesuiten, die in seinen Staaten das Bildungsmonopol hatten – keinen Fond für seine Akademie zur Verfügung, sodass der sterbende Leibniz von Hannover aus 1716 in einem Brief an den Hofantiquar Heräus nur mehr schreiben konnte, er werde immer Vorfreude bei dem Gedanken empfinden, zu dem Projekt der Akademiegründung beigetragen zu haben.[12]

Durch die nun österreichischen Niederlande kamen die englischen Vorstellungen der theologischen Toleranz in die Habsburgermonarchie. Der *philosophe guerrier* Prinz Eugen sammelte ihre Ausprägungen, sowie atheistische Untergrundliteratur, aber auch die Schriften des großen katholischen Humanisten und Kritikers der Scholastik Ludovico Antonio Muratori. Er und Karl VI. wiesen sich beide in der Residenzstadt als Bauherrn aus, die den englischen Stil favorisierten. Der „imperiale Stil" des Leibniz – Freundes Fischer war ein Stil, der den Palladianismus Christopher Wrens zu einer Art von Barockklassizismus verarbeitete.[13] Fischer wusste seine Zustimmung zu Leibniz' Ideen und seine Überzeugung von der Bedeutung der „Alten" für die Kunst zusätzlich mit dem politischen Anspruch Karls VI. auf Spanien zu vereinbaren, was diesen dazu bestimmte, Fischers Entwurf für die Karlskirche den Zuschlag zu geben. Den Anspruch Karls VI. auf Spanien drückte Fischer 1716 durch zwei gleiche Trajan-Säulen in der Außenfassade der Wiener Karlskirche aus in Erinnerung an die „Säulen des Herkules", wie die Römer die Meerenge zwischen Gibraltar und Ceuta nannten. Er betonte ihn auch

---

10 Leibniz an Kaiser Karl VI, undatiert, in: Onno Klopp, Leibniz' Plan der Gründung einer Societät der Wissenschaften in Wien, Wien, 1868, S. 72.

11 Karl VI. an den Reichshofrat Herrn Gottfried Wilhelm Leibniz, 14.8.1713, in: ebd., S. 85–86.

12 Leibniz an den kaiserlichen Antiquar Karl Gustav Heräus, Hannover, 4.6.1716: „Ce que je ne veray pas, sera vû par d'autres; et je seray toujours bien aise par avance d'y avoir un peu contribué", in: ebd., S. 99.

13 Das Palais Trautson in Wien war eine solche sehr geglückte Verarbeitung.

im Inneren der Hofbibliothek. Darüber schreibt Ernst Wangermann: „Die Bibliothek als Ganzes, die jetzt als das Werk des älteren Fischer von Erlach eindeutig erkannt worden ist, war dazu bestimmt, Karl VI. sowohl als Sieger auf dem Schlachtfeld als auch als Schutzherr der Künste zu feiern: sie war der Tempel des Herkules der Musen".[14] Hofbibliothek und „Karlskirche" – so genannt nach dem Bischof Carlo Borromäus, dem sie geweiht war – gerieten zu den originellsten und monumentalsten Bauwerken Europas der damaligen Zeit. Sie waren Ausdruck dafür, dass die Gegenreformation künstlerisch durch den „Barockklassizismus" überwunden wurde. Dem Geist der „Alten" verpflichtet waren aber auch Georg Raphael Donners Skulpturen. Sein Engel in der Kathedrale von Bratislava, sein Heiliger Martin, die Figur der Providentia auf dem Mehlmarktbrunnen in Wien, der Andromedabrunnen im Alten Rathaus waren Ausdruck des Klassizismus' in der Habsburgermonarchie.[15]

2.3. Karl VI. und *La Clemenza di Tito* (1733)

Graf Leopold Anton Firmian von Salzburg wollte es seit 1729 genau wissen, wie viele Scheinkatholiken im Fürstbistum Salzburg lebten. Er hatte zu diesem Zweck Jesuiten aus Bayern geholt, die das für ihn herausfinden sollten.[16] Gegen ihre Bedrängung durch die Jesuiten protestierten 19.000 Salzburger mit einer öffentlichen Petition an das Corpus Evangelicorum in Regensburg[17] und baten um politischen Beistand bei ihrer Absicht, mit Hab und Gut aus Salzburg zu emigrieren. Jetzt forderte Karl VI. die Protestanten zur Anbringung einer schriftlichen Beschwerde gegen ihren Landesfürsten bei dem Kaiser, auf[18] - gegen den Rat seines Beichtvaters Vitus Tönnemann SJ, der die Salzburger Protestanten als „Rebellen" behandelt, daher ihre Austreibung als verdiente Strafe des rächenden Gottes inszeniert sehen wollte. Firmian unterließ die Publikation des kaiserlichen Patents in Salzburg. Er stellte die katholische und protestantische Welt mit seinem Emigrationspatent vom November 1731 vor vollendete Tatsachen und begann noch im November/Dezember mit der Austreibung von 20.000 Evangelischen als „Rebellen". „Da zu dieser Zeit das „philosophische Jahrhundert" hier und dort in Europa bereits im Anzug war und Ideen der Toleranz sich verbreiteten, empfan-

14 Wangermann, The Austrian Achievement, S. 30.

15 Ebd., S. 49.

16 Ernst Wangermann, Emigration und Transmigration österreichischer Protestanten im 18. Jahrhundert, in: Querschnitte, Bd. 20, 2006, S. 74–79, im weiteren: Wangermann, Emigration.

17 Die „Supplikation der Lutherischen Salzburger Pau[e]rn an d[a]s Reichs Collegium nacher Regenspurg, dem Corpus" wurde wahrscheinlich zuerst in der Zeitschrift: „Staats Kanzley" publiziert.

18 Gerhard Florey, Geschichte der Salzburger Protestanten und ihrer Emigranten 1731/32, Wien, 1977, S. 138.

den viele Zeitgenossen dieses Ereignis als empörenden Skandal. [...] Die Regierung Karls VI. entschloss sich, dieser Gefahr aktiv entgegenzuwirken",[19] indem sie die Armee an die Grenzen des Fürstbistums schickte und Kontakte zu dem preußischen König herstellte, der sich zur Aufnahme der Salzburger in seinen Staaten bereit erklärte. Dem Grafen Firmian ließ Karl VI. persönlich dringend nahelegen, „diese Emigranten nicht als Maleficanten", sondern als Menschen zu behandeln, weshalb ihnen nur drei Meilen für eine Tagesreise bei so rauher Winterszeit zugemutet werden könne und sie ausreichend mit Geld versehen werden müssten.[20] Um die Jesuiten in seinen Staaten zu einer sanften Bekehrungsmethode anzuleiten, setzte er 1733 eine Religionskommission ein, die nicht nur von Geldern aus seiner Kasse, sondern auch von Leistungen gespeist wurde, die er dem Klerus zumutete.[21] Ihr schrieb er folgende Instruktion vor: die Katholisierung der Evangelischen sei „keine Sach, so sich mit Gewalt richten lasse, sondern [alles] auf die Glimpflichkeit und zwar mehrern Theils auf die Geistlichkeit und derselben geschickte Ambtierung ankomme". Den Geistlichen, Pfarrern und Missionaren sei „die Christliche Sanftmuth" besonders wohl einzubinden, und gleiche Bescheidenheit auch bey Wegnehmung deren Sectischen Büchern zu gebrauchen".[22]

Karls Hofdichter Pietro Metastasio begleitete Karls Reaktion auf die Salzburger Austreibung der Protestanten mit *La Clemenza di Tito*. In dieser von Voltaire hochgelobten Dichtung zeichnete er das Bild eines die Tugend des Verzeihens radikal praktizierenden Fürsten, berief sich im Vorwort zwar auf die Darstellung des Lebens Titus' Vespasianus durch den römischen Historiker Sueton, ergänzte aber dessen Geschichte von der Großmut dieses heidnischen Fürsten mit folgendem Hinweis auf die aufgeklärte Religiosität seiner Zeit. *Titus* zerriss ihm durch den Vorsteher des Gerichts *Publio* überbrachte Listen von Beleidigern der Majestät verstorbener Kaiser und auch von Beleidigern seines eigenen Namens mit der Begründung: haben sie recht, verdiene ich die Beleidigung, haben sie unrecht, vergebe ich ihnen (I, 8). Die Oper wurde zur Feier von Karls Namenstag das erste Mal im Hoftheater aufgeführt – in Anwesenheit des Gefeierten mit der Übersetzung des Librettos in die deutsche Sprache und trat mit unzähligen Vertonungen ihren Siegeszug durch das katholische und protestantische Deutschland an.

Metastasios künstlerischem Kommentar zu Karls aufgeklärter Reaktion auf die Salzburger Austreibungspolitik entsprach in der Realität Karls Transmigrationspolitik. Sie verweigerte den Protestanten in den katholischen Ländern der

---

19 Wangermann, Emigration, S. 76–77.

20 Resolution Karls VI. vom 2.1.1732 auf Bericht des Landeshauptmanns von Oberösterreich, zitiert nach: Paul Dedic, Der Geheimprotestantismus in Kärnten während der Regierung Karls VI. (1711–1740), in: Geschichtsverein Kärnten (Hg.), Archiv für vaterländische Geschichte und Topographie, Bd. 26, 1940, Klagenfurt, S. 54 f.

21 Ebd., S. 85.

22 Mandat der innerösterreichischen Regierung in Religionssachen, 29.8.1733, zitiert nach: ebd., S. 180 f (Beilage).

Krone das *jus emigrandi*[23] und deportierte Hartnäckige, die sich ihrer Bekehrung durch die neuen Missionare des Volks widersetzten, in die protestantischen Länder der Krone, in erster Linie nach Siebenbürgen, wo Sozinianer, Protestanten, Katholiken und Orthodoxe vermischt lebten. Nach Regina Pörtner wurden zwischen 1734 und 1736 mindestens 180 Kärntner Bauern in diese Länder deportiert.[24] Anfangs führte Karl die Zwangsdeportierung jener, die öffentlich bei ihrer protestantischen Religion in seinen katholischen Ländern verblieben, durch eine mit Vernunft gepaarte Menschlichkeit durch. Das Vermögen wurde ihnen zum Beispiel auf dem ersten, vom Grafen Seeau organisierten Transport aus dem Salzkammergut nach Siebenbürgen aus den Beständen der Salzkassa vorgestreckt, was bedeutete, dass sie zu wirtschaften anfangen konnten, wenn sie auf den ihnen zugeteilten Gründen saßen. Aufgrund dieser Politik konnten die Deportierten den Grundstein für die Gründung von protestantischen Gemeinden in Siebenbürgen, den sogenannten „Landlergemeinden" legen, die bis heute nachgewiesen sind.[25]

---

23 Wangermann, Emigration, S. 77 mit Bezug auf Mathias Beer (2002).

24 Regina Pörtner, Die Kunst des Lügens. Ketzerverfolgung und geheimprotestantische Überlebensstrategien im theresianischen Österreich, in: Johannes Burkhardt, Christine Werkstätter (Hg.), Kommunikation und Medien in der Frühen Neuzeit (=Beihefte der Historischen Zeitschrift, Neue Folge 41) München, 2005, S. 394, im weiteren, Pörtner, Die Kunst des Lügens.

25 Erich Buchinger, Die „Landler" in Siebenbürgen. Vorgeschichte, Durchführung und Ergebnis einer Zwangsumsiedlung im 18. Jahrhundert, in: Buchreihe der Südostdeutschen Historischen Kommission, Bd. 31, München, 1980, S. 92. Das Landl ist das Salzkammergut.

3. Die Anfänge der Aufklärung im Habsburgerreich

Als Maria Theresia die Regierung antrat, hielt sich Friedrich II. von Preußen nicht an die von seinem Vater mit Karl VI. geschlossenen Verträge. Er erkannte Maria Theresia nicht als rechtmäßige Herrscherin über die Habsburgermonarchie an, eroberte die wirtschaftlich fortgeschrittene reiche habsburgische Provinz Schlesien, den natürlichen Absatzmarkt für alle in Böhmen produzierten Produkte. Spanien, Bayern, Sachsen schlossen 1741 auf Betreiben Friedrichs II. ein Bündnis zur Aufteilung der Habsburgermonarchie. Maria Theresia war gezwungen, 1742 Frieden zu schließen und die reiche deutsche Provinz Schlesien, lange ein gesicherter Besitz der Habsburgermonarchie, an Preußen abzutreten. Ein bayerischer Fürst wurde zum Kaiser gekrönt. Frankreich überfiel die österreichischen Niederlande. Der österreichische Adel huldigte dem Fürsten aus bayerischem Haus, nur die Ungarn krönten Maria Theresia zu ihrer Königin zu Bedingungen, die sie nur annehmen konnte.

Der Sekretär der niederösterreichischen Stände Franz Christoph von Scheyb ließ in seinem 1746 gedruckten „Ehren Gedicht" mit dem Titel: „Theresiade", eine von ihm imaginierte Maria Theresia ihre Rettung „dem Rath" verdanken: „Den jede Tugend [Standhaftigkeit, Leutseligkeit usw.] mir damahls gegeben hat. / Durch euch hab ich des Feinds Maßnehmungen zernichtet; / Mithin seyd ihr nicht mir, nein: ich bin euch verpflichtet".[1] Diese Stelle im Gedicht ist eine Anspielung auf Maria Theresas Fähigkeit, *philosophes* zu ihren Mitarbeitern zu gewinnen, die sie gut berieten und denen sie vollkommen vertrauen konnte. Wenzel Anton Graf Kaunitz, der Sproß eines alten deutsch-mährischen Adelsgeschlechtes der Kounize, war ein solcher *philosophe.*[2] Ursprünglich für eine Kirchenkarriere bestimmt, hatte er die diplomatische Laufbahn ergriffen und bekam bald sehr viel zu tun. Maria Theresias einziger Verbündeter England geriet durch die Landung des Thronprätendenten aus dem Haus Stuart in Schottland in Schwierigkeiten, die das Parlament im Bündnis mit dem Volk von England zu bewältigen suchte. Während Parlament und Volk Anstrengungen zur Rettung der konstitutionellen Monarchie vor dem katholisch-absolutistischen Zugriff der

---

[1] Theresiade / Ein Ehren Gedicht. / Durch den Herrn Frantz Christoph von Scheyb / in Gaubikol[h]eim [Gaubückelheim] / Der Ni. Oe. Landschaft Secretär und Mitglied der Gesellschaft zu Cortona, 1746, Buch 10, Verse 281–4.

[2] Franz A. J. Szabo, Kaunitz and enlightened absolutism 1753–1780, Cambridge, 1994, S. 20–35, im weiteren: Szabo, Kaunitz.

Stuarts unternahmen, übte man Druck auf Maria Theresia in den Verträgen von Berlin (1742) und Dresden (1745) aus, in die Abtretung Schlesiens einzuwilligen. Dazu war sie nicht bereit, weshalb sie sich um einen neuen Verbündeten umsehen musste. Maria Theresia schickte Kaunitz nach dem Frieden von Aachen 1748 nach Frankreich, damit er ihren Wunsch nach der Rückgewinnung Schlesiens durch seine Idee einer Allianz mit Frankreich realisiere. Kaunitz bahnte die Allianz an. Das sicherte die österreichischen Niederlande und die Lombardei gegen französisch-bourbonische Angriffe und machte die Finanzierung des Krieges zur Rückgewinnung Schlesiens möglich. Maria Theresia schuf für ihn die Staatskanzlei mit dem seit 1749 existierenden Staatsarchiv. Sie betraute ihn zusätzlich mit der Verwaltung der Lombardei und der Niederlande. Als Staatskanzler konnte Kaunitz die Allianz mit Frankreich noch durch eine Allianz mit Russland ergänzen. Damit schaffte er die besten diplomatischen Voraussetzungen für die Rückgewinnung Schlesiens in einem neuen Kräftemessen mit Preußen.

3.1. Haugwitz

Maria Theresia wollte Schlesien zurückgewinnen. Sie wusste, dass sie dazu nicht nur ein starkes Heer, sondern auch eine gesellschaftliche Entwicklung nach dem Muster der Niederlande und Englands brauchte, um es zu finanzieren. Ein geldloser Adeliger, dessen Besitz seit 1740 in preußischen Händen war: Graf Friedrich Wilhelm Haugwitz, stellte ihr seine Kräfte zur Verfügung. Zur beabsichtigten Rückgewinnung Schlesiens schätzte er, dass ein stehendes Heer von 108.000 Mann und 14–15 Millionen Gulden jährliche Steuereinnahmen erforderlich waren. Graf Haugwitz setzte gegen die Obstruktion seiner Ministerkollegen die Einführung einer auch vom Adel zu zahlenden Grundsteuer für alle Länder der Krone mit Ausnahme des ungarischen Adels durch. „Die „gottgefällige Gleichheit", die ihm dafür als Rechtfertigung diente, war freilich nur im Prinzip erhalten geblieben: „die Herrschaften zahlten, aber sie zahlten bei weitem weniger als die Bauern".[3] Es sollte daher, meint Ernst Wangermann, der Gegensatz zwischen Absolutismus und ständischer Opposition nicht überbetont werden. Maria Theresia bemühte sich sehr, es dem Adel zu ermöglichen, aus den Reformen für sich Vorteile zu schlagen, indem sie ihm die Leitung der von ihr neu geschaffenen Kreise vorbehielt.[4]

---

3 Eugen Guglia, Maria Theresia – ihr Leben und ihre Regierung, 2 Bd., München, 1917, hier: Bd. 2, S. 7.

4 Wangermann, The Austrian Achievement, S. 63: „Maria Theresa took great pains to enable the nobility to take advantage of the new opportunities [...]".

3.2. Gérard van Swieten

Maria Theresia wusste, dass sie, wenn sie die Habsburgermonarchie als ein Ganzes schaffen wollte, sich zur Wohltäterin ihrer Völker machen musste. Sie bemühte sich daher um die Berufung eines Arztes und Anhängers der Kirche von Utrecht, aus Holland nach Wien – er war mit seinen Kommentaren zu Boerhaaves Aphorismen über die Erkennung und Heilung der Krankheiten, die 1742 in London erschienen, berühmt geworden. Seit 1743 versuchte sie, Gérard van Swieten für die Emporbringung der Wissenschaften, der Medizin und der Arzneikunst in ihren Ländern zu gewinnen. Dieser hatte aber ihrem Kontaktmann in Wien, einem spanischen Edelmann, eine Absage erteilt mit den für seine Denkart charakteristischen Worten:

> [...] und ich ziehe es bei weitem vor, ein kleiner Republikaner zu sein, als einen pompösen Titel zu haben, der dazu dient, eine tatsächliche Sklaverei zu verhüllen. Verzeih mir, wenn ich so respektlos von einer so ehrenvollen Aufgabe spreche, aber ein Mann, der die Liebe zur Freiheit mit der Muttermilch eingesogen hat, erschaudert, wenn er meint, dass er bedroht sei, sie zu verlieren. Folglich bleibe ich der gleiche wie zuvor: gesund, frei und zufrieden.[5]

Dass Gérard van Swieten schließlich Maria Theresias Werben nachgab, kann Kaunitz zugeschrieben werden. Maria Theresia schickte ihn mit ihrer Schwester, der Statthalterin der Niederlande, in das kaum von den Franzosen zurück gewonnene Brüssel, wo die Schwester zu Tode erkrankte. Kaunitz ergriff die Initiative zur Berufung van Swietens nach Wien[6] mit dessen Hinzuziehung zur Betreuung der Sterbenden, zusätzlich zu Maria Theresias Leibarzt, den sie ihr aus Wien geschickt hatte. Maria Theresia schrieb jetzt eigenhändig an van Swieten, sein Verhalten gegenüber jenem Arzt, den sie selbst ihrer Schwester nach Brüssel geschickt hatte, habe ihr so viel Achtung von seinem Charakter eingeflößt, „dass ich Ihnen schon einen großen Teil meines Vertrauens und meiner Freundschaft selbst über Ihren Wirkungskreis hinaus schenke. Man kann ja nicht genug danach trachten und glücklich sein, solche Männer in der Umgebung eines Monarchen zu finden".[7]

---

[5] Brief Gerard van Swietens an Antonio Nunes Ribeiro Sanches vom 8.4.1743 in: Hans Petschar (Hg.), Niederländer, Europäer, Österreicher: Hugo Blotius, Sebastian Tenagl, Gérard Freiherr von Swieten, Gottfried Freiherr van Swieten. Vier Präfekten der kaiserlichen Hofbibliothek in Wien, Ausstellung im Foyer zum Hauptlesesaal der Österr. Nationalbibliothek 1993, Dokumentation. Wien, 1993, S. 19.

[6] Alfred Ritter von Arneth, Biographie des Fürsten Kaunitz. Ein Fragment (posthum) in: Kommission zur Pflege vaterländischer Geschichte der kaiserlichen Akademie der Wissenschaften (Hg.), Archiv für Österreichische Geschichte, Bd. 88 = 1900, S. 72.

[7] Maria Theresia an Gerard van Swieten [Wien, 8.2.1745] in: Hugo Glaser, Gerhard Freiherr von Swieten, Sudhoffs Klassiker der Medizin und der Naturwissenschaften, Bd. 36, 1964, S. 15.

Diese Zusicherung ihrer Achtung und Freundschaft kombinierte Maria Theresia mit dem Gedanken an van Swietens Gattin als „weniger *philosophe* und von zarterer Gemütsart“ als er: eher würde sie ihr eigenes Interesse dem Wohl seiner Familie opfern als ihn und seine Frau hier unglücklich zu sehen. Sie könne dieses Opfer, wenn auch schweren Herzens seiner Ruhe bringen, werde für ihn aber dessen ungeachtet immer dieselbe Maria Theresia bleiben.[8] Diesem Angebot konnte van Swieten, den sie zum Protomedikus (Leibarzt und Gesundheitsminister) und Präfekt der Hofbibliothek machen wollte, nicht länger widerstehen. Er übersiedelte mit seiner Familie nach Wien.

Van Swieten wurde Maria Theresias Leibarzt und erster Reformminister, der sich nicht nur die Reform des Gesundheitswesens angelegen sein ließ, sondern auch die Neugründung der Universität Wien. Ein nach den neuen Ideen eingerichtetes Pflichtstudium sollte dem angehenden Kleriker die Kritik an der scholastischen Theologie nahelegen. Mit der Neugründung der medizinischen Fakultät rückte van Swieten dem Teufelsglauben von der naturwissenschaftlichen Seite her zu Leibe. Dazu schrieb vor 40 Jahren ein Archivar der Wiener Universität:

> Die zentrale Gestalt der unter Maria Theresia einsetzenden Reformen war der mit ganz außerordentlichen Vollmachten ausgestattete kaiserliche Leibarzt Gérard van Swieten, dessen rücksichtslose, ausgeklügelte Reformen die Fakultäten vollkommen veränderten.[9]

Und Vocelka schreibt jetzt: „Swieten wurde 1749 Praeses facultatis und entzog zunächst der Fakultät das Recht auf die Ernennung von Professoren“,[10] als handle es sich dabei um eine rücksichtslose, ausgeklügelte Reform als Selbstzweck. Vocelka legt keinen Wert auf die Feststellung, dass sich Ferdinand I. schon 1554, bei der ursprünglichen Verleihung des Privilegs an die Universität, die Fakultätsdirektoren und die Professoren selbst zu ernennen, das Recht des Widerrufs dieses Privilegs ausdrücklich vorbehalten hatte, sollte das öffentliche Interesse das erfordern.[11] Der

8 Maria Theresia an Gérard van Swieten, Wien, 8.2.1745: „[...] je sacrifie plutôt mon propre interest [sic] et tant que je souhaite de vous voir bientôt ici autant je vous donne tout[e] la [sic] aisance et liberté de l'entreprendre de reculer et même me refuser si vous croyez ne pouvoir vous surmonter. Le dernier me feroit de la peine mais aussi cela je vous sacrifierai à votre repos et serai toujours la même Marie Therèse.“ In: ÖNB, HSS, Autographen, 296/7–2.

9 F. Gall, Die alte Universität = P. Pötschner (Hg.), Wiener Geschichtsbücher, Bd. 1, 1970, S. 21.

10 Karl Vocelka, Glanz und Untergang der höfischen Welt, Repräsentation Reform und Reaktion im habsburgerischen Vielvölkerstaat, in: H. Wolfram (Hg.), Österreichische Geschichte 1699–1815, 2001, S. 265.

11 Van Swieten an Maria Theresia, 15.12.1750 (Mémoire sur la remonstration du recteur et du consistoire de l'université ...) zitiert nach: Erna Lesky, Gérard van Swieten – Auftrag und Erfüllung, in: Studien zur Geschichte der Universität Wien, Bd. 8, 1973, S. 48–49: „Le pouvoir d'élire les professeurs appartient de plein droit au souverain, et on peut ôter sans la moindre ombre d'injustice un droit à la faculté dont le souverain s'etoit reservé sagement le pouvoir de le revoquer à tout tems, quand l'utilité publique le demande“.

Fall war eingetreten, als Maria Theresia eine Lehrkanzel für Kirchenrecht errichtete, auf der ihr Inhaber, der weltliche Jurist Paul Josef Riegger, mit Rückgriff auf Zeger Bernard van Espens *Jus ecclesiasticum universum*[12] den Primat des Papstes bestritt, und durch die Anführung von Zitaten aus den Heiligen Schriften lehrte, dass der Religionsstifter der Christen und seine Apostel sich stets den Gesetzen der Fürsten unterwarfen, in deren Ländern sie sich aufhielten. Seine Sätze gründeten auf der gesunden Vernunft, auf der Schrift und auf den Überlieferungen der Väter in den ersten Jahrhunderten des Christentums. In derselben Weise wurde die aristotelische Scholastik durch die rationalistische Philosophie nach Descartes, Leibniz oder Christian Wolff ersetzt und allen Studierenden als Grundwissenschaft vorgeschrieben. Damit wurde die These von der Existenz eines allmächtigen, allgütigen und allwissenden Gottes, dem die Existenz des Bösen in der Welt nicht grundlegend widerspreche, überhaupt das erste Mal auf akademischem Niveau zur Diskussion gestellt. Eine Lehrkanzel für Naturrecht und allgemeines Staatsrecht wurde gleichfalls geschaffen und zu ihrem Inhaber der Jurist Karl Anton von Martini eingesetzt, der das Naturrecht und das allgemeine Staatsrecht nach einem protestantischen Lehrbuch vortrug.[13] Universalgeschichte, Griechisch, die orientalischen Sprachen wurden unterrichtet, was die Lektüre der biblischen Schriften im Original ermöglichte, womit eine Forderung der Reformation erfüllt war. In einem Privatbrief bewertete Franz Christoph Scheyb die Neugründung der Universität Wien als Erfüllung der von Karl VI. und Leibniz gehegten Absichten der Gründung einer Akademie der Wissenschaften, die damals aus Furcht vor den Kerkern der Jesuiten nicht realisiert worden sei; jetzt setze eine furchtlose Maria Theresia mit der Neugründung der Universität Wien die ganze gelehrte Welt in Erstaunen.[14]

Maria Theresia verlieh ihrer Achtung vor den Wissenschaften auch als Bauherrin angemessenen architektonischen Ausdruck. Sie ließ ein neues Universitätsgebäude vom Obersthofbaumeister Nicolas Jadot mit einer Sternwarte errichten. Es kann als Symbol der Aufklärung, angesehen werden, dass 1756 der Vertreter

---

12 Zwei Bd., Löwen, 1700. Van Espens Werk wurde wiederholt in der Monarchie aufgelegt. Eine 1781/2 in Venedig veranstaltete Ausgabe enthält eine freundliche Widmung Josephs II. an diesen großen Gelehrten. Vgl. F. Pototschnig, Die Entwicklung des Kirchenrechts im 18. Jahrhundert mit besonderer Berücksichtigung Österreichs in: E. Kovács (Hg.), Katholische Aufklärung und Josephinismus [KAJ], Wien, 1979, S. 218, Anm. 5 und 6.

13 „[…] das vorgeschriebene protestantische Vorlesebuch konnte zwar nicht von allen Anfällen (gegen die katholische Religion) befreyet seyn, ich war jedoch so glücklich, durch Geduld und Bescheidenheit denselben hinlänglich auszuweichen […], Vortrag Martinis an Leopold II. über die vorzunehmende Studienreform vom 24.6.1790, in: Rudolf Kink, Geschichte der kaiserlichen Universität zu Wien, 2 Bd., Bd. 1 in zwei Teilen, Wien, 1854, hier: 1/2, S. 301.

14 Franz Christoph Scheyb, an Domenico Mansi, Jänner 1754 Orig. ital., zitiert in: Garms Cornides Elisabeth, Zwischen Giannone Muratori und Metastasio, in: Formen der europäischen Aufklärung. Untersuchungen von Christentum, Bildung und Wissenschaft im 18. Jahrhundert, Wien, 1976, S. 238.

der Toleranzidee Aloys von Sonnenfels bei der feierlichen Eröffnung der Universität in Gegenwart der beiden Majestäten Maria Theresia und Franz Stephan I. die Festrede hielt[15] und zu der von Scheyb aus diesem Anlass herausgegebenen Festschrift beitrug.[16]

Die Basis für die notwendige Anpassung des Klerus an die Toleranzideen der Aufklärung schuf van Swieten durch die Neugründung der Universität Wien und durch sein Verfahren bei der Zensur. Er übernahm die Leitung der von Maria Theresia geschaffenen Zensurkommission mit dem Pouvoir, in strittigen Fällen anzuordnen, „dass jeder Censor das [...] Buch [...] lese und in der nächsten Sitzung [...] wird über das Buch mit Stimmenmehrheit entschieden".[17] Das bedeutete, dass *alle* Zensoren ihre Stimmen darüber abgaben, ob z. B. ein in das theologische Fach einschlagendes Buch verkauft werden dürfe oder nicht, womit strittige Werke, die die theologischen Zensoren verbieten wollten, durch die Meinungsabgabe aller Zensoren erlaubt werden konnten. Das bezeugt das große Vertrauen, das Maria Theresia in van Swieten setzte.

---

15 „Oblatio primitiarum ad inaugurationem domus caetus scientiarum, quam augustissimi Caesares Franciscus et Maria Theresia e fundamentis excitarunt, exhibita ab Aloysio de Sonnenfels Orientalium Linguarum Magistro Antiquissimae et Celeberrimae Universitatis Vindobonensis", Vindobonae, Trattner, 1756 = ‚Gabe des Originalwerks zur Einweihung des wissenschaftlichen Hauses, das die k.k. Majestäten Franz und Maria Theresia gegründet haben, dargestellt von Alois Sonnenfels, als dem Lehrer der orientalischen Sprachen der berühmten ehrwürdigen Wiener Universität' (Übersetzung G. L.).

16 Garms-Cornides, Giannone, S. 248.

17 Memorandum Gérard van Swietens vom 24.2.1772, zitiert nach: Willibald Müller, Gerhard van Swieten, Biographischer Beitrag zur Geschichte der Aufklärung in Oesterreich, Wien, 1883, S. 158.

4. Kaunitz' Einstieg in die innere Politik

Der Siebenjährige Krieg um Schlesien war ein Weltkrieg: England kämpfte gegen Frankreich um die Beherrschung von Kanada. Ein mit England verbündetes Preußen kämpfte gegen Österreich, das mit Frankreich und Russland verbündet war. Der Wechsel des Throns von der Zarin Elisabeth zu dem Zaren Peter, einem Bewunderer Friedrich II., beendete den Krieg. Preußen, das von vollkommener Zerstörung bedroht war, behielt dadurch Schlesien. Österreich hatte sein Kriegsziel nicht erreicht und stand wie Preußen vor dem Staatsbankrott. In dieser Situation entschloss sich Maria Theresia zu einer grundlegenden Reform des Staates durch die Einsetzung einer Reformbehörde: den Staatsrat.

4.1. Kaunitz' Schöpfung: Der Staatsrat

Waltraud Heindl hat dem Schöpfer des Staatsrats, Fürst Kaunitz, keinen hervorragenden Platz in ihrer Bürokratie-Darstellung[1] eingeräumt. Kaunitz verdient aber einen solchen Platz. Er unterbreitete tatsächlich schon 1758 Vorschläge zur Verbesserung der Einrichtung „in internis", ohne allerdings Haugwitz' Verdienste herabzusetzen: Ein „für das allgemeine Wohlseyn der Monarchie" zuständiges beratendes Gremium solle geschaffen werden, ohne andere Kompetenzen als die Übersicht über die gesamte Amtsführung, die unparteiische genaue Prüfung aller Verbesserungsvorschläge und der Überwachung ihrer Durchführung. In Frankreich bestand so ein Gremium aus 4 Ministern, was nicht funktioniere, weil keiner an das Ganze, jeder nur an sich und an sein Ressort denke, was vermieden werden müsse.[2]

Der Staatsrat war ein Beratungsorgan der Krone, nicht ein „Verwaltungsorgan", wie Friedrich Walter und nach ihm Vocelka ihn charakterisieren.[3] Als „Organ zur Zentralisierung der Macht"[4] war er ein Rat, dessen Mitglieder Kaunitz allein bestimmte, daher eine zentrale Reform-Behörde. Der Rat überblickte, wie ein vervielfältigter Fürst, alles, um gut raten zu können. Maria Theresia stellte ihm

1 Waltraud Heindl, Bureaucracy, Officials, and the State in the Austrian Monarchy: Stages of Changes since the Eighteenth Centura, in: AHY, 37, 2006, S. 35–57.

2 Denkschrift des Staatskanzlers W. A. Graf Kaunitz-Rietberg [6.8.1758] (Vorschlag zur Gründung des Staatsrats), zitiert nach: Harm Klueting (Hg.), Der Josephinismus, in: Ausgewählte Quellen zur deutschen Geschichte der Neuzeit, Bd. 12 a, 1995, S. 47–54. Vgl. dazu Arneth, GMT, Bd. 7, Wien, 1876, S. 2–7.

3 Friedrich Walter, Kaunitz' Eintritt in die innere Politik, in: MIÖG, Bd. 46, 1932, S. 41.

4 Vocelka, Österreichische Geschichte, S. 63.

alle Akten zur Verfügung, sowie alle Schriftstücke, die sie selbst entgegen nahm. Kaunitz' Staatsrat erhielt die Befugnis, „vom Zentrum aus alle inneren Angelegenheiten zu übersehen",[5] und Resolutionen zu entwerfen, die sie mit ruhigem Gewissen unterzeichnen konnte, weil die Meinungen, bevor sie zum Vorschlag reiften, sorgfältig aus der Perspektive des allgemeinen Wohls der Monarchie erwogen worden waren.

Die politische Theorie, die der Gründung dieses Organs und der Ernennung der Räte durch Kaunitz zugrunde lag, wurzelte in der Weltanschauung der Aufklärung. Kaunitz wählte die Personen dazu nach dem Beispiel der seit Isaac Newtons Entdeckungen als harmonisch aufgefassten Schöpfung mit ihren für den menschlichen Verstand erkennbaren Gesetzen der Natur. Die in der Schöpfung angelegten Gegensätze auf die Ebene des Ratens und Entscheidens übertragend, ernannte er Staatsräte mit von einander entgegengesetzten Positionen, wie den Freiherrn von Borié, den er aus dem ihm unterstellten niederländischen Departement entlassen und zum Staatsrat ernannt hatte, und den Freiherrn von Stupan. „Stupan vertrat energisch den Standpunkt, dass die Gebarung des Banco-Instituts geheim bleiben müsse".[6] Borié dagegen vertrat Kaunitz' Position, u. a. die Position der öffentlichen Kontrolle der Gebarung des „Banco". Kaunitz selbst erläuterte Maria Theresia sein System mit dem Hinweis auf die aus Newtons Entdeckungen abgeleitete Neuinter-pretation der Schöpfung: „Ich habe mich nach dem göttlichen Beispiel gerichtet, welches aus Hitze und Kält, trocken und naß, Tag und Nacht, mithin aus lauter Contrarii die schönste Harmonie hervorgebracht hat".[7] Zu der Bestimmung einer Tag- und einer Nacht-Position in dem von ihm besetzten Rat der Krone ließ er sich wahrscheinlich von folgender Perspektive Shaftesburys anregen: Wir Menschen klagen nicht über die Monstrosität der Ordnung, wenn wir sehen,

> daß verschiedenartige Interessen sich überlagern und durchkreuzen, daß Naturen einander untergeordnet, von unterschiedlicher Art, einander entgegengesetzt und in ihren unterschiedlichen Wirkungen die höheren den niederen unterworfen sind. Im Gegenteil, gerade wegen dieser Ordnung der geringeren und höheren Dinge bewundern wir die Schönheit der Welt, die solcherart auf Gegensätzen gegründet ist, indem aus solch verschiedenartigen und widersprüchlichen Prinzipien eine umfassende Harmonie erwächst.[8]

---

5 Ernst Wangermann, The Habsburg Possessions and Germany, in: The New Cambridge Modern History, Bd. 8 (1965), S. 279, im weiteren: Wangermann, The Habsburg Possessions.

6 A. Beer, Die Finanzverwaltung Oesterreichs 1749–1816, in: MIÖG, Bd. 15, 1894, S. 242.

7 KK [Kabinettskanzlei], Nachlass Kaunitz [NLK], Konvolut [KV]: Manuscripte, fols 39r: „wegen der ganzen neuen Einrichtung" undatiert.

8 Anthony Ashley Cooper, Third Earl of Shaftesbury Standard Edition [...] In englischer Sprache mit deutscher Übersetzung [...], II, 3. (Die Moralisten), S. 186 und II, 1 (Die Moralisten, zweite Fassung), S. 65: „For 'tis not then that we complain of Monsters, or monstrous Effects, when we see various Interests mixt and interfering".

Kaunitz schuf Harmonie im Staatsrat mit der Kombination der konträren Positionen durch denjenigen Staatsrat, der das letzte Votum führte, wobei ihm die Majora der Stimmen die Richtung wies.[9] Auf diese Weise konnte der Staatsrat Maria Theresia jene Resolutionen vorschlagen, von denen er meinte, ‚dass Eure Majestät sie als Ihrem Dienst zuträglich unterschreiben könnten'.[10] Maria Theresia unterschrieb. Sie regierte also im Einvernehmen mit ihrem Staatsrat.

F. Walter ließ an dem Staatsrat kein gutes Haar.[11] Dass Kaunitz durch die Errichtung der Hofrechenkammer eine unabhängige Kontrolle der Einnahmen und Ausgaben des Staates installierte, so dass 1765 erstmals ein Budget erstellt werden konnte, bewertete er als „verlorene Liebesmüh" (S. 54). In der Errichtung des Staatsrats, der als Reform-Behörde Resolutionsentwürfe vorschlug, sah er „den bloßen Umbau der Maschine" und reine „Selbsttäuschung" (S. 64). Vocelka folgte ihm mit der kategorischen Behauptung, man könne darüber streiten, wieweit das „Etikett" aufgeklärter Absolutismus auf Maria Theresia und ihren Regierungsstil zutreffe. Die von Kaunitz eingeführte kollegiale Form des Ratens und Regierens zielte zunächst auf eine stärkere zentrale Kontrolle aller die Steuern und die Finanzierung der Provinzen betreffenden Materien ab, die staatsrätlichen Resolutionsentwürfe betrafen aber auch jede andere, die innere Politik betreffende Materie von einiger Wichtigkeit. Kaunitz teilte seine Richtlinien für die Staatsräte allen Präsidenten der Kanzleien mit, damit sie ihren Rat gleichfalls danach einrichten konnten: Es gelte, Mittel zur Emporbringung der Landwirtschaft, der Industrie und des Handels ausfindig zu machen, sie „nicht bloß stückweis und in einigen Theilen, sondern in dem Ganzen zu suchen und alles zu Hülf zu nehmen, was die Wohlfahrt und die Einkünfte sowohl des Souverains als seiner Landen und Unterthanen befördern kann". Alles was der Emporbringung von Landwirtschaft, Industrie und Handel bisher zum Nachteil gereicht habe, sei „als ein innerlicher Krebs des Staatskörpers anzusehen und zu verwerfen".[12] Der

---

9 Bis zu seinem Tod 1765 führte das letzte Votum Haugwitz und nach ihm Kaunitz mit Binder.

10 Kaunitz' Denkschrift, 18.2.1766, zitiert nach: A. Beer (Hg.). Denkschriften des Fürsten Wenzel Kaunitz-Rittberg, in: Kommission zur Pflege vaterländischer Geschichte der kaiserlichen Akademie der Wissenschaften (Hg.), Archiv für Österreichische Geschichte, Bd. 48, S. 123–124. „Composé de six des meilleurs sujets [...] il fut établi [...] pour consulter Votre Majesté après mûre réflexion sur tout ce qui parviendroit au Throne, pour lui suggérer les Resolutions qu'il lui paroitroit être de son service qu'Elle daignât prendre", im weiteren: Kaunitz' Denkschrift, 18.2.1766, in: AÖG/48.

11 F. Walter, Kaunitz' Eintritt in die innere Politik, in: MIÖG, Bd. 46, 1932, S. 51: „Schon die Behandlung der ersten großen Fragen im Staatsrat, die Kaunitz aufrollte [...] führen (sic) auf eine dürre Heide".

12 Denkschrift des Staatskanzlers Kaunitz: Grundregeln der Förderung von Landwirtschaft, Industrie und Handel, „Ohnmassgeblichstes Dafürhalten über die Frage: auf was für Grund Reguln das ganze Systema des Staats und der innerlichen Verfassung zu bauen seye" (17.11.1761), zitiert nach: Klueting (Hg.), Josephinismus, S. 55–61.

innerliche Krebs des Staatskörpers war das feudale System, gegründet auf konfessioneller Einförmigkeit, Kultivierung einer jenseitsorientierten Frömmigkeit und auf der Leibeigenschaft.[13] Die Leibeigenschaft war infolge der im 17. Jahrhundert einsetzenden Refeudalisierung der größte Hemmschuh für die Entwicklung der Wirtschaft. Kaunitz' Reformprogramm hatte sich sowohl die Demontage des konfessionellen Absolutismus als auch die Überwindung der Refeudalisierung vorgenommen. Maria Theresia kommentierte dieses Programm mit den Worten, sie habe als Fürstin, die zahlreiche Kriege um ihr Erbe führte, „die Geißel ihrer Völker" sein müssen, jetzt wolle sie nur mehr leben, um Kaunitz' Reformwerk zu vollenden und damit die Wohltäterin ihrer Völker zu werden. Ihre ganze Willenskraft war nötig, damit sie die Widerstände der „frechen Reden" bei der Einführung ihres Rats überwinden konnte. Die Härte des Kampfes bei der Einführung dieses Rates kann man einem Satz auf einem kleinen Zettel im Familienarchiv der Kaunitze entnehmen. Maria Theresia schrieb eigenhändig an Kaunitz „nur umb gottes willen nicht lamberiren (herumlavieren) oder was halbes thun lieber auf einmal das geschrey aushalten".[14]

Das „geschrey" waren die Aktivitäten und Reden der aristokratischen – weltlichen wie geistlichen – Reformgegner gegen den Überblick über die Finanzen der Monarchie und die Einführung einer rigorosen Sparpolitik. Mit „geschrey" bezeichnete Maria Theresia die politische Opposition von Ministern, die einen starken Rückhalt in den Landtagen ihrer Provinzen hatten, die sich dort die Interessen eines einzigen Standes, den des grundbesitzenden Adels und Klerus, zu wahren bemühten.

Maria Theresia hatte die Justiz von der Verwaltung getrennt und den Grundherrn befohlen, die landesfürstliche Justiz bei dem Fällen von Todesurteilen zu Rate zu ziehen. Graf Johann Chotek hatte als Chef des Directoriums die Abtretung von Kompetenzen an eine Oberste Justizstelle als unzulässige Einschränkung seiner Macht nicht hingenommen und bei Maria Theresia zwei Jahre nach der Gründung der Obersten Justizstelle die Rückübertragung eines Teils von deren Kompetenzen an das von ihm geführte Direktorium durchgesetzt. Nun wurde dieses Zugeständnis an ihn unter Kaunitz' Einfluss revidiert. Graf Johann Choteks Bruder Rudolf wurde vom Präsidium des „Banco" (der Ministerial-Bank-Deputation) entfernt und zum Obersten böhmischen und Ersten österreichischen Kanzler ernannt, also auf einen Posten gesetzt, den sein Bruder Johann innegehabt hatte, der nun in die Wirtschaftsabteilung des Hofkriegsrats

13 Winkelbauer Thomas, Ständefreiheit und Fürstenmacht. Länder und Untertanen des Hauses Habsburg im konfessionellen Zeitalter, Teil 2, Wien, 2004, S. 262.

14 Maria Theresia an Kaunitz, 6.1.1762, in: Morawske Zemski Archiv [MZA], G 436, Karton 442, Inv. Nr 4246, fol. 3r. Dort auch: „[...] je ne souhaite autrement à [sic] vivre que pour executer votre ouvrage et être utile à mes peuples comme j'ai dû être leurs fléaux et à vous marquer ma reconnaissance et ma confiance que vous avez à si juste titre".

verschoben werden konnte.[15] Der „Banco" wurde jetzt der Einsicht der Staatsräte zur Kontrolle seiner Gebarung geöffnet, und die Oberste Justizstelle erhielt ihre früheren Kompetenzen zurück. Maria Theresia hatte nicht *lamberirt*, sie hatte das *Geschrey* ausgehalten.

4.2. Die theoretische Untermauerung für Kaunitz' Reformprogramm

Der Staatsrat befasste sich nicht nur mit dem Schuldenberg des Habsburgerreichs und mit Einsparungsmöglichkeiten in der Verwaltung, sondern auch mit der Ankurbelung der Wirtschaft durch Reformen, sowie mit der Herstellung einer breiteren Akzeptanz für die Reformpolitik. Der Freiherr von Borié, Kaunitz' Vertrauensmann im Staatsrat, schlug im ersten Jahr des Friedens die Errichtung einer Lehrkanzel für „Kameralwissenschaften" vor, weil die ersten Reformen auf den Gütern der Krone, die die Hofkammer verwaltete, durchgeführt wurden. Zu ihrem Inhaber schlug er die Einsetzung des jüngeren Sohnes von Aloys von Sonnenfels, Joseph von Sonnenfels, vor. Kaunitz unterstützte Boriés Vorschlag, so dass sich Maria Theresia tatsächlich zur Errichtung der Lehrkanzel entschloss.[16] Diese Lehrkanzel wurde von ihrem Inhaber in den folgenden Jahren zu einer auf die Reformprojekte des Staatsrats klar zugeschnittenen Lehrkanzel geschaffen. Sonnenfels Lehrsätze lieferten „die theoretische Untermauerung für das Regierungsprogramm Kaunitz'".[17]

Zugleich mit Sonnenfels' Lehrkanzel wurde für Karl Heinrich Seibt in Prag die Lehrkanzel für Erziehung, Moral und schöne Wissenschaften geschaffen. 1764 erschien Cesare Beccarias Buch über die Verbrechen und deren Bestrafung in italienischer Sprache, aber anonym. Es enthielt allgemeine Sätze von der Inhumanität und zugleich Nutzlosigkeit der Folter als Mittel der Wahrheitsfindung. Wenn Beccaria es bereits 1765 wagen konnte, sich zu diesem Buch *Dei delitti e delle pene* als Autor zu bekennen, dann deshalb, weil Kaunitz ihn unterstützte.

---

15 Dickson P. G. M., Finance and Government under Maria Theresia 1740–1780, Oxford, 1987, Bd. 1, S. 262.

16 Sonnenfels schrieb 1783: es sei ihm daran gelegen, „öffentlich zu bekennen, dass Er [Kaunitz] es war, dem ich den Ruf zu dem politischen Lehramte, Er [Borié], dessen Mitwirkung ich das Lehramt selbst zu verdanken habe. Freiherr von Borié sprach einem jungen unbekannten Manne beim Fürsten von Kaunitz das Wort, und bewog den allgemeinen Beschützer der Talente [Kaunitz], mir seine Unterstützung gleichsam auf Abschlagung der Erwartung zu gewähren, die ich auf dem Lehrstuhle, den ich besteigen sollte, zu erfüllen, über mich nehmen würde": „An Mein Herz", in: Sonnenfels gesammelte Schriften, 1. Bd., 1783, o. pag.

17 Ernst Wangermann, Joseph II. – Fortschritt und Reaktion, in: Österreich im Europa der Aufklärung. Konti-nuität und Zäsur in Europa zur Zeit Maria Theresias und Josephs II. Internationales Symposion in Wien, 10–23. Oktober [ÖEA], 2 Bd., Wien, 1980, hier: 1, S. 38.

Maria Theresias Wille zur Reform der Habsburgermonarchie war nach ihren eigenen Worten in ihrer Absicht gegründet, den konfessionellen Absolutismus abzubauen, „welches alles eine große remedur noch erfordern wird, wo [ich] mit der Zeit und nach guter Überlegung die Sachen weiters auszuführen gedenke".[18] Unter „remedur" verstand sie die Reform des Unterrichts und der katholischen Kirche. In den Jahren der Etablierung des Staatsrats wurden Muratoris Ideen unter seinem wahren Namen mit dem Titel: „Die Wahre Andacht des Christen [...] ins reine Deutsche übersetzet und [...] Zum Nutzen eines jeden wahren Christen sowohl als besonders zur Richtschnur eifriger Seelsorger, in Druck gegeben",[19] womit reformkatholische Ideen erstmals vom deutsch sprechenden Publikum rezipiert werden konnten.

Das Jahrhundert der Aufklärung begann also im Habsburgerreich unter der Regierung Maria Theresias mit der Säkularisierung der Zensur durch den Reformminister Gérard van Swieten und mit der Errichtung des Staatsrats, einer Reform-Behörde, in der Kaunitz das letzte Votum führte. Und Maria Theresia ließ diese Behörde arbeiten. Wie man die humanistischen Ideen in die von der Gegenreformation geprägten Schulen bringen könnte, war ein Problem, das Kaunitz folgendermaßen zu lösen suchte. Er schickte gegen Ende des Siebenjährigen Krieges den Grafen Pergen als Botschafter nach Mainz.[20] Dort wirkte Emmerich Joseph, ein großer geistlicher Reformer. Anfang 1762 konnte der Staatsrat den Inhalt einer Note des Grafen Pergen erwägen[21] und „nach Meinung aller" eine Resolution vorschlagen, die als „Billet an Grafen Rudoph Chotek", den Obersten Kanzler, erging:

> Nachdem bereits verschiedene heilsame Satz- und Verordnungen ergangen, welche dahin abzielen, den Missbrauch wegen der vielen, und überflüssigen Mönche abzustellen, so hat die Canzley in allen Meinen teutschen Erblanden darob mit aller Aufmerksamkeit und Schärfe zu halten, womit auf die Verminderung deren Mönche das Absehen gerichtet werde.[22]

---

18 Erste Denkschrift Maria Theresias 1751, zitiert nach: J. Kallbrunner (Hg.), Kaiserin Maria Theresias Politisches Testament, S. 38. Wangermann, The Austrian Achievement, S. 74–76.

19 „Mit Gutheissen der Obern, Augsburg und Insbrugg. Bey Joseph Wolff" (1761). Auf dieser Schrift findet sich auch Muratoris Pseudonym „Lamindi Pritannii".

20 Das Werk von P. P. Bernard über den Grafen Pergen (From the Enlightenment to the Police State. The Public Life of Johann Anton Pergen) ist vollkommen unbrauchbar, weil es nicht einmal die von Wurzbach gelieferten Daten zur Biographie des Grafen einarbeitet, geschweige denn das von Helfert präsentierte Material berücksichtigt, siehe, S. 51.

21 Bericht des Grafen Pergen vom 27.1.1762, zitiert nach: Abschrift der Staatsratsakte 466, in: StR/A, Karton 1, KV 1762.

22 STRP/1762/499, Hinweis darauf in: Gerhard Winner, Die Klosteraufhebungen in Niederösterreich und Wien, Wien, 1967, S. 50, der auch auf die Bedenken dagegen von Seiten der niederösterreichischen Regierung und des Kardinal Migazzi hinweist.

Chotek leitete den im Staatsrat erlassenen Befehl Maria Theresias an die Bischöfe weiter und ersuchte sie um ihre Stellungnahme: „As a result, no proposals were advanced".[23] Ein Theoretiker, der überlegte, wie Maria Theresia die ihr zustehenden, aber an den römischen Hof vergebenen Rechte wieder erlangen könnte, wurde angestellt: Hofrat Heinke. Sonst blieb alles beim alten.

4.3. Ungarn als unmittelbarer Anstoß für die *große Remedur*

Den unmittelbaren Anstoß für die große Reform lieferte die Hartnäckigkeit der Ungarn, die bereit schienen, sich ihrer Besteuerung mit Waffengewalt zu widersetzen. Sie weigerten sich kategorisch, einen Teil der Bürde zu tragen, der den anderen Ländern der Krone aufgelastet blieb. Ungarn stand auch aus diesem Grund „im Mittelpunkt des Interesses und der Tätigkeit des Staatsrats",[24] aber auch, weil das Vertrauen zwischen Volk und König seit der Gegenreformation Leopolds I. nicht mehr hergestellt werden konnte.

Borié studierte die ungarischen Gesetze und fand heraus, dass die Krone ein Recht auf Güter hatte, die nicht vom Vater auf den ältesten Sohn vererbt werden konnten. Er hatte die geniale Idee, über den Umweg der Verwandlung von Dominikalland zu Rustikalland den Ertrag der landesfürstlichen Steuer in Ungarn zu erhöhen. Die Krone sollte nach dem Rückkauf der Güter den Grund an von ihr befreite Leibeigene als Pacht übertragen. Der Pachtvertrag konnte vom Vater auf den Sohn vererbt werden[25], daher die Bezeichnung ERBPACHT. Borié war nicht der erste Ratgeber, der der Monarchie den Vorschlag machte, dass Leibeigene durch ihre Umwandlung zu Erbpächtern befreit werden sollten. Vor ihm hatte schon der Rat Josephs I. und Mitglied einer *k.k. Cammeralverpachtungscommission* Christian Julius von Schierendorff 1711 diese Idee angeregt: Meierhofgründe waren als große, mittlere und kleine Bauerngüter parzelliert und an persönlich freie Erbpächter verliehen worden, welche statt der Fronden einen bestimmten Jahreszins entrichteten.[26] Boriés Verdienst bestand darin, heraus-

23 Wangermann, The Austrian Achievement, S. 80.

24 Györö Ember, Der österreichische Staatsrat und Ungarn in den 1760er Jahren in: A. Drabek, R.G. Plaschka u.a. (Hg.), Ungarn und Österreich unter Maria Theresia und Josephs II., Wien, 1982, S. 46.

25 Votum Boriés zur Staatsratsakte 1350/1761, zitiert nach: Acta Historica [AH], Bd. 6 und 7, Budapest, 1959, 1960, hier: AH/6, S. 124: [...]wegen deren Praestationen und Diensten deren Bauern eine billige Maass gesetzet, anbey auch die Bauern Güter denen Bauern selbsten vererbet würden [...]" Votum Kaunitz', in: ebd., S. 125. Hinzugefügt: „Der Vorschlag des Baron Borié ist [..]. von der grössten Wichtigkeit und verdient gründlich ausgearbeitet zu werden".

26 Alfred Fischel, Christian Julius von Schierendorff, ein Vorläufer des liberalen Zentralismus im Zeitalter Josefs I. und Karls VI., in: Studien zur österreichischen Rechtsgeschichte, Wien, 1906, S. 216–220, im weiteren: Fischel, Schierendorff.

gefunden zu haben, wie man der Krone in Ungarn durch die Verwandlung von Dominikalland zu Rustikalland Güter zuwenden könne: Er empfahl wiederholt, das zum Krongut gewordene Dominikalland „an die Unterthanen zu vererben".[27] Er wurde daraufhin mit allen Vollmachten betraut, um die ersten Schritte zur Durchführung der Besiedelung sprich: der Erbpacht auf den bereits der Krone gehörenden Gütern zu setzen. Das ist aus seinem Votum aus dem Jahr 1763 erkennbar, das im Folgenden nach dem von G. Ember hergestellten Regest ausführlich wiedergegeben werden soll:

> Die Besiedelung habe begonnen, werde jedoch von den ungarischen Kameralisten [das sind die Beamten der Hofkammer] verhindert. [...] die Kammer habe große Grundbesitze in der Hand, hier müsse mit dieser Arbeit begonnen werden [...] wenn die Karten fertig seien, werde der Präsident der Hofkammer zusammen mit einem Hofrat und einem ungarischen Kammerrat alle Güter an Ort und Stelle überprüfen, er werde bezeichnen, wo zu besiedeln sei [...] durch beide Räte werde er das System der Besiedelung bearbeiten lassen, er werde sie für ihre Arbeit verantwortlich machen und kontrollieren [...] Die Industrie [= der Fleiß] sei nur zu erhoffen, wenn der Bauer Besitzrecht erhalte und nur so viel Robot schulde, dass er dabei auch sein eigenes Grundstück bebauen könne. Das Besitzrecht könne auf den Kammergütern unbehindert erteilt werden.[28]

Nur wer Grund und Boden besitze und nur soviel Robot leisten müsse, dass er dabei auch für sich anbauen und ernten könne, nütze sich selbst und dem Staat. Dass Fleiß nur dann zu erhoffen sei, wenn der Bauer Besitzrecht erhalte und nur so viel Robot schulde, dass er dabei auch sein eigenes Grundstück bebauen könne, diese politische Einsicht, die der Einführung der Erbpacht auf den Kammergütern zugrunde lag, prägte die theresianische Agrarpolitik von 1763 bis an das Ende der Regierung Maria Theresias. Kaunitz stand Boriés Ideen zweifellos sehr aufgeschlossen gegenüber:

> Muss vor allem dafür gesorget werden, dass der Unterthan in Hungarn mehr emporkomme, und die Contribution ertragen könne. [...] mit der Zeit [ist] das Volck [sic] für den Hof zu gewinnen. [...] Die Sache sei mit den Fiskalgütern zu beginnen.[29]

Maria Theresia stimmte zu, versuchte aber noch angesichts der überwältigenden Schuldenlast des Staates auf andere Weise zum Ziel zu kommen. Sie hatte bei ihrem Regierungsantritt ihren Eid als König von Ungarn auf die Steuerfreiheit des Adels und Klerus dieses Landes abgelegt, regte aber dessen ungeachtet im Staatsrat die Einberufung eines Landtages an, dem die Proposition einer Steuerreform vorzulegen wäre. Kaunitz' Reaktion war strikt negativ und lautete nach Embers Regest: „[...] die Abhaltung eines Landtags sei, wie es die Erfahrung lehre, für

27 Votum Boriés zur Staatsratsakte 1903/1761, zitiert nach: ebd., S. 133.

28 Votum Boriés zur Staatsratsakte 1593/1763, zitiert nach: ebd., S. 345–346.

29 Votum Kaunitz' zur Staatsratsakte 1903/1761, zitiert nach: ebd., S. 136.

den König[30] nachteilig, und daher am sorgfältigsten zu meiden",[31] weil der Landtag die *thèse nobiliaire* des Juristen Werbösz' aus dem 16. Jahrhundert angenommen hatte, dass er sich jeder sogenannten „widrigen Zumutung" des Königs, den Adel zu besteuern, mit Waffengewalt widersetzen dürfe.

Maria Theresia beschloss aber dann doch, gegen Kaunitz' Rat, den Landtag einzuberufen, weil sie hoffte, dieses Gremium werde über ihre Propositionen zumindest debattieren. Das hatte selbstverständlich zur Folge, dass Kaunitz und die Staatsräte bestrebt waren, ihr eine theoretische Rechtfertigung der königlichen Vorschläge an den Landtag zu liefern. Rosenthal, der kaiserliche Archivar, wurde von Kaunitz dazu bestimmt, nach historischen Präzedenzfällen zu suchen und fand einige, die bis in das 15. Jahrhundert zurückreichten. Diese wertvollen Dokumente schickte Kaunitz an den weltlichen Professor für Kirchenrecht an der Wiener Universität, Paul Joseph Riegger, um sie als Grundlage für eine fundierte Publikation, die die Rechte der Krone wirksam behaupten konnte, zu verwerten.[32] Rieggers Schüler, Adam Franz Kollár, ein Jesuit und unter Gérard van Swieten erster Kustos der Hofbibliothek, fertigte aus ihnen eine systematische *thèse royale* an, um die Reform für die bevorstehenden Konflikte mit dem Heiligen Stuhl zu rechtfertigen.[33] Kollárs Werk erschien 1764 in Wien vor Eröffnung des Landtages, es wurde den Mitgliedern des Landtags bekannt gemacht. Das königliche Argument lautete: Werböcz' Kommentare zu den ungarischen Gesetzen wären niemals gültige Gesetze gewesen, nur die „gegenwärtige Generation" habe dieses Wissen verdrängt, die ältesten und gewichtigsten Statuten des Königreiches zeigten die wahren gesetzgebenden Befugnisse der Könige.[34] Diese These wurde vom Papst bestritten. Geistliche Magnaten hatten schon vor der Eröffnung des Landtags Schritte unternommen, um Kollárs Abhandlung in Rom auf den „Index librorum prohibitorum" setzen zu lassen. Mit dem Hinweis auf die päpstliche Autorität stellte Ferenc Barkóczy als Primas der Geistlichkeit im ungarischen Landtag gleich nach dessen Eröffnung, unterstützt durch die Ständetafel,[35] den Antrag, das Werk, ohne vorläufige Debatte, öffentlich zu verbrennen. Der Landtag billigte den Antrag des Primas und verurteilte den Verfasser – Kollár war slowakischer Abstammung – als Verräter des Vaterlandes.[36] Den geist-

30 Der König ist in Ungarn immer männlichen Geschlechts.

31 Votum Kaunitz' zur Staatsratsakte 1903/1761, zitiert nach: AH/6, S. 135.

32 Wangermann, The Austrian Achievement, S. 67: „to serve as a basis for a learned publication justifying the rights claimed by the crown".

33 Ernst Wangerman, Josephinismus und katholischer Glaube, in: KAJ, S. 334. Szabo, Kaunitz, S. 225 f.

34 F. Maaß, Der Josephinismus. Quellen zu seiner Geschichte in Österreich 1760–1790, 3 Bd., in: FRA, 2. Abt., Bd. 71–3, Wien, 1951–1956, hier: Bd. 1, S. 41, im weiteren, Maaß, 1.

35 Joachim Bahlcke, Ungarischer Episkopat und österreichische Monarchie, Stuttgart, 2005, S. 274–275.

36 Szabo, Kaunitz, S. 321.

lichen Einspruch gegen die Publikation von Kollárs Schrift goss ein Jesuit aus der Erzdiözese Gran in eine anonyme *thèse nobiliaire.*[37] Der Landtag setzte erst dann eine einmalige Subvention auf die Tagesordnung, nachdem Maria Theresia Kollárs Buch öffentlich verurteilt und verboten hatte, und gewährte diese erst nach der ausdrücklichen Zurücknahme der landesfürstlichen Forderung nach einer allgemeinen Steuer, die Kollár mit dem Hinweis auf bestehende ungarische Gesetze begründet hatte.[38]

4.4. Schlussfolgerungen aus dem Scheitern des ungarischen Landtags

Angesichts der Rolle, welche der Papst und einige Jesuiten in der ungarischen Opposition spielten, entschloss sich Maria Theresia für die von ihr geplante große *Remedur.* Der erste Teil von Paul Joseph Rieggers gelehrten Werks: „Institutiones iurisprudentiae ecclesiasticae" erschien 1765.[39] Maria Theresia gab seiner These, dass der Landesfürst das Recht habe, Kirchengesetze ohne Mitwirkung des Papstes zu erlassen, praktische Wirksamkeit mit der Errichtung der *Giunta Economale* im Herzogtum Mailand,[40] ein Organ für die Beratung und Durchsetzung von Kirchengesetzen, das von Kaunitz instruiert wurde.

4.4.1. Entfernung der Jesuiten von allen Kirchenrechtlehrstühlen

Die Entfernung der Jesuiten von allen Kirchenrechtlehrstühlen der Habsburgermonarchie erfolgte gleichzeitig mit der Gründung *der Giunta Economale.*[41] Mit dem Unterricht dieses Faches wurden ausschließlich weltliche Juristen betraut.[42] So wurde ein an der Wiener Universität gebildeter Jurist, ein Laie namens Georg

---

37 Sie trug den Titel: „Reflexiones circa tractatum et regias propositiones anni 1764". Das Argument lautete, „dass bey widriger Zumuthung sie (die Stände) das Recht hätten, dem König mit Gewalt sich zu widersezen" = Votum Boriés zur Staatsratsakte 2988/1764, zitiert nach: AH/6, S. 368. Ob diese Schrift nur in handschriftlicher Form unter dem Adel zirkulierte, wie Sashegyi, Zensur, S. 135, behauptete, sollten Forschungen klären.

38 Wangermann, The Austrian Achievement, S. 67.

39 Szabo, Kaunitz, S. 226.

40 Wangermann, The Habsburg Possessions, S. 284.

41 Dekret der Studienkommission vom 29.11.1766, zitiert nach Kink, Geschichte, 1/2, S. 501, Anm. 662: es sei „ohnehin sattsam bekannt [...], daß von keinem Religiosen, am wenigsten aber von einem Jesuiten eine ersprießliche und bey jetzigen Zeiten dem Staat anständige Lehre des juris canonici jemals zu hoffen sey, absente archiepiscopo Van Swieten".

42 Wittola an Dupac, Schörfling, 8.12.1773, zitiert nach: Kenninck, F. (Hg.), Les idées religieuses en Autriche de 1767 à 1787; correspondance du Dr. Wittola avec le comte Dupac de Bellegarde, in: Révue internationale de Théologie Bd. 6 [RiT/6], S. 330.

Siegmund Lakics, zum Professor für Kirchenrecht an der Universität Innsbruck ernannt, „pour extirper l'Ultramontanisme dans cette université",[43] also zur Ausrottung des dort herrschenden ultramontanen Geistes, wie Pfarrer Wittola an den Herausgeber der „Nouvelles Ecclésiastiques" Dupac nach Utrecht berichtete.

Mit der Entfernung der Jesuiten von allen Kirchenrechtlehrstühlen der Habsburgermonarchie als gesamtösterreichische Maßnahme war ein erster Schritt in die Richtung der Bildung „einflussreicher Lehrer", die das Volk auf die Reformpolitik vorbereiten konnten,[44] gesetzt worden.

4.4.2. Robotreduktion auf den Gütern der Krone

Weil der Adel in Ungarn sich weigerte, die Steuerlast verhältnismäßig mit dem Volk zu teilen, musste dieses in die Lage versetzt werden, mehr Steuern zu zahlen. Das konnte nur geschehen, wenn grundbesitzender Adel und Klerus „Mittel zur Hebung der Wohlfahrt des steuerpflichtigen Volkes in Anwendung bringen", damit dieses „[...] im Stande sein würde, auch die gewünschte Steuererhöhung zu tragen".[45] Maria Theresia schlug zwar auf dem Landtag Mittel zur Hebung der Wohlfahrt des steuerzahlenden Volks vor, wurde aber nicht erhört, sodass nichts anderes übrig blieb, als die Robotreduktion durch die Dekretierung *jure regio* zu erzwingen. Sie nahm das ihr vom Landtag bestrittene Recht der Regelung der privatrechtlichen Verhältnisse zwischen Grundherrn und Leibeigenen wahr und erließ ein Dekret für das gesamte Königreich, das hinsichtlich der herkömmlichen Robotleistungen das bestehende Minimum in ein Maximum verwandelte.[46] Von ihrem Recht als König Gebrauch machend, schickte sie königliche Kommissäre ins Königreich zur Durchsetzung des Dekrets. Da es jedoch in Ungarn keine königlichen Kreisämter gab, dürfte das Dekret in den Gebieten, die außerhalb der direkten Kontrolle der königlichen Kommissäre waren, eher die

---

43 Wittola an Dupac, Schörfling 19.2.1770, zitiert nach: ebd., S. 321.

44 Wangermann, Reform Catholicism, S. 130: „[...] nicht nur war verbesserte Erziehung ein zentrales Anliegen der Reformkatholiken, sondern die Fähigkeit, die Reformen insgesamt durchzusetzen, schien von der Ausbildung einer neuen Generation von Pfarrern und Bischöfen abzuhängen, die im Geiste der katholischen Reform und den Prinzipien des Rieggerischen Kirchenrechts gebildet, ihre Rolle als einflussreiche „Lehrer des Volks" ausfüllen und die Gläubigen von der Weisheit und der Gerechtigkeit der Maßnahmen der Regierung überzeugen würden".

45 Rescript der Regierung, 19.9.1764, zitiert nach: Franz Krones, Ungarn unter Maria Theresia und Joseph II. 1740–1790, Graz, 1871, S. 17–18.

46 „It turned the Hungarian peasant into an hereditary leaseholder with the freedom to leave his holding. Peasants occupying a holding of standard size were obliged to do one day's labour-service a week with draught cattle, or two days' without (twice this amount when urgent work was needed on the lord's fields), and to attend the lord on the hunt on three days in the year" = Wangermann, The Habsburg Possessions, S. 28, mit Berufung auf: H. Marczali, Hungary in the Eighteenth Century (Cambridge, 1910).

Bedeutung einer Absichtserklärung der Fürstin gehabt haben,[47] jedoch tat das gute Beispiel, das Maria Theresia auf den Kammergütern gab, seine Wirkung: Bauernaufstände waren während der ganzen Regierungszeit Maria Theresias auf der Tagesordnung und trugen zur Ausdehnung der Robotreduktionen von den Kammergütern auf die Herrengüter wesentlich bei. „So gewann die Krone wieder Fühlung mit den unteren Volksschichten".[48] Denn die von Borié kontrollierten Kommissäre waren die Boten des Königs, und sie erleichterten dort, wo die Aufstände stattfanden, die Lasten der Bauern.

Die Gefahr des Staatsbankrotts wurde ohne finanzielle Unterstützung der Magnaten abgewendet – dank der scharfen Kontrolle aller Ein- und Ausgaben des nicht-ungarischen Teils der Monarchie durch den Staatsrat. Österreich wurde von den Botschaftern vieler Länder – im Gegensatz zu Preußen, das keinen Kredit finden konnte – als „guter Schuldenrückzahler" beschrieben.[49] Um die Wirtschaft anzukurbeln wurde der wichtigste Industriezweig der Habsburgermonarchie, die Woll- und Baumwollproduktion 1764 für jedermann geöffnet und von den Beschränkungen des Zunftwesens ebenso befreit wie von der Verpflichtung der Truppenstationierung. Aber die Steuern blieben in dem nichtungarischen Teil der Habsburgermonarchie gleich hoch wie unter den Belastungen des Krieges.

---

47 Wangermann, The Austrian Achievement, S. 70.

48 Heinrich Marczali, Ungarische Verfassungsgeschichte, Tübingen, 1910, S. 106.

49 Graf von Echt, dänischer Botschafter, 14.7.1770, zitiert nach: Dickson, Finance, 2, S. 105, Anm. 85, mit Berufung auf: AÖG Bd. 37 (1867).

5. Entwicklung des Spannungsfeldes

Nach dem Tod seines Vaters 1765 ernannte Maria Theresia Joseph zu ihrem Mitregenten. In dem Spannungsfeld zwischen Aufklärung und Absolutismus kam ihm als Mitregenten eine Rolle zu, die nicht immer zur Beschleunigung der Reformpolitik diente. Er steckte sein gesamtes beachtliches Vermögen, das er vom Vater geerbt hatte, in die Kasse des Staates. Als Mitregent sollte er die wichtigsten Reformdekrete mitunterschreiben. Von Anfang an kam es zu Unstimmigkeiten zwischen ihm und seiner Mutter über Kaunitz' Rolle in der Reformpolitik. Kaunitz setzte Maria Theresia 1766 durch das Angebot seines Rücktritts unter Druck, als sie unter Josephs Einfluss die Zusammensetzung des Staatsrates, die er sorgfältig geplant hatte, willkürlich veränderte. Als Kompromiss wurden der Freiherr von Gebler, ein Konvertit und Wieland-Bewunderer, und der Freiherr von Binder, Kaunitz' alter ego, in den Staatsrat berufen, womit die Tag-Position im Rat der Krone durch zwei Räte verstärkt wurde. Ein Staatsratsreferendars-Amt wurde errichtet, das die Voten der Staatsräte und ihre Resolutionsentwürfe koordinierte, sodass der Fürstin durch Binder stets ein gemeinsamer Resolutionsvorschlag vorgelegt werden konnte, den sie unterschrieb.

5.1. „Der Mann Ohne Vorurtheil“

Sonnenfels' jüngerer Sohn Joseph ging in dieser Zeit über den Rahmen, den ihm seine Lehrkanzel gab, hinaus und wendete sich an das bürgerliche Publikum mit einer Wochenschrift: *Der Mann Ohne Vorurteil*. Der Titel spricht für sich: das Vorurteil von der Rechtfertigung der Herrschaft der Kirche über den Staat wurde als solches in Frage gestellt, ebenso die Rechtfertigung der Verfügungsgewalt der Besitzer von Herrenland über die „Sklaven“, die es bebauen mussten. Als oberster Zensor entschärfte Gérard van Swieten eine Rüge der Kanzlei wegen der Zulassung einer das Asylrecht der Kirche betreffenden Nummer dieser Wochenschrift auf eine Weise, dass sie de facto unausgesprochen blieb. Er annullierte die Rüge mit dem Satz: er habe als Zensor keinen „irrigen“ Satz durchgehen lassen, nur einen Satz der „nicht convenirt“,[1] der also noch nicht als Gesetz oktroyiert worden war. Gleichzeitig veröffentlichte Sonnenfels als Lehrstuhlinhaber Lehrsätze,

[1] Bemerkung Van Swietens auf dem Originaldekret des Hofkanzlers Graf Chotek vom 7.2.1767, zitiert nach: Joseph Feil, Sonnenfels und Maria Theresia, Wien, in: Sylvester-Spenden eines Kreises von Freunden österreichischer, vaterländischer Geschichtsforschung Nr. 5, Wien 1858, S. 11, im weiteren: Feil, Sonnenfels.

die das, was nach seinen aufgeklärten Einsichten sein sollte, gegen diejenigen öffentlich verteidigen ließ, die auf dem bestehen wollten, was war. Der Inhalt der öffentlich angeschlagenen Thesen deckte sich nicht nur mit Sonnenfels' öffentlicher Kritik in deutscher Sprache an den Privilegien der Kirche im *Mann Ohne Vorurteil*, er ging über sie noch weit hinaus.

Sonnenfels war 1767 mit Szabos Worten „one of the most vociferous and influential spokesmen of new reform ideas in Austria"[2] und einer der wichtigsten Protagonisten der bürgerlichen Kultur in der Zeit der großen „remedur".[3] Für seinen Mut, öffentlich in seinen Vorlesungen und in der Wochenschrift in deutscher Sprache gegen die Vorrechte der Kirche und die feudale Basis der Gesellschaft aufzutreten, musste er sich aber in einem vom Obersthofmeister Fürst Khevenhüller bestellten Theaterstück[4] durch den berühmten Stegreif-Schauspieler Gottfried Prehauser als gelehrter Projektant und Gegenspieler der vom Adel begünstigten *Parthey des grünen Hutes* öffentlich an den Pranger stellen lassen.

5.2. Ein „Manifest für Aufklärung und Toleranz"

Sonnenfels wurde vielleicht nur deshalb nicht zum Märtyrer, sondern zum „Helden" der seit 1749 im Entstehen begriffenen *Partei der Aufklärung* in- und außerhalb der Bürokratie, weil der Papst unfreiwillig die Durchführung der großen theresianischen „remedur" beschleunigte. Clemens XIII. hatte wegen der Ausweisung der Jesuiten aus Parma den Herzog von Parma exkommuniziert, der über Josephs erste Frau mit dem Haus Österreich verwandt war, und war also zu den ärgsten Missbräuchen des Mittelalters zurückgekehrt.[5] Eine darüber zutiefst empörte Maria Theresia reagierte mit dem Verbot der Ketzerbulle (In Coena Domini) in ihren Staaten. Als Clemens zu allem Überfluss noch die Bestätigung der Ernennung einiger Bischöfe in den lombardischen Provinzen verweigerte, ließ sie sich von Kaunitz und Gérard van Swieten auf theoretische Positionen der Aufklärung, die sie als Grundlage für die angepeilten Reformen brauchte, tatsächlich festlegen. Sie sind vor allem in einem „Manifest für Aufklärung und Toleranz"[6] zu finden. Es wurde als philosophisch-politischer Roman in Dialogen unter dem Titel *Bélisaire* publiziert, sein Verfasser war J. F. Marmontel, ein durch seine moralischen Erzählungen berühmter Schriftsteller, Mitglied der Pariser Akademie und seit 1763

2 Szabo, Kaunitz, S. 187.

3 Wangermann, The Austrian Achievement, S. 118.

4 Klemm Christian G., Der auf den Parnass versetzte grüne Hut. Ein Lustspiel in drei Aufzügen, Wien, 1767.

5 Szabo, Kaunitz, S. 223–224.

6 Ernst Wangermann, Aufklärung und staatsbürgerliche Erziehung. Gottfried van Swieten als Reformator des österreichischen Unterrichtswesens 1781–1791, in: Österreich-Archiv, Wien, 1978, S. 9, im weiteren: Wangermann, Aufklärung.

deren Sekretär. Die Handlung des Romans spielt sich im heidnischen römischen Reich ab. Ein von seinem heidnischen Fürsten eines Verbrechens beschuldigter, und deswegen seines Augenlichts beraubter, aber unschuldiger General namens Belisarius (frz. Bélisaire) unterhält sich mit seinem Fürsten, den er wegen seiner Blendung nicht als seinen Peiniger erkennen kann, über die Prinzipien des guten Regierens. In dem Roman, der ein Fürstenspiegel ist, beschämt *Bélisaire* den Fürsten durch seine Philosophie, mit der er sein Leid akzeptiert und durch die guten Regierungsprinzipien, die er ihm gegenüber als Blinder entwickelt. Das 15. Kapitel behandelt die Einführung der Toleranz – das große Anliegen der katholischen *philosophes*, das, ginge es nach Voltaire, zum Panier aller Könige gegen die von der Kirche beschützte Intoleranz werden sollte.[7]

Der Vermutung Szabos, dass es „keine besondere persönliche Beziehung Kaunitz' zu den Enzyklopädisten gegeben habe“,[8] widersprechen Marmontels Erinnerungen. Marmontel traf Kaunitz während dessen Aufenthalt in Paris zwecks Anbahnung von freundschaftlichen Kontakten zwischen Maria Theresia und Ludwig XV. zu wiederholten Malen: „il [Kaunitz] m'avait pris en amitié“.[9] Kaunitz pflegte also sehr wohl persönliche Beziehungen zu den Enzyklopädisten. Marmontel schickte ihm daher auch eines der ersten Exemplare seines Buchs, noch bevor er es der Akademie vorstellte.[10] Er schrieb an ihn: Sein Werk wäre besser ausgefallen, wenn er in seiner Nähe hätte leben können. Sei Kaunitz doch ein Staatsmann, dessen „Aufklärung, Vernunft und Tugend so mächtig auf die Politik“ wirkten.[11] Der Satz, dass Kaunitz' Tugend so mächtig auf die Reformpolitik wirke, weist darauf hin, dass Marmontel den Einfluss Kaunitz' auf die österreichische Politik kannte und schätzte. Kaunitz hatte das Buch ungefähr um dieselbe Zeit wie Voltaire in seinen Händen.

Der Bélisaire war ein Manifest für Aufklärung und Toleranz. Den Ausdruck Manifest rechtfertigt das Faktum, dass der *Bélisaire* ins Italienische, ins Schwedische und ins Russische übersetzt wurde. Katharina II. überwachte die Redaktion der Übersetzung, wie sie an Voltaire berichtete.[12] Und was sie für das russische

7 Voltaire an Marmontel, Ferney, 16.2.1767, in: Oeuvres complètes de Voltaire, Correspondance, Paris 1881/2, Bd. 13, Nr 6752, S. 118: „c'est le chapitre de la tolerance, le catéchisme des rois; c'est la liberté de penser soutenue avec autant de courage que d'adresse; rien n'est plus sage, rien n'est plus hardi […]“. Ich danke Herrn Wangermann für die Übersetzung dieser Stelle.

8 Szabo, Kaunitz, S. 33: „specific personal links again appear to be absent“.

9 Maurice Tourneux (Hg.), Mémoires de Marmontel publiés avec préface, notes et tables, Réimpression de l'édition de Paris, 1891, Slatkine Reprints, Genève, 1967, drei Bd., hier: 1, S. 263.

10 John Renwick, Reconstruction and Interpretation of the genesis of the *Bélisaire* Affair, in: Ders. (Hg.), Jean-François Marmontel (1723–1799) – Dix Études, Paris, 2001, S. 148. Die Akademie erhielt Kenntnis vom Druck des Bélisaire am 3.2.1767.

11 Marmontel an Kaunitz, Paris 31.1.1767 in: MZA, G 436, Karton 439 Inventar Nummer 4129, fol. 1r, v. Kaunitz empfing den Brief samt dem Exemplar des Buchs am 15.2.1767.

12 Voltaire an Marmontel, Ferney, 21.8.1769, in: Oeuvres complètes de Voltaire, Correspondance, Paris 1881/2, Bd. 13, Nr. 6990, S. 356.

Publikum leistete, leistete Kaunitz für das deutschsprachige: Die deutsche Übersetzung entstand im protestantischen Leipzig. Diese Leipziger Übersetzung erschien das erste Mal 1768 in Wien bei Trattner mit Zusätzen des Übersetzers, die im Titel angeführt wurden:

> Belisar / von dem Herrn Marmontel, / Mitglied der franz[ösischen] Akademie. / Aus dem Französischen übersetzt / und mit / neuen Anmerkungen begleitet. / Nebst der / glücklichen Familie, / einer moralischen Erzählung / von / eben diesem Schriftsteller. / Mit Kupfern. / Wien, / gedruckt bey Joh[ann] Th[omas] Edlen von Trattnern, / kaiserl. königl. Hofbuchdruckern und Buchhändlern. / 1768 /[13]

Die Übersetzung ins Deutsche und die neuen Anmerkungen, die Kaunitz gleichfalls besorgte, zeigt Kaunitz als Promotor der aufgeklärten Religiosität, der sich bewusst an das bürgerliche Publikum richtete, um dessen Zustimmung für die Reformpolitik zu erwirken. Mit dem *Bélisaire* mit neuen Leipziger Anmerkungen stellte er den für die Akzeptanz der Kirchenreform wichtigen geistigen Kontext im deutsch sprechenden Bürgertum her.

Die geistlichen Zensoren in van Swietens Zensurkommission stimmten geschlossen gegen die Zulassung sowohl des französischen, als auch des deutschen *Belisar*, sie wurden aber majorisiert,[14] weil Gérard van Swieten die Zulassung befürwortete. „Im Fall Marmontel zeigt sich", wie Klingenstein schreibt, „wie weit die Auseinandersetzung zwischen Migazzis kirchlicher Zensur und van Swietens „censure publique" gediehen war".[15] Van Swietens Zensur war deshalb so weit gediehen, weil Maria Theresias Entschluss, in ihrer Kirchenpolitik *jure regio* vorzugehen, das Gedeihen von van Swietens *censure publique* geradezu zur Notwendigkeit machte. Van Swieten behauptete Maria Theresia gegenüber, er habe Beweise dafür, dass sogar in den Zensurkommissionen der erbländischen Provinzen, wo keine Jesuiten saßen, die Urteile der Wiener Kommission angeschwärzt würden, was durch Migazzi geschehe: „Le Cardinal, nostre Archeveque, s'est mis de la partie [des Jesuites], tout en cachette, [il] a mesme essayé de me faire peur, mais sans succes, car estant convaincu de l'équité de Sa Majesté, je crains rien pour une bonne cause".[16]

Van Swietens Worte *sans succes* und *je crains rien pour une bonne cause* zeigen deutlich dessen eigene Verantwortung für alle die Zensur betreffenden Befehle, mit denen er die theresianische *Remedur* tatsächlich einleiten konnte. Migazzis Kabale gegen ihn ist wohl darauf zurück zu führen, dass van Swieten den Mut

---

13 ÖNB Sign: 226 439 – A. Alt.

14 A. Fournier, Gerhard van Swieten als Censor in: Sitzungsberichte der kaiserlichen Akademie der Wissenschaften, Bd. 84, 1. Heft, Jg. 1876, S. 438.

15 Klingenstein Grete, Staatsverwaltung und kirchliche Autorität im 18. Jahrhundert, Wien, 1970, S. 199.

16 Gérard van Swieten, Note sur la proposition de la chancellerie Hongroise par rapport à la censure des livres", 25.1.1772, zitiert nach: Sashegyi, Zensur, S. 57, Anm. 13.

hatte, in strittigen Fällen das gesamte Votum der Zensoren und nicht ausschließlich das der theologischen Zensoren zu berücksichtigen. Denn es war diese Handhabung der Zensur durch den Präsidenten der Kommission, die durch die Majorisierung jene Werke erlaubte, die Theologen nie hätten passieren lassen, wie beispielsweise den Nachdruck des *Bélisaire* in Wien in allen Ausprägungen, einschließlich dessen deutscher Übersetzung aus Leipzig.

5.3. Maria Theresias Vollmacht für Kaunitz

Es bedurfte einer Zusammenarbeit zwischen Gérard van Swieten und Kaunitz, wie auch des Zufalls der Genesung Maria Theresias von der Pockenkrankheit, um die von Maria Theresia geplante große Reform in der gesamten Habsburgermonarchie durchzuführen. Kaunitz hatte mit der Errichtung der *Giunta Economale* bewiesen, dass der Klerus durch den Staat kontrolliert werden könne. Am 2.11.1767 erteilte ihm Maria Theresia de facto die Vollmacht für die Durchführung der Reformation der Kirche in ihren österreichischen Provinzen. Sie signalisierte ihm privat ihre Zustimmung zu allen Maßnahmen, die er zu setzen für notwendig hielt: „J'ai écrit les billets que Binder m'a porté de votre part sur nos caisses. Je ne suis pas du tout contente [sic] comme nos affaires internes sont disloquées, rien ne tient ensemble. Je vous prie d'y penser vous seul pouvez y porter remède je l'attends de vous seul".[17]

Die Hilfe, die Maria Theresia ausschließlich von Kaunitz bei der Durchführung ihres Willens, die Teile ihrer Monarchie zu einem Ganzen zusammenzufügen, erwartete, kam einer Vollmacht gleich, jene bewusstseinsbildenden Maßnahmen zur Durchführung ihrer Reformpolitik zu setzen, die er für notwendig hielt. Sie hatte im Staatsrat bereits verfügt, dass für alle Anstellungen im öffentlichen Dienst Zeugnisse aus Sonnenfels' Lehrfächern Voraussetzung sein sollten. Am 5.7.1766 wurde das zu diesem Rat passende Dekret erlassen.[18] Der Nachweis von guten Kenntnissen aus Sonnenfels' Fächern war erforderlich, bevor die Anstellungsdekrete auch für Adelige ausgefertigt wurden. Den Geistlichen wurde gleichfalls nahegelegt, Sonnenfels' Lehrfächer zu kolloquieren, wenn sie zu Pfründen gelangen wollten, die ausschließlich Maria Theresia vergeben konnte. Diese Maßnahme zeigt die Entschlossenheit der Regierung, eine Partei der Aufklärung in der Bürokratie zu schaffen.

---

17 Bemerkung Maria Theresias auf einem Brief, den Kaunitz an sie am 2.11.1767 schickte: MZA, G 436, Karton 436, Inventar Nummer 4042, fol. 74–75: Ich habe die Befehle, die Binder mir von Ihnen über unsere Kassen gebracht hat, unterschrieben. Ich bin nicht zufrieden mit den inneren Angelegenheiten, sie sind zersplittert, nichts hängt zusammen. Ich erwarte Hilfe ausschließlich von Ihnen.

18 Ah. Entschliessung vom 5.7.1766, zitiert nach: Kink, Geschichte, 1/2, S. 468–469, Anm. 607.

5.3.1. Lehrfreiheit für Sonnenfels

Kaunitz bezog die Worte Maria Theresias zunächst auf die Gewährung der Zensur- und Lehrfreiheit für Sonnenfels. Dessen Lehrmethode bestand darin, die Studenten die von ihm aufgestellten Lehrsätze diskutieren und disputieren zu lassen. Zu diesem Zweck brauchte er die Freiheit jene Grundsätze zu lehren, die er für richtig hielt, wie er in einem Majestätsgesuch vorstellte.[19] Maria Theresia leitete es nicht an die Hofkanzlei weiter, um es nach ihrem Gutachten im Staatsrat behandeln zu lassen, sie gab ihm die Freiheit im Schreiben und Lehren selbst, wahrscheinlich mit einer von Kaunitz entworfenen Resolution: Erstens solle er „nach denjenigen Grundsätzen, welche er für die ächten hält, arbeiten", also nach seinen Ansichten über, wie der Staat beschaffen sein sollte, unterrichten, zweitens „in denen Fällen, wo die Anstalten in dem Staat mit den theoretischen Grundsätzen übereinstimmen, [solle er] die Beyspiele und die diesfälligen Gesätze beyfügen", weshalb ihm dazu Material von den Hofstellen gegeben werden solle. Drittens „hat zwar die Schulfreyheit einzutreten, doch aber hat sich der Lehrer jederzeit einer vernünftigen Mäßigung zu gebrauchen".[20] Diese Resolution ermöglichte es Sonnenfels, seine Lehrkanzel zu einer Lehrkanzel der politischen Wissenschaften auszuformen, nach Grundsätzen zu lehren und seine Schüler dazu anzuhalten, über sie zu disputieren und bestehende Gesetze nach diesen Grundsätzen zu beurteilen. Hing doch von der Einsicht in die Notwendigkeit der Beurteilung der Gesetze nach Sonnenfels' Prinzipien der Erfolg des von Kaunitz formulierten Reformprogramms ab. Satire und Kritik an der Leibeigenschaft und an den Auswüchsen einer prachtliebenden, ausschließlich dem römischen Hof verantwortlichen Kirche, die im *Mann Ohne Vorurteil* ausgesprochen wurden, wurden auf diese Weise institutionell verankert.

5.3.2. Instrumentalisierung des *Bélisaire* als *thèse royale*

Noch 1767, als der französische *Bélisaire* in Wien mit von Kaunitz organisierten „Notes de l'Editeur de Leipsic pour le XVe Chapitre"[21] erschien, erlaubte Maria Theresia Kaunitz' Untergebenen Gottfried van Swieten, Kunstmäzen, Diplomat und Sohn des ersten Reform-Ministers der Monarchie, an Marmontel zu schreiben und ihm mitzuteilen, dass sie und ihr Mitregent Joseph II. sich in seinem Portrait eines guten Fürsten erkannt hätten.[22] Voltaires Freunde in Genf ver-

[19] Sonnenfels' Majestätsgesuch, zitiert nach: Feil, Sonnenfels, S. 16–19.

[20] Resolution vom 17.11.1767, zitiert nach: ebd., S. 19–20.

[21] „Bélisaire par M. Marmontel de l'Académie Francoise. A Vienne. Chez J.Th. Noble de Trattnern" ÖNB, Sign. 46.X.27.

[22] Wangermann, Aufklärung, mit Bezug auf Marmontel an Voltaire, 7.8.1767.

anstalteten noch 1767 in Lausanne eine zweite französische Auflage des in Paris verbotenen Werks mit *Pièces relatives*, die den Nachdruck dieses Briefs enthielten. Anfang März 1768 schickte der päpstliche Staatssekretär, Kardinal Torrigiani, an den Nuntius in Wien gedruckte *Lettres écrites à Mons. Marmontel au sujet de Bélisaire* mit dem Brief Gottfried van Swietens.[23] Damit erfuhr der römische Hof: dass sich der Sohn des obersten Zensors selbst als Anhänger der Grundsätze des *Bélisaire* zu erkennen gegeben hatte, und dass er zur Publikation dieses offenen Briefs von Kaunitz, Maria Theresia und Joseph II. ermächtigt worden war. Wenn beide Fürsten sich öffentlich in den Handlungen, die im *Bélisaire* den guten Fürsten charakterisierten, erkennen konnten,[24] war klargestellt, dass es keine Rückkehr zum konfessionellen Absolutismus gebe. Mit van Swietens offenem Brief an Marmontel war dessen politische Position öffentlich als gesamtösterreichische Position erklärt worden. Maria Theresia und Joseph sollten sich öffentlich mit den Argumenten des politischen Romans identifizieren.

Damit in Zusammenhang ist die Reise Gottfried van Swietens nach Ferney zu Voltaire und von da nach Paris und London zu sehen. Seit 1755 im diplomatischen Dienst, zuletzt als kaiserlicher Botschafter in Warschau, wurde van Swieten von Kaunitz zu besonderen Missionen verwendet. Welche Aufträge Kaunitz' er in Ferney, in Paris und in England erledigte, wissen wir nicht. Er war jedenfalls mit Kaunitz von den Engländern als *der vernünftigsten Nation Europas* tief beeindruckt, weil dort *die sklavische Denkensart* am vollkommensten überwunden worden war. England war das Land, von dem auch Sonnenfels in Wien 1767/8 öffentlich feststellte, dass *public spirit* = Gemeinschaftsgeist nur dort existiere,[25] was Leopold Mozart in einem Brief über die Unruhen unter streikenden Londoner Textilarbeitern gleichfalls feststellte.[26] Als van Swieten im Begriff war, nach Schottland zu reisen, wurde er zum Zeichen der Öffnung des Wiener Hofes gegenüber den Ideen des *Bélisaire* zum Botschafter am römischen Hof ernannt.[27] Kaum in Wien angekommen, befahl ihm Kaunitz, bei dem Treffen Friedrichs II. mit Joseph II. in Neustadt anwesend zu sein. Und Friedrich II. war von van Swietens Persönlichkeit und Kompositionen so angetan, dass er ihm zumutete,

[23] Publikationen des österreichischen Kulturinstituts in Rom II. Abteilung, Quellen II. Reihe: Nuntiaturberichte 1. Bd., Wien, 1970, Nr. 251 und 271A.

[24] „Bélisaire [...] a été lû par nos augustes Maîtres [...] Comment n'auraient-ils pas approuvé un Ouvrage, où ils devaient se reconnaître à tous les traits qui caractérisent le bon Souverain?", „Extrait d'une Lettre de M. Le Baron de Swieten, fils", Wien 27.6.1767 [an Marmontel] in: „Bélisaire par Marmontel, nouvelle édition augmenté", Lausanne, 1784, S. 23. Ich danke Herrn Wangermann für die Mitteilung dieser Quelle.

[25] Der Mann ohne Vorurteil, zitiert nach der Ersten Gesamtausgabe von Trattner, Bd. 3, S. 413 = 1. Stück/3. Quartal/2. Jg./1767.

[26] Vgl. Gilda Pasetzky, Political and Civic Consciousness in the Mozart's Salzburg, in: R. Wagnleitner (Hg.), Satchmo Meets Amadeus, Innsbruck, 2006, S. 66–67.

[27] Wangermann, Aufklärung, S. 9 f.

ihn und seinen Hof *von der anti-österreichischen Krankheit heilen* zu können,[28] daher schickte ihn Kaunitz nach Berlin, wo er im Krieg zwischen der Pforte und Russland die Teilung Polens für Österreich zu verhandeln und den Ausbruch des Krieges zwischen Österreich und Preußen zu vermeiden hatte. So kam es, dass van Swieten nicht nach Rom sondern nach Berlin ging.

5.4. Die Reaktion: Doktrin und Aktion

Mit der Instrumentalisierung des *Bélisaire* als *thèse royale* und mit der Lehrfreiheit für Sonnenfels gerieten die Kräfte des Beharrens unter Druck: Schon 1761 hatte Kaunitz gegenüber Maria Theresia festgestellt, sein Reformprogramm habe er gegen den Einfluss der Chefs der Kanzleien durchgesetzt, er habe es gewissermaßen „mit Gewalt erzwungen".[29] 1766 prägte er für diese Kräfte des Beharrens den Ausdruck: „cette vermine des frondeurs".[30] Diese aus der französischen Geschichte entlehnte Charakteristik einer zumeist verdeckten Opposition konspirativen Charakters, der FRONDE, zeigt, dass sich der passive Widerstand der Kräfte des Beharrens gegen die Reformpolitik zum aktiven Widerstand, also zu einer politischen Opposition gegen die Reformpolitik entwickelte. Kaunitz begründete seinen ungewöhnlich scharfen Ausdruck „Ungeziefer oder Abschaum" für die politische, konspirative Opposition durch den Satz, wer im allgemeinen Interesse regiert, der kann keinen Beifall von jenen erhoffen, die dieses Interesse nicht teilen. Alle Minister hatten einen starken Rückhalt in den Landtagen ihrer Provinzen, die dort die Interessen eines einzigen Standes, den des grundbesitzenden Adels und Klerus, zu wahren wussten. Zur Überwindung der Argumente der grundbesitzenden Partikularinteressen bildeten Gelehrte und Beamte der mittleren Ebene wie Sonnenfels in Wien, Seibt in Prag und Beccaria in Mailand Studenten zu unabhängig denkenden Menschen, mit der Fähigkeit, die bestehenden Gesetze an Prinzipien der Aufklärung: an einer durch Menschlichkeit geprägten Gerechtigkeit zu messen. Ihre politischen Gegner nannten sie die „Kaunitzische Parthey", als wären diese Menschen Erfüllungsgehilfen, bzw. Handlanger des Fürsten Kaunitz, der ihnen seine Ideen eingäbe.

Zur Speerspitze der Reformgegner machte sich Trautsons Nachfolger Graf Migazzi, ursprünglich ein Reformer. Um die Zeit, die mit der Gründung des

---

28 Ebd., S. 10.

29 KK, NLK, KV Manuscripte, fol. 73r. Die Aufschrift auf dem Dokument ist von Kaunitz' eigener Hand: „Wegen des Finanz Einrichtungs[geschäfts] geheime mündliche Äußerung gegen die K[aiserin] K[önigin], 1. Octob. 1761", hier: Punkt 3. Wörtlich: „[...] das größte Übel steckt in Uns selbsten. Wir mussten nicht nur gegen die Sache, sondern auch gegen den allgemeinen Esprit der Stellen streiten und was seit einem halben Jahr sehr Gutes geschehen [ist], hat gleichsam mit Gewalt erzwungen werden müssen."

30 Kaunitz' Denkschrift, 18.2.1766, in: AÖG/48, S. 136.

Staatsrats zusammenfiel, ernannte ihn Papst Klemens XIII. zum Kardinal, was einen Richtungswechsel zu 100 % vom Reform-Anhänger zum entschiedenen Gegner der katholischen Reform[31] zur Folge hatte. Migazzi opponierte mit den Jesuiten gegen die *Parthey* der Aufklärung und suchte ihr, wo immer er könnte, zu schaden, um seinen Einfluss auf Maria Theresia zurückzugewinnen. Gegen den deutschen *Belisar* mobilisierte er z. B. die Bischöfe, damit sie Maria Theresia ihre Entrüstung über dessen Argumente zugunsten der Reformpolitik zur Kenntnis brachten: „man hat das Buch ins Deutsche übersetzet und die Anmerkungen [...]. zu Ende beygerücket, woraus es dann gleichsam ein Handbuch des gemeinen Volks geworden ist".

Das Buch lasse Kellnern, Ladendienern, Handwerkern, Kammerjungfrauen, Mägden usw. die Freiheit, „jene Religion sich zuzueignen, die ihre Sinnlichkeit am meisten nähret, befördert und rechtfertiget". Es stelle ihnen einen Gott vor, der nicht als „so grausamer Gott [...], welcher die Gebrechen der Menschen ewig straffen soll", vorgestellt werde,[32] sondern als gütiger Gott.

Diese Sorge Migazzis für das Wohl der Mutter Kirche wurde erst 1769 unter dem Titel eines Briefs der besorgten Mutter Kirche an ihren „Sohn"[33] publiziert[34]: „Der neue Roman *Belisar* erfüllet das Maß des Aergernisses. Niemals wird das Gift der Gottlosigkeit mit mehrerer Kunst als in diesem Buche zubereitet" (S. 459).

Nach dieser schwungvollen Einleitung stellte Migazzi fest, der *Belisar* sei „Gift", weil er die Existenz eines rächenden Gottes in Frage stelle. Niemals könne es mehrere Wahrheiten geben, nur eine, die alle anderen Behauptungen ausschließe. „Gift" sei das Bild des gütigen Gottes der Toleranz: „Es ist [...] um die Religion geschehen, wenn man die Wahrheit [von der Existenz eines rächenden Gottes] angreift"[35]. Wir geben Migazzi recht: Die Moraltheologie aller christlichen Konfessionen rechtfertigte die der Natur des gefallenen Menschen entsprechende Sündenlehre. Die theologische Toleranz stellte tatsächlich eine Gefahr für die rigorose Moraltheologie aller christlichen Konfessionen dar, die die Auffassung von der verdorbenen Natur des gefallenen Menschen voraussetzte. Jetzt sollten aber

31 Klingenstein, Staatsverwaltung, S. 121.

32 Undatierte Eingabe Migazzis, zitiert nach: C. Wolfsgruber, Christoph A. Kardinal Migazzi, Fürsterzbischof von Wien, 1890, S. 404. Vgl. dazu Klingenstein, Staatsverwaltung, S. 198, die dasselbe Zitat, gleichfalls ohne Datum, aber mit Bezug auf den Seckauer Bischof Joseph Philipp Spaur, als „Mann der „neuen" Richtung" präsentierte.

33 „Brief hauptsächlich über das fünfzehnte Kapitel / des Romans / Belisar, / welcher von einer Mutter an ihren Sohn geschrieben, / aus dem Französischen in das Deutsche übersetzt worden ist".

34 Marmontels Bélisaire, zitiert nach der zweiten Auflage der deutschen Übersetzung aus Leipzig, Belisar [...], Wien, 1769, S. 459–482: ÖNB Sign. 299 183 – A Alt. Der Brief wurde von Trattner kommentarlos an die zweite Auflage der deutschen Ausgabe angehängt. Die von Kaunitz aus Leipzig besorgten Anmerkungen wurden so, wie sie 1768 publiziert worden waren, auch 1769 mitgeteilt.

35 Ebd., S. 460.

die Menschen nicht durch Furcht vor dem rächenden Gott beherrscht, sondern mittels einer aufgeklärten Religiosität zur Erfüllung ihrer moralischen Pflichten in Zusammenarbeit mit dem aufgeklärten Priester als Ratgeber und Freund motiviert werden. Diesen neuen Kirchenbegriff hat Migazzi nicht verstehen wollen oder können, weshalb er der Aufklärung Gleichmacherei und Hedonismus unterstellte.

Der öffentliche Dialog zwischen den Reformatoren der Religion und den auf den Positionen der Gegenreformation beharrenden Klerikern war damit auf dem höchstem Niveau, das im Habsburgerreich erreicht werden konnte, in Gang gebracht worden. Gleichzeitig nahm die Anti-Reform-Partei anlässlich der Erneuerung der Toleranz für die Juden in Wien daran Anstoß, dass Juden immer mehr vermischt mit Christen lebten, und Juden zu den für sie erlaubten Zeiten in den Straßen der Stadt zu sehen waren. Obwohl Kaunitz dagegen war, konnte sie bei Maria Theresia durchsetzen, dass 16 von den 72 tolerierten jüdischen Familien, die bis dahin vermischt mit Christen in der Residenzstadt gelebt hatten, in ein Gebäude in der Krugerstrasse konzentriert wurden, in das sie 1769 zogen, wobei alle Juden Wiens für die Erhöhung des bisher von Christen bezahlten Zinses um ein Drittel[36] haften mussten. Die Haftung wurde aber nicht schlagend, weil der durch seinen Vater zum Katholizismus konvertierte fürstlich Dietrichsteinische Hofrat Franz von Sonnenfels – der Bruder Josephs, der von seinem Vater ein Haus am Kienmarkt geerbt hatte, das halb verfallen war, jetzt die Mittel besaß, es zu restaurieren und den 16 Judenfamilien anbot, sie in seinem Hauskomplex aufzunehmen. Man müsse aber warten, bis die renovierten Gebäude für sie trocken genug seien, damit sie keine gesundheitlichen Schäden davontrugen. Maria Theresia stimmte zu. 1772 zogen 16 jüdische Familien von der Krugerstrasse in Sonnenfels' Haus „Zum Weißen Stern“ am Kienmarkt um[37]. Zu einer weiteren Umsiedlung kam es nicht, was die Vermutung nahe legt, dass der Zins für die Mieter erschwinglich war[38]. Sowohl die Bereitschaft des Katholiken Sonnenfels als auch Maria Theresias Zustimmung zu seinem Vorschlag, können als Handlungen, die aus humanitären Erwägungen gesetzt wurden, gewertet werden. Dass mit Erfolg das humanistische Argument ins Spiel gebracht wurde, gibt Aufschluss über den neuen Ton im Umgang mit dieser allgemein verachteten „Nation“, der die Änderung der Judenordnungen unter Joseph II. erahnen ließ.

36 Das ist jährlich 4.500 fl, vgl. dazu A. F. Pribram, (Hg.), Urkunden und Akten zur Geschichte der Juden in Wien, Wien, 1918, 2 Bd., hier: 1, S. 405, im weiteren: Pribram, Juden. Vgl. dazu auch Hans Tietze, Die Juden Wiens: Geschichte – Wirtschaft – Kultur (Reprint der Ausgabe von 1933), Wien, 1987, S. 103: „[...] die Behörde [hatte] den Vermietern die Erhöhung des bisher von Christen bezahlten Zinses um ein Drittel bewilligt [...]“.

37 Tietze, Juden, S. 103.

38 Sonnenfels stellte in seinem Haus den Juden auch Raum für ihren Gottesdienst zur Verfügung (ebd., S. 151–152).

5.5. Kaunitz' staatskirchliche Theorie und Anton von Blanc

Um den gesellschaftlichen und wirtschaftlichen Fortschritt zu sichern, musste die Leibeigenschaft abgeschafft, Mönche und Nonnen auf das Zusammenleben mit den Protestanten orientiert, und Adel und Klerus mehr als bisher besteuert werden. Maria Theresia schuf neben dem Staatsrat ab 1765/7 weitere Reformbehörden. Die *Giunta Economale* wurde jetzt unter dem Namen *consessus in publico-ecclesiasticis* auch in den österreichischen Ländern errichtet. Kaunitz verantwortete die Existenz der Reformbehören gegen allfällige Einwände des römischen Hofes mit Leitlinien, in denen er jene reformkatholischen Traditionen berücksichtigte, die Zeger Bernard van Espen und Muratori repräsentierten, und die die Unfehlbarkeit des Papstes, die damals noch kein Dogma war, bestritten. Nicht dass der Papst römischer Bischof und Souverän eines Fürstentums war, wurde bestritten, nur dass er als solcher Macht über andere Souveräne auszuüben und sie sich zu unterwerfen befugt war. Die religiösen Ideen, mit denen die Errichtung der neuen Reformbehörden begründet wurden, bestanden in der Zurückführung des christlichen Glaubens auf die Ideen der ersten Christen. Das Christentum wurde als Behüterin der Humanität und Förderin der moralischen Besserung der Menschen dargestellt, was durch die Ideen des Bélisaire unterstützt wurde: „Eine Religion, die einen gütigen Gott verkündete, ist die wahre Religion: Gott und seine Nächsten lieben – was könne es Einfacheres und Höheres geben? In den Leiden nur die Prüfungen der Tugend sehen, was könne es Tröstlicheres geben?“[39] In diesen rhetorischen Fragen war die aufgeklärte Religiosität enthalten, die die Erbsündenlehre nach dem Begriff des gütigen Gottes relativierte.

Kaunitz' Grundsätze aufgeklärter Religiosität legten „die Grundlagen des sogenannten ‚Josephinismus‘“[40], was Szabo im Kapitel: „Kaunitz and the rise of ‚Josephinism‘“ in den größeren historischen Zusammenhang stellt.[41] Joseph hatte mit der ursprünglichen Formulierung dieser Ideen nichts zu tun, so sehr er die Errichtung der Reform-Behörden auch begrüßt haben mochte. Nach Szabo war Kaunitz' Position ebenso anti-jansenistisch als anti-ultramontan.[42] Das führen wir auch darauf zurück, dass die radikalen Ideen des deutschen „Belisar“ in Kaunitz' Waffe einer staatskirchlichen Theorie einflossen. Den im *Bélisaire* enthaltenen Grundsatz: über die Gottgefälligkeit jemandes Glaubens durch den

---

[39] Marmontels *Bélisaire*, zitiert nach: Wangermann, Aufklärung, S. 13 (Übersetzung/G. L.).

[40] Wangermann, The Habsburg Possessions, S. 284, mit Berufung auf Maaß; Szabo, Kaunitz, S. 225 ff.

[41] Szabo, Kaunitz, S. 210–228.

[42] Ebd., S. 231: „The position of Kaunitz, in short, was as sternly anti-Jansenist as it was anti-ultramontane“.

Blick auf die Integrität von dessen Sitten zu urteilen,[43] berücksichtigte Kaunitz mit der Zurückführung der Religion auf ihre ursprüngliche Botschaft der Wohltätigkeit und Nächstenliebe, womit er die Dekretierung der Toleranz vorbereitete. Das geschah besonders durch die Äußerung der Idee, alle Christen seien zum moralischen Handeln, das ist zum Gut und Wahrhaftig-Sein und zur Nächstenliebe verpflichtet, wobei ihnen die Priester an die Hand gehen sollten.

In den Dokumenten, in denen er seine Grundsätze für die Instruktion der neuen Reformbehörden festlegte, bezeichnete sich Kaunitz als *citoyen*. Er war aber weit davon entfernt, „der Vertreter der modernen Staatlichkeit zu sein, die sich über die religiösen Ideen hinweg erhob".[44] Als *citoyen* interpretierte er die christliche Lehre nach der aufgeklärten Religiosität, wie sie auch Marmontel als Sekretär der Akademie der Wissenschaften in Frankreich vertrat. Die *thèse royale*, Marmontels *Bélisaire*, erschien zur rechten Zeit in deutscher Sprache und konnte die Beamten, die die Instruktionen durchführten, zusätzlich anleiten. 1771 veranlasste Maria Theresia ihre Veröffentlichung in lateinischer Übersetzung.[45] Der Übersetzer war ein aus dem Jesuitenorden 1766 ausgetretener Geistlicher, der als Pfarrer von Regelsbrunn in der Wiener Diözese diente: Michael Horváth.[46] Die Öffentlichkeit erfuhr damit, dass Maria Theresia die Grundsätze des *Bélisaire* auch in Ungarn, wo der Klerus nicht besteuert werden konnte, zu realisieren gedenke.

Die Besteuerung des Klerus, Kontrolle der wirtschaftlichen Gebarung der Klöster, Aufhebung einiger Klöster und Reform des Unterrichts wurde durch die Einführung eines Robotabolitionssystems, das die feudale Grundlage der gesellschaftlichen Ordnung in Ungarn und in den Erblanden grundlegend verändern sollte, ergänzt. Die Initiative dazu ergriff Maria Theresia selbst. Reflexionen im *Bélisaire* legten ihr die Abschaffung der Leibeigenschaft und die gerechtere Besteuerung der Reichen nahe:

> „Das Lehrgebäude der Großen bestehet darinn, dass das menschliche Geschlecht nur für eine geringe Anzahl Menschen lebe, und dass die Welt für sie gemacht sey". In Wahrheit sei es umgekehrt und hänge der Fürst als Beschützer der Großen von dem Volke „welches ihn nähret, vertheidiget und beschützet" ab.[47]

Diese Überlegungen, wie die folgenden dürften Maria Theresia sehr gefallen haben „Siehe zu, dass […] man die Last des öffentlichen Aufwandes nach eines jeden Kräf-

---

43 Marmontels *Bélisaire*, zitiert nach: Wangermann, Aufklärung, S. 12 („de faire juger de la sainteté de sa croyance par la sainteté de ses mœurs").

44 Klingenstein, Staatsverwaltung, S. 125.

45 George Barany, Hoping agaist Hope: The Enlightened Age in Hungary, in: The American Historical Review, Bd. 76, 1971, S. 336: „One writer translated Marmontel's enlightened […] Bélisaire into Latin" 1771.

46 B. Zolnai, Die geistige Bedeutung des Generalseminars von Preßburg (Bratislava) für Ungarn und die slawischen Völker in: Zeitschrift für Slawistik, Berlin-(Ost), Bd. 1, 1956, Heft 3, S. 104.

47 Marmontels *Bélisaire*, zitiert nach der deutschen Übersetzung aus Leipzig: Belisar, Wien, 1768, S. 170.

ten und Vermögen vertheile: so wird diese Last für sie alle leicht seyn".[48] Diese Forderung nach Entlastung der Gründe und nach gerechterer Verteilung der Lasten wurde zur Leitlinie für das Robotabolitionssystem, das Maria Theresia schon in Ungarn mit der Einführung der Erbpacht und mit der Verwandlung des in Ungarn üblichen Minimums in ein Maximum an Robot begründet hatte, das sie aber plante, auf andere Provinzen auszudehnen. Was sie selbst dem Bauernstand zudachte und was dieser ihrer Meinung nach zu fordern berechtigt war, zeigt die Karriere eines Mannes, der sich ihrer besonderen Gunst erfreute, sowie ein auf dessen Vorschlag erlassenes Dekret, das bisher von der Forschung zu wenig beachtet wurde.

Franz Anton Ritter von Blanc war ein Artillerieoffizier, der im Siebenjährigen Krieg verwundet und für den aktiven Militärdienst unbrauchbar geworden war. Er entschloss sich nach der Genesung von seiner Verwundung dazu, zu studieren. Sein Biograph Grünberg schreibt, er habe ein Zeugnis über die „Erlernung deren [der zu einer beruflichen Umorientierung] nötigen Civilwissenschaften" erworben,[49] womit er das Zeugnis aus Sonnenfels' Kameralwissenschaften gemeint haben kann, das Voraussetzung für eine Anstellung im Dienst Maria Theresias war. Seine Grundsätze weisen ihn jedenfalls als eifrigen Sonnenfels-Schüler aus, indem er nicht positiv rechtlich, sondern naturrechtlich dachte, also nicht danach fragte, „was gilt, sondern was gelten soll". Er entwickelte Sonnenfels' These vom ebenmäßigen Verhältnis der Stände zueinander, von einem Gleichgewicht, das nur existiere, wenn jeder Stand die ihm angemessene Vollkommenheitsstufe erreichen könne, weiter mit der Betrachtung: „Stets aber ist die verhältnismäßige Vollkommenheitsstufe in unüberschreitbarer Weise nach unten zu begrenzt durch die Rechte des natürlichen und bürgerlichen Daseins". Diese Rechte verlangten: der robotende Bauer brauche die Mittel, sich und seine Familie zu ernähren, sich gegen Kälte, Wind und Wetter zu schützen und einen vernünftigen Überfluss an Nahrung und Bekleidung, um für Unglücksfälle vorsorgen zu können. Das „kleinste Erhaltungsvermögen", also das Existenzminimum, dürfe den Bauern auf den Gütern des Klerus und Adels nicht beschränkt werden.[50] Er müsse genug erwerben, um neben der Robotleistung anbauen und ernten zu können.

Mit Zeugnissen aus Sonnenfels' Lehrfach und anderen Fächern versehen, präsentierte sich Blanc auf Empfehlung seines Gönners, des böhmischen Appellationspräsidenten Grafen F. X. Wieznik, der Kaiserin. Es zeigt von der guten Menschenkenntnis dieser Fürstin, dass sie sofort sein Mitgefühl mit dem leidenden Volk, sein Organisationstalent und seinen Diensteifer erkannte und ihn 1765 in eine Stelle setzte, in der er für die vom Adel gedrückten Leibeigenen als „Sozialpolitiker" wirken konnte. Sie versuchte damals das Problem der Auslieferung der

48 Ebd., S. 177.

49 Karl Grünberg, Franz Anton von Blanc. Ein Sozialpolitiker der theresianisch-josefinischen Zeit, München und Leipzig, 1921, S. 9.

50 Ebd., S. 21–22. Wangermann, The Austrian Achievement, S. 70–71.

Leibeigenen an die grundherrliche Justiz mit einem besonderen Senat zur Entscheidung der zwischen Bauern und Grundherrn auftretenden Konflikte zu überwinden: den *Consessus in Causis Summi Principis et Commissorum*. Dieser Senat hatte alle Untertansbeschwerden, die nicht in das Steuerwesen einschlugen, in zweiter Instanz zu entscheiden. Blanc trat in dieses Gremium ein und bewährte sich. Aus der Justiz versetzte Maria Theresia ihn bald darauf in die Hofkanzlei und beförderte ihn zum Hofrat, damit er dort nach Mitteln und Wegen suchen konnte, die ebenmäßige Verteilung der öffentlichen Lasten zu erreichen.[51]

Die folgenden Sätze aus dem *Bélisaire* konnte Blanc als moralische Bestätigung seiner Tätigkeit in der Kanzlei empfunden haben:

> [...] weißt du auch, was die arbeitsame und leidende Klasse in einem Staate am meisten drücket? [fragte Bélisaire Justinian] Es ist die Last, welche die träge und genießende Klasse ihr zuwälzet. Diejenigen, welche wegen ihres Reichtums den meisten Antheil an denen Vortheilen der Gesellschaft haben, sind diejenigen, welche zu denen Kosten der Regierung und Beschützung am wenigsten beytragen.[52]

Blanc empfahl nach diesen Grundsätzen eine Regulierung der Frondienste, nicht deren Beseitigung, er riet dazu, das für die Stände akzeptable Minimum als Landesgesetz zu oktroyieren, um es vor eventueller Rückgängigmachung besser zu schützen und die Leibeigenschaft abzuschaffen. Maria Theresia folgte der Empfehlung. Am 29.7.1769 resolvierte sie auf einen Vortrag der Hofkanzlei mit der Feststellung eines Maßstabs, der bei der Reduzierung der Robot – oder wie sie euphemistisch genannt wurden, der aus der Leibeigenschaft resultierenden „erbuntertänigen Prästationen" – zu Grunde gelegt werden müsse:

> Der erste Bedacht [sollte] dahin genommen werden, dass der Bauernstand als die zahlreichste Klasse der Staatsbürger und der die Grundlage, folglich die größte Stärke des Staates ausmacht, in aufrechtem und zwar in solchem Stand erhalten (werde); dass derselbe sich und seine Familie ernähren und daneben in Friedens- und Kriegszeiten die allgemeinen Landesumlagen bestreiten könne. Hieraus fließet von selbsten, dass weder ein Urbarium noch pactum am allerwenigsten ein obschon noch so altes Herkommen bestehen möge, welches sich mit sothaner Aufrechthaltung des Unterthans nicht vereinbaren lässt.

Jeder wie immer geartete Privatrechtstitel der Dominien müsse dieser Rücksicht weichen.[53] Dieses den Grundsätzen des *Bélisaire* entsprechende Prinzip war vom Geist der Humanistät geprägt. Es wurde ab 1771 durch die Robotregulierungsdekrete nach und nach in den Erbländern zum Gesetz erhoben.

---

51 Grünberg, Franz Anton von Blanc, S. 9–10.

52 Marmontels *Bélisaire*, zitiert nach der deutschen Übersetzung aus Leipzig, Belisar ..., Wien, 1768, S. 176–177.

53 Resolution Maria Theresias vom 29.7.1769 auf einen Vortrag der Hofkanzlei, zitiert nach: Karl Grünberg, Die Bauernbefreiung und die Auflösung des gutsherrlich-bäuerlichen Verhältnisses in Böhmen, Mähren und Schlesien, zwei Bd., Leipzig 1893–1894, hier: Bd. 2, S. 119.

5.6. Agitation für eine sittenbildende deutsche Bühne in Wien

Die Humanisierung der gesellschaftlichen Ordnung und Nivellierung der großen Unterschiede zwischen Arm und Reich machte auch die Hebung des kulturellen Niveaus des Publikums zumindest erstrebenswert. Einem hochadeligen Publikum, das Prehausers satirischer Verhöhnung Sonnenfels' im deutschen Hoftheater zujubelte, sollte eine Form der Unterhaltung geboten werden, die dem Reformwillen der Fürstin besser entsprach. Konnte doch die Kunst, nach Ansicht der Aufklärer, die Menschheit moralisch bessern. In der Zeit der Inangriffnahme der Reformen verkörperte die Reformoper „Alceste" von Calzabigi, die Gluck vertonte, diesen Anspruch der Kunst.

Glucks Reform des musikalischen Dramas in den 60er Jahren durch die Produktion von *Orfeo ed Euridice* war der Versuch, die Konvention dieser Musikgattung dem neuen klassizistischen Ideal von bürgerlicher Kunst als einer Einfachheit, Natürlichkeit, Aufrichtigkeit der Gefühle vermittelnden Kunst zu öffnen, was er selbst programmatisch in der Vorrede zu der gedruckten Partitur seiner *Alceste* 1769 betonte.[54] Gluck und Calzabigi, die diese Oper schufen, waren durch den Herzog von Braganza mit Kaunitz verbunden, der „in der Vorhut der neoklassischen Revolution in der Musik" war, wie Szabo treffend schreibt.[55] Kaunitz nützte seinen Einfluss auf die Künstler, um sie zur Vermittlung humanistischer Werte wie Freundschaft, Großmut, Opferbereitschaft zu motivieren, die er als *homo politicus* fördern wollte. Die *Alceste* kann daher als künstlerische Analogie zur *thèse royale* des deutschen *Belisar* begriffen werden, was durch die Bitte Calzabigis an Kaunitz, bei Maria Theresia die Erlaubnis zu bewirken, ihr dieses neue poetische Werk widmen zu dürfen,[56] unterstrichen wurde. Sonnenfels übersetzte Calzabigis Text für das bürgerliche Publikum ins Deutsche, damit es im Sinne der Funktion des Theaters als moralische Anstalt die Botschaft des Stücks verstehen könne. Die Annahme der Widmung der *Alceste* durch Maria Theresia[57] demonstrierte ihre Bereitschaft, sich mit dem Tugendbegriff der Aufklärung zu identifizieren. Zu seiner Verbreitung gab Sonnenfels Ende 1767 einen besonderen kunsttheoretischen Kommentar unter dem Titel: „Briefe eines Franzosen über die Wiener Schaubühne" heraus. Als „Franzose" moquierte er sich

54 Wangermann, The Austrian Achievement, S. 118–120.

55 Szabo, Kaunitz, S. 26.

56 Calzabigi an Kaunitz, Wien, 21.7.1767 in: MZA, G 436, Karton 439 Inventar Nummer 4129, fol. 29r.

57 Die erste Ausgabe des Librettos von 1767 enthielt auf dem ersten Blatt den Titel: „Alceste Tragedia Per Musica" und auf dem zweiten Blatt die Widmung: „Alla Sacra Real Maesta Maria Teresa Regina Imperatrice Sempre Augusta [...] L'umilissimo servo e subdito Raniero de Calsabigi".

über den Geschmack eines Wiener hochadeligen Publikums, das einer deutschen Parodie der *Alceste* seinen Beifall zollte,[58] in der unflätige Zoten, deren Vortrag die Theaterzensur nicht erlaubt hatte, dessen ungeachtet vorgetragen wurden. Das Verbot des beim Adel und Volk so beliebten Extemporierens, das im Jahr der Aufführung der *Alceste* erfolgte, diente in erster Linie der Demonstration, dass Maria Theresia die Parodie der *Alceste* nicht schätze und die Änderung des Geschmacks ihrer Untertanen wünsche. Sonnenfels konnte erst jetzt mit einiger Aufmerksamkeit seitens des adeligen Publikums die Schönheiten von Glucks Musik preisen und ihre Nachahmung durch deutsche Schriftsteller und Dramenschreiber wünschen. Durch seine literarische Tätigkeit erreichte, mit den Worten Wangermanns, „die Agitation für eine belehrende und sittenbildende deutsche Bühne in Wien ihren Höhepunkt".[59]

5.7. Humanität als Begründung der Klosterreform

Wenn man bedenkt, dass Maria Theresia schon 1762 mit einer im Staatsrat entworfenen Resolution ihren Obersten böhmischen und Ersten österreichischen Kanzler dazu aufforderte, die von ihr schon 1751 geplante „remedur" in Angriff zu nehmen, ist es erstaunlich, dass die Reform der Klöster erst dann in Gang kam, als Maria Theresia auf Kaunitz' Rat begann, *jure regio* mit den von ihr geschaffenen, von Kaunitz instruierten Reformbehörden vorzugehen. Von ihren zahlreichen Reformdekreten greifen wir nur jenes heraus, mit dem sie ihre Klosterreform theoretisch rechtfertigte, weil sie in ihrer Rechtfertigung Muratoris Idee verarbeitete, dass der Klerus ein humanistisch gebildeter Klerus sein müsse, wenn seine Frömmigkeit den Erfordernissen der modernen Zeit genügen solle. Sie erließ am 17. Oktober 1770 ein Dekret, das verbot, die feierlichen Gelübde vor dem vollendeten 24. Lebensjahr abzulegen, und früher abgelegte Gelübde für ungültig erklärte.[60] Das Tridentinische Konzil hatte das erreichte 16. Lebensjahr für die Ablegung der strengen Gelübde bestimmt, was nach Heinke, Wege öffnete,

> das oft beträchtliche Vermögen 16jähriger Kinder nebst dem, was leztere [sic] noch ferners zu erwerben Hofnung [sic] hatten, gänzlich an sich zu ziehen; welches als eine Ursache betrachtet werden konnte, warum die Orden nicht selbst ein reiferes Alter der Kandidaten nach dem Beyspiel der ersten Zeiten ihrer Einsetzung forderten.[61]

---

58 Brief vom 28.12.1767, Sonnenfels gesammelte Schriften, Bd. 5, 1784, S. 157.

59 Ernst Wangermann, Wien und seine Kultur zur Zeit Glucks in: Gluck-Studien, Bd. 1, Kassel, 1989, S. 15.

60 Klueting, Josephinismus, S. 153 ff. Beales schreibt immer noch: „raising the age of profession to twenty-four" (Prosperity, S. 191) es muss korrekt heißen: „to the completion of the twenty-fourth year".

61 Rechenschaftsbericht Heinkes an Kreßl, Wien, Sommer 1787, Nr. 10/4 (betrifft die Verordnung vom 17.10.1770), Maaß, 3, S. 346.

Aus Gründen, die mit dem Geldfluss nach Rom zusammenhingen, hatten es demzufolge die Ordensoberen abgelehnt, das reifere Alter der Kandidaten nach dem Beispiel der ersten Zeiten des Mönchswesens als bindend zu betrachten. Nun setzte Maria Theresia, der eine sich an Maaß orientierende historische Forschung ängstliche Beachtung der Bestimmungen des Tridentinischen Konzils unterstellt, jene Bestimmungen des Tridentinischen Konzils, die die Orden dazu ermächtigten, sich oft beträchtliche Vermögen 16-jähriger Kinder anzueignen, außer Kraft.

Die Worte des Dekrets betonten den humanistischen Anspruch der Reformatoren: zur Verbesserung des christkatholischen Glaubens seien vollkommene Mönche und Nonnen, nicht aber solche nützlich, die, verlockt durch die Aussicht „über beständige Versorgung und den anscheinenden Bequemlichkeiten", sich unreflektiert Pflichten für ein ganzes Leben auferlegen ließen, was oft „die bitterste Reue mit den unseligsten Folgen" nach sich ziehe. Maria Theresia habe sich im Interesse der „heiligen Religion und Kirche und der Wohlfahrt der geistlichen Orden selbst [...] gesetzmäßig anzuordnen entschlossen", dass strenge Gelübde, die vor der Großjährigkeit abgelegt wurden, in Hinkunft zu annullieren seien.[62] 1779 erklärte Maria Theresia sechs feierliche Ordensgelübe in dem Kloster zu Maria Ranna in der Steiermark, die die Novizen vor dem 24. Lebensjahr abgelegt hatten, tatsächlich „als null und nichtig", sodass diese

> [...] als weltliche Menschen zurükgiengen und theils in den Soldaten- theils in bürgerliche Stand traten. Hierauf sind noch mehrere derley Fälle auf gleiche Art entschieden worden [...]. Die Erklärung der Nullitaet der vor dem gesetzmäßigen Alter abgelegten Ordensgelübde ist allzeit von der politischen Seite geschehen und nur den Bischöfen intimiret worden, weil es hier um die Wirkung und Folgen eines pur weltlichen Gesetzes zu thun ist.

Zahlreiche Akten bezeugten, nach Heinke, dessen an Kreßl gerichteten Rechenschaftsbericht diese Information entnommen ist, die Bemühungen der Ordensoberen zur Annullierung gerade dieses Gesetzes, das die Klöster an der Rekrutierung reicher minderjähriger Novizen behinderte, weil alle Jugendliche in den Klöstern, die noch nicht die strengen Gelübde mit dem Beginn ihres 25. Lebensjahres abgelegt hatten, den Schutz des Staates als „pur weltliche Subjekte" genossen, und zwar so, dass ihnen der Orden bei allfälliger Rückkehr in den weltlichen Stand alles und jedes ohne mindeste Einschränkung zurückgeben musste, was sie ihm beim Eintritt ins Kloster eingebracht hatten.[63] Nach Heinke zeigten die Akten, „was [...] die Ordensobern zu Eludirung dieses Gesetzes für Ausweege und wie vielerlei Erfindungen erdacht haben [...] Es wurde jedoch ernsthaft hierauf gehalten".[64]

---

62 Verordnung zur Erhöhung des Professalters vom 17.10.1770, zitiert nach: Klueting, Josephinismus, S. 155.

63 Wolfsgruber, Migazzi, S. 437.

64 Rechenschaftsbericht Heinkes an Kreßl, Wien, Sommer 1787, Nr. 10/4 (betrifft die Verordnung vom 17.10.1770), in: Maaß, 3, S. 347.

Das Dekret vom 17.10.1770 war, weil es ohne Abstriche befolgt wurde, ein Meilenstein in der Geschichte der theresianischen Kirchenreform.

Historiker, die Maria Theresia in die Nähe des römischen Hofes zu rücken und ihr Ängstlichkeit beim Reformieren und genaue Beachtung der Bestimmungen des Tridentinischen Konzils unterstellen, sollten erklären, warum sie Ordensgelübde, die vor dem vollendeten 24. Lebensjahr abgelegt wurden, annullierte. Der neue Papst Klemens XIV. hob das bisher übliche Alter für das Ablegen der bindenden Gelübde mit dem vollendeten 15./16. Jahr nur auf das vollendete 17te Lebensjahr an[65] und erwartete offensichtlich von Maria Theresia, dass sie ihr Dekret in diesem Sinn abändern würde. In Kenntnis dessen, was in Mainz verfügt worden war, schlug Kaunitz im Staatsrat vor, die Antwort an den römischen Hof auf dessen Mitteilung über die Anhebung des Alters für das Ablegen der strengen Gelübde um nur ein Jahr mit der Nachricht zu begleiten, „dass künftighin kein Untertan mehr vor completen 24ten Jahr in ein Kloster einzutreten befugt seyn solle. In dem nämlichen Esprit [...] wäre die schriftliche Antwort auf das päbstliche Schreiben einzurichten".[66]

Szabo ist davon überzeugt, dass Kaunitz mit der Realisierung seiner Idee die gänzliche „Austrocknung" der Klöster bewirken wollte,[67] wie in einigen klosterkritischen Schriften angeregt wurde.

Es war Joseph, der mit derartigen radikalen Perspektiven eines natürlichen Schwunds von Klosterinsassen nicht einverstanden war. Er stimmte lediglich der Idee zu, das Alter für die Ablegung der feierlichen strengen Gelübde von derzeit 15 oder 16 Jahre auf das vollendete 24. Lebensjahr anzuheben, was er aus der von Kaunitz aus Frankreich importierten Staatsschrift „Bedenken [...]" entnommen haben konnte.[68] Beales spricht von dieser Idee als „at that time contested by Kaunitz",[69] wofür die Anhaltspunkte fehlen. Kaunitz bestritt Josephs Idee selbst nie, weil er sie unter Maria Theresia realisierte. Er selbst wollte überhaupt den Eintritt in ein Kloster erst mit Beginn der Volljährigkeit erlauben. Maria Theresia regelte das Alter für den Eintritt in das Kloster nicht, sie regelte nur das Alter für die Ablegung der feierlichen strengen Gelübde, setzte aber noch 1771 das Maximum der Mitgift in Bar oder in Sachwert auf 1.500 fl. Fest.[70] Das blieb auch unter Joseph II. in Kraft.

65 Arneth, GMT, 9, S. 73.

66 Kaunitz-Votum Nr. 85 vom 30.3.1771 zur Staatsratsakte Nr. 938 Zwo Noten eine des Hof und Staatskanzler den 9 Martii die andere des Grafen R. Chotek d 8 ejusdem. In betref des vor dem [vollendeten] 24. Jahre nicht abzulegenden Ordensgelübde, in: KA, Kaunitz-Voten, Karton 2, Konv. 1771–2.

67 Ebd.: „[...] a suggestion which, if adopted, would probably have led to the atrophy of monasticism within a generation".

68 Wangermann, Waffen, S. 59–60.

69 Beales, Joseph II., Bd. 1, S. 451.

70 Maaß, Bd. 2. S. 19f.

5.8. Gérard van Swietens Unterstützung der großen *Remedur*

Geplant war eine große Unterrichtsreform, zu der das Mainz Emmerich Josephs das Vorbild sein sollte: protestantische Professoren an der Universität Erfurt hatten dort den Zulauf der Studierenden wesentlich vermehrt, was Geld für die Reform der mittleren und der Trivialschulen herbeischaffte. Die Frage, was von den Mainzer Plänen im Habsburgerreich umgesetzt werden könne? beriet der Staatsrat über einen Vortrag, in dem Pergen den Jesuitenorden beschuldigte, „den großen und guten Endzweck" jedes Unterrichts, „dem Staate brauchbare Glieder zu erziehen" ganz außer Acht zu lassen[71]: Nur weltgeistliche und katholische Laien sowie protestantische Professoren aus Erfurt sollten für die Bildung des Volks jetzt herangezogen werden. Das Geld für die Errichtung der Normalschulen oder Lehrerbildungsanstalten wollten Kaunitz und Pergen von den Klöstern und Stiftungen herbeischaffen.[72]

Graf Pergen war in dieser Frage kompromisslos-radikal. Aus den Erfahrungen der Mainzer Studienreform zog er den Schluss, dass protestantische Gelehrte aus Mainz als Beiräte eines „Allgemeinen Schul- und Studiendirektoriums" ernannt werden sollten. Dieses Direktorium sollte nicht von Migazzi, sondern von ihm, Pergen, geleitet werden. Kaunitz sollte wie einstens Trautson das Protektorat übernehmen, Migazzi samt seinem Jesuiten-Anhang sollte aus dem Studienwesen entfernt werden. Und Binder war als Referendarius des Staatsrats die Funktion eines Lobredners der Reform im Wege einer Zeitschrift für Pädagogik zugedacht worden. Als protestantische Beiräte schlug Pergen einige namhafte Mainzer evangelische Professoren vor. Solche protestantische *philosophes* waren: der Ästhetiker Friedrich Justus Riedel, der Neologe Karl Friedrich Bahrdt, der Historiker Johann Georg Meusel, der klassische Philologe Johann Friedrich Herel, der Jurist Christian H. Schmid, und Wieland als Professor der Philosophie. Wieland und Bahrdt waren zweifellos die fähigsten unter den Erfurter protestantischen Professoren, ersterer als *philosophe,*[73] letzterer als Ausleger der Bibel weitab von Luthers Dogmatik, mit Bezug auf den Menschen. Ihr Ruf an die Akademie zu Erfurt galt als Signal dafür, dass das philosophische Nachdenken über die Heiligen Schriften

---

71 Vortrag Pergens über den „Zustand und Grundfehler der dermaligen Schulen und dahin gehörigen Anstalten", 1770, zitiert nach: Krones, Ungarn, S. 98.

72 Joseph Alexander Frh von Helfert, Die österreichische Volksschule. Geschichte, System, Statistik, 3 Bd., Bd. 1 (Die Gründung der österreichischen Volksschule durch Maria Theresia), Prag 1860, hier: S. 212. Vgl. Kaunitz' Votum vom 9.12.1771 zur Staatsratsakte 4021Vortrag des Grafen von Pergen „Worinn um die Entscheidung der Frage: ob der Unterricht der Jugend fernerhin durch Ordensgeistliche zu geschehen habe, gebeten", in: KA, Kaunitz-Voten Karton 2, KV 1771–1772.

73 Seine erste Vorlesung in Erfurt hielt Wieland über „Die Geschichte der Menschen" des schweizerischen Publizisten Isaak Iselin.

ab nun in Mainz erlaubt werden sollte. Mit dem Tod Emmerich Josephs mussten sich alle protestantischen Gelehrten aus Erfurt eine andere Wirkungsstätte suchen. Wien bot sich ihnen an.

Gérard van Swieten war ganz für den neuen Plan der großen Unterrichtsreform gewonnen worden. Er empfand es als eine Auszeichnung, dass Pergen und Kaunitz ihm einen bedeutenden Anteil an der Ausführung ihres Plans, der in der sukzessiven Säkularisierung des Unterrichts mit Begleitung protestantischer *philosophes* aus Erfurt bestand, zugemessen hatten. Sei doch dieses Werk der glorreichen Regierung Maria Theresias würdig und des Schutzes Kaiser Josephs wert. Er gestehe, dass er ein außerordentliches Vergnügen empfinde, daran teil zu nehmen, aber sein fortgeschrittenes Alter erlaube das nicht mehr: „J'ose me nommer pourtant – Totus tuus Van Swieten."[74]

Für die Sache der großen Unterrichtsreform nach Kaunitz' und Pergens Plänen starb van Swieten zu früh: Vier Monate später legte er seine Ämter zurück, um seinen letzten Kampf mit dem Tod zu kämpfen. Er hatte Maria Theresia das Versprechen abgenommen, dass sein Sohn Gottfried, der Maria Theresia als Botschafter in Berlin diente, ihm als Präfekt der Hofbibliothek nachfolgen dürfe.

[74] Van Swieten an Pergen, 7.10.1771 in: Helfert, Die Gründung der österreichischen Volksschule [...], Bd.1, S. 628.

6. „Matte Morgenröte"

Die von Szabo unterstützte Sicht Wangermanns vom „Verzug und Widerruf im späten Reformwerk Maria Theresias" als einer „Matten Morgenröte"[1] soll in den folgenden Kapiteln durch die Präsentation von neuem Material im Zusammenhang mit bereits bekannten Quellen erhärtet werden.

6.1. Maria Theresia „lamberirt"

Maria Theresia hatte sich seit der Berufung Gérard van Swietens und Kaunitz' zu führenden Positionen im Staat mit der Aufklärung verbündet und sich dabei vorgenommen, nicht zu ‚lamberiren', nach Gérard van Swietens Tod neigte sie aber dazu. Sie ernannte einen Grafen zum Zensurpräses, um das Prestige ihrer Reformbehörde zu erhöhen, was ihr Gérard van Swieten jedoch ausdrücklich im Hinblick auf den mangelnden Fleiß und auf die mangelnden Kenntnisse dieses Standes widerraten hatte. Migazzis indirekter Einfluss auf die Zensurkommission in Wien nahm zu,[2] weshalb Sonnenfels, der die Zensur aller in sein Fach einschlagenden Bücher und die Zensur der deutschen und englischen Bücher innehatte, die Kommission verließ. Der Katalog der verbotenen Bücher, der unter van Swietens Amtsführung sehr schlank war, schwoll auf ein 5000 Titel umfassendes Werk an, was zweifellos auf Migazzis indirekten Einfluss zurückzuführen war, dem sich aber die Prager Zensurkommission mit dem Prof. Seibt als Mitglied zu entziehen wusste.

Maria Theresia war fähig, über den Horizont ihrer Klasse weit hinauszusehen, wobei ihr vor allem Gérard van Swieten die Richtung wies. Da sie für keine Nachfolge dieses Reform-Ministers gesorgt hatte, eröffnete sie zwar 1771 eine Normalschule in Prag und in Wien, aber nicht, wie ursprünglich vorgesehen, im Geiste Emmerich Josephs, und sie ließ den Rest von Pergens Plan an dessen Finanzierung scheitern. Sie gründete kein „Allgemeines Schul- und Studiendirektorium" mit protestantischen Gelehrten aus Mainz als Beiräte, weshalb auch Binders Plan einer Zeitschrift, in der er das Publikum über die Fortschritte der Pergen-Kaunitz-Reform informieren sollte, ins Wasser fiel. „Wenn all die reichen

1 Szabo, Kaunitz, S. 248, mit Berufung auf Wangermann, „Matte Morgenröte: Verzug und Widerruf im späten Reformwerk Maria Theresias".

2 Pezzl erwähnt in den Skizzen von Wien Migazzis Einfluss: „Se. Eminenz [sei] unter der vorigen Regierung gegen gute Bücher und Bücherleser mit einer in der Tat abscheulichen Strenge" vorgegangen, zitiert nach: Sashegyi, Zensur, S. 109, Anm. 16.

Fonds den Ordensgeistlichen in Händen belassen würden“, sehe er, Pergen, keine Möglichkeit das Ober-Direktorium über die Schulen auszuüben,[3] weshalb Maria Theresia auf die von ihr geschätzten Dienste dieses Reformers bei der Einrichtung des Schulwesens ganz verzichten musste.

Auf Kaunitz wollte Maria Theresia nicht verzichten. Das mag der Grund gewesen sein, weshalb sie der Anstellung des Wieland-Freundes aus Erfurt, Friedrich Justus Riedel, an der von ihr damals neu errichteten Akademie der bildenden und schönen Künste vorerst zustimmte. In einem Schreiben aus Berlin vom 4.11.1771 an Kaunitz regte Gottfried van Swieten an, dass, da die Wiener Kaunitz schon so viel verdankten, eine deutsche Akademie unter seiner Protektion jetzt in Wien, „der Hauptstadt des Reichs hervorragend plaziert wäre“.[4] Als Protektor einer projektierten Akademie der bildenden und schönen Künste sollte Kaunitz für Lessings Ruf nach Wien sorgen, damit die geistigen Horizonte in Wien erweitert, und Wien zum Zentrum der deutschen Aufklärung gemacht werden konnte.

Maria Theresia ließ den schon in Wien weilenden Riedel sein Amt nicht antreten, weil er sich vor ihr mit Freimut zu seiner Freundschaft mit Wieland, die sein geistlicher Kollege aus Erfurt, der Augustinermönch Simon Jordan[5] denunziert hatte, bekannte. „Riedels Schicksal [...] zeigte, wie wenig günstig die Aussichten für eine Erweiterung der geistigen Horizonte in Wien noch waren“, lautet Wangermanns treffender Kommentar dazu.[6] Die Partei der Aufklärung fand sich aber mit der Diskriminierung Riedels durch den Pater Simon Jordan und Maria Theresia nicht ab: 1775 weilte Lessing in Wien, was Gottfried van Swieten wahrscheinlich mit Kaunitz' Zustimmung von Berlin aus in Zusammenarbeit mit dem Staatsrat Gebler organisiert hatte. Das Wiener Publikum jubelte Lessing bei der Aufführung seiner Stücke im Wiener Hoftheater zu, Maria Theresia empfing ihn in der Audienz. Sie erlaubte im selben Jahr auch dem ehemaligen Direktor des Hoftheaters Graf Durazzo, der durch seine Zusammenarbeit mit Christoph Willibald Ritter von Gluck anlässlich der Aufführung von dessen Oper *Orfeo ed Euridice* berühmt geworden war, die Reise von Venedig, wohin sie ihn 1767 versetzt hatte, nach Wien. Von einer Wiederanstellung Durazzos beim Hoftheater, die Kaunitz betrieb, wollte sie aber nichts wissen, Sie verhinderte bewusst die Fortsetzung von dessen erfolgreicher Zusammenarbeit mit Gluck. Eine nach Glucks Prinzipien reformierte Oper war ihr im Gegensatz zu der Partei der Aufklärung – kein Anliegen, die Schaffung kritischen Bewusstseins durch ein unter Lessings Aufsicht reformiertes Theater auch nicht.

---

3 Pergen Vortrag vom 22.11.1771, in: Helfert, Volksschule, Bd. 1, S. 233.

4 Gottfried van Swieten an Kaunitz, 4.11.1771, zitiert nach: A. Beer, Friedrich II. und van Swieten, Leipzig 1874, S. 53 (Orig. französisch).

5 Jordan dürfte der Nachname, Simon der Vorname sein.

6 Ernst Wangermann, Deutscher Patriotismus und österreichischer Reformabsolutismus im Zeitalter Josephs II., in: Wiener Beiträge zur Geschichte der Neuzeit, Wien, Bd. 9, 1982, S. 63.

Die Aufhebung des Jesuitenordens durch den Papst Clemens XIV., die 1773 auf Druck der katholischen Fürsten erfolgte, war insofern ein Fortschritt, als Kaunitz den Fond des aufgelösten Jesuitenordens für die Schulen sicherte – gegen die Vorstellungen Migazzis, der sie dazu verwenden wollte, eine Kaderschmiede gelehrter Exjesuiten unter seiner Leitung zu finanzieren.[7] Maria Theresia entfernte Migazzi von der Leitung der Studienkommission und genehmigte Martinis Plan, unter Kreßls Leitung die Universitäten, Gymnasien und Normalschulen zu reformieren. Das gab Anlass zu der Hoffnung, dass aus der Morgenröte doch ein Sonnenaufgang werden könnte. Gottfried van Swieten schrieb an Kaunitz aus Berlin, er würde sich glücklich schätzen, etwas von Berlin aus zu diesem Reformvorhaben beitragen zu können, wobei er wahrscheinlich an die Einführung der sokratischen Methode in allen Schulen der Habsburgermonarchie dachte. Maria Theresia entschloss sich aber dazu, selbst die Leitung des Unterrichtswesens in die Hand zu nehmen und durch van Swieten den preußischen König nur um die Erlaubnis zu bitten, den Propst von Sagan Felbiger an den Wiener Hof kommen zu lassen, damit sie ihn über das Schulwesen betreffende Gegenstände zu Rate ziehen könne. Die *philosophes*, die gehofft hatten, nach dem Beispiel der protestantischen Philantropinen deren sokratische Methode auch ins Habsburgerreich einführen zu können, waren darüber tief enttäuscht. Als Felbiger in Wien eintraf, nahm Maria Theresia dem Hofkanzler Kreßl die Oberaufsicht über die Normalschulen weg und betraute damit ausschließlich Felbiger, der die Kinder nach einer Tabellenmethode durch Zusammenlesen alphabetisierte und großen Wert auf das mechanische Memorieren des Katechismus' legte, womit die Aufklärer nicht übereinstimmen konnten. Kaunitz' adlatus Binder wurde nach Gérard van Swietens Tod in die Staatskanzlei, aber mit dem Gehalt des Staatsrats-Referendars, zurückversetzt, wo er die Teilung Polens auf der Grundlage von van Swietens Berichten aus Berlin zu leiten hatte[8]. Binder war von der Reformpartei dafür vorgesehen, eine Zeitschrift für das Erziehungswesen herauszugeben und mit ihr die große theresianische Unterrichtsreform zu begleiten. Das erübrigte sich: Kreßl durfte nur das theologische Studium auf den Universitäten reformieren. Er, der dem Kreis um Seibt in Prag angehörte, übertrug die Durchführung der Reform des theologischen Studiums an Stephan Rautenstrauch, Abt des Benediktiner Doppelklosters Brensov-Braunau. Unter dem Einfluss von Kaunitz' Ideen für die Reform der Klöster wendete sich Rautenstrauch in seinem „Entwurf einer besseren Einrichtung theologischer Schulen" von dogmatisch-theologischen Streitfragen ab und legte den Schwerpunkt auf das Wesentliche des Christentums.

[7] Wolfsgruber, Migazzi, S. 183–184.

[8] G. Klingenstein, E. Faber und A. Trampus (Hg.), Europäische Aufklärung zwischen Wien und Triest. Die Tagebücher des Gouverneurs Karl Graf Zinzendorf 1776–1782, 4 Bd., Wien, 2009, hier: 2, S. 159: „Le partage de la Pologne c'est le cabinet de Binder qui l'a dicté", Eintragung vom März 1778, im weiteren: TBZ.

Daraus ergaben sich viele Gemeinsamkeiten mit dem Protestantismus. Rautenstrauch übernahm die Kritik des protestantischen Professors der Philosophie und Dichters Christian Fürchtegott Gellert in Leipzig an dem herkömmlichen Religionsunterricht als Auswendig-Hersagen von Phrasen, denen alle Begriffe und Bezüge zum Leben abhandengekommen waren. Die neuen Theologen wurden unter seiner Ägide in der Führung eines sokratischen Gesprächs unterwiesen.[9] Das verlieh der theresianischen Unterrichtsreform zweifellos den Charakter einer echten Reform. Aber der Kern der jansenistischen Doktrin: die Erbsündenlehre in ihrer rigorosen Form, musste selbstverständlich beibehalten werden.

Es blieb Gottfried van Swieten als Reformator des Unterrichts unter Joseph II. vorbehalten, die sokratische Methode in allen Schulen einzuführen und durch die Einführung humanistischer Vorstellungen auch in der Moral das Reformwerk der theologischen Studien zu vollenden. Davon abgesehen lieferte jedoch der „gründliche, auf dem Rautenstrauchschen Studienplan fußende theologische Unterricht“ die wesentliche theoretische Grundlage und unverzichtbare Voraussetzung für die aufgeklärten Kirchenreformen der Habsburgerreichs.[10]

6.2. Josephs Konservativismus

Die Mattheit der theresianischen Morgenröte nach Gérard van Swietens Tod wurde durch den Mitregenten verstärkt, der sich weigerte, die von Maria Theresia gewünschte Einführung der Robotabolition als Landesgesetz mitzutragen. Weil die Arbeit an dem böhmischen Robotpatent stockte, erhoben sich die Bauern gegen ihre Herren im Jänner 1775. Zwei Generäle, die Grafen Olivier von Wallis und Chevalier d'Alton, hatten „nach eigenem Ermessen Lokaluntersuchungen [zu] pflegen, [und] die Beobachtungen der Robotgesetze [zu] kontrollieren“.[11] Eine Sonderkommission wurde aufgestellt, deren Beisitzer die Urbarialkommissäre der Kreise waren. Maria Theresias „Sozialpolitiker“ Franz Anton Ritter von Blanc revidierte unmenschliche Kontrakte zwischen Leibeigenen und Herren und drohte schließlich in einem *votum separatum* mit dem Ansuchen um seine Entlassung, wenn den Ständen nicht die Abschaffung der Leibeigenschaft und Einführung der Erbpacht *jure regio* durch die Landesfürstin vorgeschrieben würde. Er beharrte darauf, dass „wechselseitiges wahres Interesse zwischen Obrigkeit und Untertan“ mit der Leibeigenschaft nicht kompatibel sei. Worauf es an-

---

9 Müller Josef, Der pastoraltheologische Ansatz in Rautenstrauch's *Entwurf zur Einrichtung der theologischen Schulen*, in: Wiener Beiträge zur Theologie, XXIV, 1969, S. 151: „Man muss […] gelernt haben, wie die Religionssätze und Lehren zu zergliedern seien, damit man den Kindern nicht nur bloße Wörter in das Gedächtnis lege, sondern sie vielmehr unvermerkt zum Nachdenken angewöhne […]“.

10 Wangermann, Aufklärung, S. 34.

11 Grünberg, Franz Anton von Blanc, S. 47.

komme, sei die Berichtigung der Landeskonstitution durch die Abschaffung der Leibeigenschaft, damit das, was auf den Gütern der Krone durchgeführt wurde, zur allgemeinen Regel werde und die von ihm ausgehandelten Erleichterungen der Bauern auf den Herrengütern nicht mehr rückgängig gemacht werden könnten.[12] „Wenn nicht bei den bevorstehenden Beratungen [über Leibeigenschaft und Reduktion der Robot] die Notwendigkeit einer Änderung der ländlichen Verfassung anerkannt" werde, müsste Maria Theresia auf seine Dienste verzichten[13]. Blanc setzte auf Josephs Zustimmung und deutete seinen adeligen Vorgesetzten gegenüber an, sie läge bereits vor, wozu er sich durch den offenen Brief Gottfried van Swietens an Marmontel von 1767 ermächtigt fühlte. Das war „frech", denn tatsächlich war Joseph von seinem Vertrauensmann Hatzfeld bereits davon überzeugt worden, dass die Entfernung Blancs kein großer Verlust für den Dienst wäre[14]. Blanc erhielt seine Entlassung, weil Maria Theresia auf Josephs Unterstützung nicht zählen konnte, und sie ohne diese die Realisierung von Blancs Perspektiven für unrealistisch hielt. Er wurde mit Beibehaltung seiner Bezüge von seinem Posten entfernt und nach Konstanz versetzt.[15] Kaunitz' Haltung in dieser Frage ist nicht erforscht.[16] In einem Brief an Leopold, den Arneth nicht, und Fejtö erstmals 1953 publizierte, und an den Wangermann anlässlich der Jubiläumstagung 1980 erinnerte,[17] trat Joseph für die Interessen der Fronde ein, mit dem Argument: es sei noch nicht Zeit für die Abschaffung der Leibeigenschaft, die Kreisämter seien noch nicht entsprechend eingerichtet und sei „der Unterthan in seiner Stützigkeit" noch zu unbiegsam.[18] Er ließ bewusst die Gelegenheit verstreichen, die Bauern durch ein öffentlich kundgemachtes Landesgesetz aus der Leibeigenschaft zu befreien, sodass nichts anderes übrig blieb, die allgemeine Einführung zur Hebung des Bauernstandes nach den Ideen Schierendorffs und Blancs aufzugeben, die Herrengüter unangetastet zu lassen und „nur" durch den Hofrat von Raab die Erbpacht auf den Exjesuiten-Gütern einführen zu lassen.

12 Ebd., S. 52–53.

13 Ebd., S. 54.

14 Ebd., S. 57.

15 Szabo, Kaunitz, S. 177–178.

16 Ebd., S. 177: „Blanc made every effort to win over Kaunitz".

17 Joseph an Leopold, 16.1.1777, zitiert nach: F. Fejtö, Un Habsbourg Révolutionnaire, Joseph II., Paris, 1953, S. 140.

18 Joseph Nota, „Gutachten über Robotangelegenheiten", 18.1.1777, zitiert nach: Franz A. J. Szabo, Prolegomena to an englightened despot? Text and Subtext in Joseph II's Co-Regency Memoranda, in: F. A. J. Szabo, A. Szántay, István György Tóth (Hg.), Politics and Culture in the Age of Joseph II. [PCJII], Institute of History Hungarian Academy of Sciences, Budapest, 2005, S. 21.

6.3. Humanisierung der Strafjustiz

In seinem Kommentar zu Waltraud Heindls Darstellung der Entwicklung der Bürokratie hat Wangermann angemerkt, die Vernachlässigung der mit der Gründung des Staatsrats verfolgten Absicht, führe Prof. Heindl dazu, die reformorientierten Elemente in der Bürokratie zu ignorieren; wenig oder gar nichts von Kaunitz' ehrgeizigen Reformzielen würde jedoch verwirklicht worden sein, wenn es nicht zum Beispiel die *vota separata* Blancs, die Josephs Zustimmung zu der Abschaffung der Leibeigenschaft durch die Reform der Landtagsverfassung voraussetzten, und das *votum separatum* Sonnenfels' gegeben hätte.[19] Sonnenfels' *votum separatum* ist tatsächlich berühmt geworden. Zusammen mit Kaunitz setzte er bei Maria Theresia eine Reform durch, die sie zunächst nicht beabsichtigt hatte. Er fuhr fort, über den Grundsatz von der Abschaffung der Folter auch dann disputieren zu lassen, als Maria Theresia von ihm verlangte, dass er sich in seinen Vorlesungen an der von ihr 1769 beschlossenen Normierung der Folter orientieren solle. Lehrfreiheit hatte sie ihm gewährt, er nahm sie jetzt gegen diesen Befehl für sich in Anspruch und rechtfertigte sich ihr gegenüber mit dem Argument, er fahre fort, Gesetze nach Normen zu messen und glaube zuversichtlich, dass sie selbst eine Änderung der Normierung der Folter wünsche. Als Kaunitz bei Maria Theresia die Schaffung eines Lehrstuhls für Beccaria durchsetzte, war das das Signal für die Aufnahme der Beratung über die Folter, die bald darauf erfolgte. Sonnenfels verfasste zwar sein *Votum separatum* für die Abschaffung der Folter, blieb aber mit ihm innerhalb der Regierungsgremien in der Minderheit. Weil sich im Staatsrat eine schwache Mehrheit für die Abschaffung der Folter aussprach,[20] entschloss er sich dazu, seine Verschwiegenheitspflicht zu brechen und die Taten seiner Fürsten an dem Tribunal der Öffentlichkeit messen zu lassen. Er publizierte mit einem auswärtigen Druckort (Zürich) sein *Votum Separatum* unter dem Titel: *Über die Abschaffung der Tortur* und setzte damit bewusst die öffentliche Meinung als Waffe ein, um auf die Regierung Druck auszuüben.[21] Das Votum wurde noch 1775 in die italienische Sprache übersetzt und publiziert. Dass die Folter wenige Jahre nach ihrer Normierung in dem neuen Strafgesetz 1776 abgeschafft wurde, war nicht zuletzt jener Reforminitiative Sonnenfels' als eines Beamten aus der mittleren Ebene zu verdanken, die den Faktor der aufgeklärten öffentlichen Meinung erfolgreich in das politische Spiel brachte.[22]

---

19 Ernst Wangermann, An Eighteenth-Century Engine of Reform, in: AHY, 37, 2006, S. 60.

20 Arneth, GMT, 9, S. 212.

21 Ernst Wangermann, Reform Catholicism, S. 135 "to act as a lever applying pressure to government".

22 Wangermann, An Eighteenth-Century Engine, in: AHY, 37, 2006, S. 60: "That it (Torture) was abolished within merely a few years of the Nemesis Theresiana coming into force was due

6.4. Die Schaffung der toleranten österreichischen Staatskirche

Maria Theresia transmigrierte, wie ihr Vater, Kryptoprotestanten aus ihren katholischen Ländern nach Siebenbürgen, allerdings eifriger als er, weil sie ein Spitzelsystem einrichtete, und Anzeiger von Kryptoprotestantismus belohnte. Die Fragwürdigkeit dieser Methode wurde von der Regierung erst erkannt, als einige katholische Familien des aus 387 Familien bestehenden Marktes Stadl in Innerösterreich[23] sich in einer Petition als „evangelisch" bekannten – aus Empörung über die Bekehrungsmethoden der Volksmissionare an Stadler Kryptoprotestanten.[24] Reformkatholiken in der Regierung wie Leopold Ernst von Firmian (Bischof von Seckau seit 1739 und ab 1763 von Passau), Wolf von Stubenberg (Gubernialrat in der innerösterreichischen Regierung) und der Staatsrat Kreßl stellten den Nutzen der Transmigrationen vor dem Thron in Frage.[25] Der äußerst heftige Bauernaufstand in Böhmen 1777 unterstützte ihre Argumente: über zwei Dutzend Schlösser wurden vernichtet, zugleich mit Bildern, Altären und Denkmälern der verhassten römischen Religion.[26] Der Aufstand richtete sich klar auch gegen die Bedrückungen der Kirche.

6.4.1. Der römische Hof greift ein

Der römische Hof – seit jeher ein Feind der jansenistischen Lehre wie auch der neuen wissenschaftlichen Erkenntnisse, die den Glauben an die Existenz eines gütigen Gottes bestärkten und den Glauben an die Existenz des Teufels schwächten – ergriff im Jahr des Bauernaufstands in Böhmen die Initiative, um Druck auf die Fürstin auszuüben, den abgeschafften Jesuitenorden wieder einzuführen: „Sono gia inteso col sig. Cardinale arcivescovo" berichtete der Nuntius Giuseppe Garampi am 19.5.1777 nach Rom.[27] In Böhmen im Sinne des römischen Hofes zu wirken, war wegen des Aufstands nicht möglich. Garampi und Migazzi wirkten

---

not least to a reform initiative by a middle-ranking official, who brought the factor of enlightened public opinion into play."

23 Im südwestlichen Teil der heutigen Steiermark.

24 Pörtner, Die Kunst des Lügens, S. 406–7.

25 Ebd., S. 408

26 Reinhold J. Wolny, Die josephinische Toleranz unter besonderer Berücksichtigung ihres geistlichen Wegereiters Johann Leopold Hay, in: Wissenschaftliche Materialien und Beiträge zur Geschichte und Landeskunde der böhmischen Länder, Bd. 15 (1973), München, S. 39, mit Berufung auf die Forschungen des tschechischen Historikers A. Rezek

27 Der Nuntius G. Garampi an den Kardinalstaatssekretär Graf Pallavicini, 19.5.1777, zitiert nach: Umberto dell' Orto, La nunziatura à Vienna di Giuseppe Garampi 1776–1785, Città del Vaticano, 1995, S. 108.

daher auf das Konsistorium zu Olmütz in Mähren ein, das im gleichen Jahr „Religionswirren“ organisierte, um die Verlegenheit der Regierung zu vermehren und sie zur Wiedereinführung des Jesuitenordens zu bewegen. Zwei Exjesuiten brachten Verwirrung in die Gemüter der Bauern und Handwerker in Mähren, indem sie ganze Dorfgemeinden aufforderten, „sich offen zum lutherischen Glauben zu bekennen“, weil Maria Theresia das Toleranzpatent bereits erlassen habe.[28] Nun bekannten sich ganze Dörfer in Mähren, an die 25.000 Menschen, öffentlich zum evangelischen Glauben, in der Zuversicht, sich dadurch nicht strafbar zu machen. Militärische Assistenz und rigorose Inquisition mit anschließender massenhafter Transmigration schien jetzt das einzige, zu empfehlende Mittel zu sein.[29] Maria Theresia konnte die Geistlichen nicht vor ihre Gerichte stellen, „das mährische Gubernium erhielt den Befehl, den Fall zu untersuchen, die „Verführer“ in Gewahrsam zu bringen und die „überwiesenen Verbrecher“ nach den politischen Gesetzen, das heißt: nach den gegen die Anstifter zum Abfall von der katholischen Religion gerichteten Strafpatenten zu bestrafen“.[30]

6.4.2. Erste Toleranzstufe

Wangermann schreibt es der Verbreitung der Toleranzideen der Aufklärung zu, dass der Befehl zu der Bestrafung der Anstifter zum Abfall von der katholischen Religion auf entschiedene Ablehnung innerhalb der Regierung stieß, sodass er nicht nur zurückgenommen, sondern das Gegenteil des vom römischen Hof Beabsichtigten angeordnet werden musste. Wie bei der Inangriffnahme der großen *remedur* 10 Jahre zuvor gab der römische Hof den Ausschlag dafür, dass die *remedur* damals eingeleitet und jetzt fortgesetzt wurde. Joseph war gerade von seiner Frankreichreise zurückgekehrt, wo er auf seiner Rückreise Voltaire ausgewichen war, aber den protestantischen Dichter, Verfasser politischer Romane und Berater der Berner Stadtregierung Albrecht von Haller, besucht, sich mit ihm eine Stunde lang unterhalten und seine Bibliothek zur Förderung der Intelligenz seiner Staaten erworben hatte. Er und Kaunitz waren neben Kreßl im Rat der Krone die prominenten Befürworter einer milden Behandlung der von den Exjesuiten zum Abfall vom katholischen Glauben angestifteten Bauern.

Kaunitz ergriff jetzt erstmals die Gelegenheit, bei 25.000 zu rekatholisierenden evangelischen Bauern und bei dem Aufstand der Bauern in Böhmen gegen ihre

---

[28] Wangermann, Emigration, S. 80.

[29] Wolny, J.L. Hay, S. 41–42, mit Berufung auf Frantisek Bednar (Hg.), Zápas moravskych evangeliku o nabozenskou svobodu v letech 1777–1781 (Der Kampf der. mährischen Evangelischen um Religionsfreiheit 1777–1781) in: Quellen zur Geschichte des Toleranzpatents, Prag, 1931, Anhang, Nr. 1, S. 225.

[30] Wangermann, Emigration, S. 80–81, mit Berufung auf Wolny.

weltlichen und geistlichen Unterdrücker grundsätzliche Kritik an der konfessionellen Einförmigkeit zu üben: Wenn die Erkenntnis des wahren Glaubens eine Sache Gottes sei, die durch geistliche Überzeugungsgründe befördert werde, könne man nicht verstehen, wie man jemals Karl VI. und Maria Theresia das Erlassen von Patenten zur Herstellung der konfessionellen Einförmigkeit habe anraten können, was Bekehrung durch Zwang voraussetzte. Ausdrücklich stellte er fest, die von Karl VI. und Maria Theresia unterschriebenen Patente widersprächen der Vernunft: „indem Menschen durch Forcht und Zwang anders denken und glauben machen zu wollen, als sie denken oder glauben zu sollen erachten, vernünftiger Weise sich niemand beygehen laßen kann".[31]

Furcht und Zwang beförderten nur die Kunst des Lügens, Überzeugung lasse sich nicht erzwingen. Erwiesen sei, dass die Emigration dem Landesfürsten schade, wie das Salzburger Beispiel zeige. Sei aber emigrieren keine Option und transmigrieren gleichfalls *unthunlich*,

> [...] so bleiben keine andern Mittel übrig, als eines Theils eine mehr oder minder beschränkte politische Toleranz [einzuführen] und andern Theils die anzuhoffenden gedeyhlichen Wirkungen eines bescheidenen apostolischen Eifers der Geistlichkeit und ihres mit christlicher Liebe begleiteten auferbaulichen Betragens [zu erwarten].[32]

Die Gegenposition im Rat der Krone zu der Einführung einer beschränkten politischen Toleranz vertrat der böhmisch-österreichische Hofkanzler Graf Clary. Er verlangte „die heilsame mäßige und gerechte Bestrafung wenigstens der offenbar[en] Übertretungen politischer Gesetze nach einer 5 Monate dauernden, in keiner Geschichte der Welt anzutreffenden, unfruchtbaren Langmuth, und einer solchen Milde", also das Ende der milden Behandlung der ihre Rekatholisierung verweigernden Evangelischen und den Übergang zu ihrer Behandlung auf die gegenreformatorische Art, das ist mit Stockschlägen, Festungshaft, Zwangsarbeit und massenhafter Transmigration.[33]

Kaunitz und Joseph arbeiteten in dieser Phase zusammen. Sie waren die beiden Urheber des Dekrets vom 14.11.1777 mit der Vorschreibung von Kaunitz' Grundsätzen zur Beachtung im Umgang mit den 25.000 mährischen Nicht-Katholiken. Dieses Dekret an die Hofkanzlei,[34] das Maria Theresia signierte, stellte „einen grundlegenden Wendepunkt der österreichischen Kirchenpolitik

---

31 Kaunitz' Vortrag vom 18.10.1777, zitiert nach: Wangermann, Emigration, S. 81 mit Berufung auf Maaß.

32 Kaunitz' Vortrag vom 18.10.1777, zitiert nach: Maaß, 2, S. 221.

33 Abschrift der Note des Grafen Clary vom 27.10. zu Kaunitz' Vorträgen vom 18. und 21.10.1777, zitiert nach: Abschrift der Staatsratsakte 2054, S. 5 in: KA, StR/A, K 2, KV 1777.

34 Wolny, J. L. Hay, S. 115–117. Wangermann, Zur Frage der Kontinuität, in: ÖEA, 2, S. 949, Fußnote 17: „Seite 56 bezeichnet Wolny die allerhöchste Resolution vom 14. November 1777 irrtümlich als Patent."

dar“ und ist zurecht als „Vorläufer des Toleranzpatents bezeichnet“ worden.[35] Es handelte sich um eine beschränkte Toleranz, die all jenen „Irrgläubigen“ zugutekam, „die sich ruhig, friedsam und den übrigen Pflichten ihres Standes gemäß verhalten“, und die ohne „Publizität“ lediglich „in ihren eigenen Häusern jeder für sich oder auch mehrere zusammen ihre Andachts-Übungen pflegen“,[36] was nach Kaunitz nur die erste Toleranzstufe war, nach der andere Toleranzstufen erklommen werden mussten.

6.5. Die „tolerante Mission“ Maria Theresias

Jetzt erst gab Maria Theresia der milden Bekehrungsart eine echte Bewährungschance.[37] Sie errichtete eine „tolerante Mission“ zur Überwachung der milden Rekatholisierung der 25.000 „irrenden Brüder“. Kaunitz riet, Maria Theresia möge nur ja keinen von Migazzi empfohlenen Geistlichen zu dieser toleranten Mission wählen.[38] was ein indirekter Hinweis dafür sein könnte, dass Migazzi in die Aktion der Olmützer Exjesuiten unmittelbar involviert war. Nach dem Zeugnis eines „toleranten Missionars“ war das Olmützer Konsistorium gänzlich vom Geist der Ex-Jesuiten beherrscht.[39] Maria Theresia trug daher den von ihr und Kaunitz ausgewählten drei geistlichen „toleranten Missionaren“ (Wittola, Hay, Kindermann) auf, die Olmützer Geistlichen bei der Rekatholisierung der 25.000 Evangelischen zu kontrollieren. Wie kritisch die Situation war, kann daran gemessen werden, dass Wittola in großer Eile am 1.6.1777 nach der Audienz bei ihr gemeinsam mit Kindermann Wien noch während der Nacht verließ. Die Geheimhaltung der Abreise erwies sich als notwendig: „Die (Ex)jesuiten wussten einige Tage lang nichts von meiner Abreise. Nachdem sie davon erfuhren, waren sie tief getroffen und unermüdlich bestrebt, die Sache zu übertreiben und durch die ganze Stadt wie im Triumph auszuschreien, dass der Abfall von halb Mähren vom Glauben eine der

[35] Wangermann, Emigration, S. 82. Grete Klingenstein, Karl Graf Zinzendorf, Erster Gouverneur von Triest 1776–1782, Einführung in seine Tagebücher, TBZ, 1, S. 143.

[36] Wangermann, Emigration, S. 82 mit Berufung auf Maaß.

[37] Ernst Wangermann, „1781 and all that: Toleranz und Toleranzdiskussion im Jahrzehnt Josephs II“ in: Jb 2001 öG18, Bd. 16, S. 85.

[38] Wittola an Dupac, Propstdorf, 28.10.1777, zitiert nach: RiT/6, S. 57: „On prétend avec assez de vraisemblance que S. M. ayant sur ce dernier article demandé l'avis de M. de Kaunitz, ce prince ne lui a fait là-dessus que cette remarque de n'y point envoyer aucun prêtre recommandé par le cardinal Migazzi. Le 1er du mois de juin j'ai eu une estafette qui m'appelait à Vienne par les ordres de la cour.“

[39] Wittola an Dupac, Propstdorf, 28.10.1777, zitiert nach: ebd., S. 577f: „Nous les avons bien préparés à une future conversion véritable et durable; leur ayant procuré de bons prêtres, de bonnes écoles et de bons livres et la précieuse liberté de lire l'Ecriture sainte. C'est ce qui nous a le plus couté, tout le chapitre et le consistoire d'Ollmütz était très prévenu des préjugés pharisaiques des Jésuites contre la parole de Dieu.“

schönen Folgen der Abschaffung ihres Ordens sei".[40] Demzufolge handelte es sich um eine Exjesuiten-Fronde gegen die Auflösung ihres Ordens, bei der Migazzi und der Nuntius gemeinsam mit dem Olmützer Konsistorium Regie führten.

Das Olmützer Konsistorium wurde als Zentrum der Aktion, die Maria Theresia zur massenhaften Transmigration provozieren hätte sollen, ausfindig gemacht: vom 4. bis 19.12.1777 ordnete Maria Theresia eine Untersuchung durch Heinke und Wittola in Olmütz an. Schon am 4.1.1778 teilte Garampi nach Rom mit, traurig und schmerzhaft seien die Nachrichten, die er über Maria Theresias Entschließungen hinsichtlich der „Religionswirren in Mähren" zu berichten habe.[41] Der römische Hof hatte die „Wirren" provoziert, aber das Gegenteil jener Reaktion erwartet, die sich nun tatsächlich ereignete. Maria Theresia übersetzte am 24.5.1778 das Priesterseminar und die Universität von Olmütz in das neue Olmützer Suffraganbistum in Brno.[42] Sie schuf dort ein Zentrum der jansenistischen Doktrin. Die Sache der Wiedereinführung des Jesuitenordens, um zum konfessionellen Absolutismus zurückzukehren, hatte damit eine empfindliche Niederlage erlitten.

6.6. Überwindung zweier gegenreformatorischer Initiativen

Gottfried van Swieten, das Aushängeschild einer von der „Philosophie" geprägten Toleranzkirche, kehrte aus Berlin nach Wien zurück. Seine Rückkehr ordnete Kaunitz 1777 an, damit er die Nachfolge seines Vaters als Präfekt der Hofbibliothek antrete. Er meinte, Gottfried van Swieten habe ihm auf der Galeere der Diplomatie schon lange genug gedient,[43] erlaubte ihm, seine Rückreise auf dem Umweg über Dessau mit dem Besuch des berühmten Philantropins dort anzutreten, zog aber diese Erlaubnis zurück und kündigte ihm persönlich an: „LL. MM. II. pourront vous occuper peut être même encore d'autres objets analogues à vos gouts et à vos connoissances".[44] Ihre Majestäten könnten ihn vielleicht für Dienste analog zu seinem Geschmack und seinen Kenntnissen, also zur Einführung der

40 Wittola an Dupac, Propstdorf, 28.10.1777, zitiert nach: ebd., S. 576: „Les (Ex)Jesuites ignoraient mon départ de Vienne quelque peu de jours. L'ayant su et frappé d'une telle nouvelle il ne savaient quoi dire [...] il ne se sont lassés d'exagérer la chose et de crier par toute la ville comme en triomphe que la defection de la moitié de la Moravie est un des beaux effets de l'abolition de leur société."

41 Garampi an Pallavicini, Wien, 4.1.1778, zitiert nach: Dell'Orto, Garampi, S. 117.

42 Ebd., S. 116–7: „ Wittola e Heinke [...] proposero il trasferimento delle sedi (seminaro e università) a Brno; questa proposta fu fatta propria de Maria Teresa con un decreto del 24 maggio 1778".

43 „Il y avoit assez longtems que je vous tenoit dans cette galère: Et il m'a parû[sic] juste de vous en retirer": Kaunitz an Gottfried van Swieten, Wien, 5.4.1777, in: STK/Preußen, Karton 59, KV: „ 1777 Berichte, nicht mitzutheilen", fol 7r.

44 Kaunitz an van Swieten, Wien, 167.4.1777, in: ebd., KV: „1777 Weisungen", fol. 6r.

Toleranz, brauchen. Van Swieten hatte in Berlin die Teilung Polens zwischen Österreich und Preußen ohne Krieg verhandelt. In der Regel führe die Absicht der Aufteilung eines Gebiets zum Krieg (zwischen den Aufteilern), wir haben sie gemacht und den Krieg vermieden,[45] lautete der Kommentar Friedrichs II. in einer ungewöhnlich langen Abschiedsaudienz, in der sich Friedrich II. genau über den Rückweg van Swietens nach Wien informierte.

Preußen verhinderte den Antritt des bayerischen Erbes durch Österreich. Es erklärte ihm den Krieg, und Maria Theresia entschloss sich nach dem ersten Feldzug dazu, den Frieden mit Friedrich um fast jeden Preis zu schließen. Kaunitz machte dabei nicht mit. Auf seinen ausdrücklichen Wunsch entfernte sie ihn von der Führung der Friedensverhandlungen, die nun Philipp Cobenzl übernahm, der als Kaunitz' „Vize“ aufgebaut wurde. Der Freiherr Binder wurde von der Staatskanzlei abberufen und Kaunitz zum *adlatus* für besondere Aufgaben gegeben. Damit bereitete Maria Theresia vor, dass Kaunitz mit Binder die geplante Einführung des Toleranzedikts zu überwachen hatte.

Maria Theresia beauftragte Martini als Referenten der Studienkommission und die beiden geistlichen Lehrer Bertieri und Gazzaniga mit der Revision des 4-bändigen Rieggerschen Kirchenrechts im Sinne der römischen Positionen.[46] Martini trat mit Heinke und mit den beiden gelehrten Mönchen bei Migazzi zusammen, mit dem Ergebnis, dass in das Rieggersche Kirchenrecht eingefügt wurde, der Papst sei nur unfehlbar, wenn er „ex cathedra“ spreche. Martinis These von der persönlichen Unfehlbarkeit des Papstes räumte dem Papst theoretisch das Recht ein, die geplante Dekretierung der Toleranz zu annullieren. Das im römischen Interesse revidierte Kirchenrecht Martinis wurde 1779 von Migazzi gedruckt, ohne es der theologischen Fakultät zur Zensur vorzulegen. Auf Rieggers Nachfolger im Kirchenrecht, Valentin Eybel, wurde Druck ausgeübt, dass er Martinis Revision in den Vorlesungen vertrete. Eybel lehnte das ab. Er hatte selbst ein Lehrbuch nach Rieggers Thesen verfasst, das mit Billigung seiner Vorgesetzten, Heinke und Stephan Rautenstrauch gedruckt worden war. Weil er sich weigerte, seine Lehrsätze an Martinis/Migazzis Änderungen im Kirchenrecht anzupassen,[47] entfernte ihn Maria Theresia von seiner Lehrkanzel, beförderte ihn zum Regierungsrat in Linz und besetzte seine Lehrkanzel mit einem anderen Riegger Schüler, Joseph Johann Nepomuk Pehem. Martinis gedruckte Kirchenrecht-Revision schickte sie zur Zensur sowohl an den Direktor der theologischen Fakultät Rautenstrauch als auch an den Direktor der juridischen Studien Heinke. Deren einstimmiges Gutachten lautete: „Martinis ex-cathedra-Formel sei eine „veraltete und gar keinen

45 Gottfried van Swieten an Kaunitz, Berlin 11.10.1777 in: ebd., KV: „1777 Berichte Frh. van Swieten vom 4.1. bis 11.10.1777“, fol. 181r: „pour éviter la guerre nous avons fait un partage qui d'ordinaire ne sert qu'à faire naître la guerre.“

46 Wangermann, Matte Morgenröte, in: Walter Koschatzky (Hg.), Maria Theresia und ihre Zeit, Residenz Verlag, Salzburg, 1979, S. 69–70.

47 TBZ, 2, S. 481, Eintragung vom 10.8.1779.

vernünftigen Begriff habende phrasin" (= Phrase)".[48] Die übernatürliche Gabe der Unfehlbarkeit der ganzen heiligen lehrenden Kirche war nicht dem Papst allein von Gott verliehen worden. Aufgrund dieser Gutachten verbot Maria Theresia den Verkauf von Martinis Kirchenrecht-Revision und ordnete ihre Umarbeitung unter Rautenstrauchs Aufsicht an. Eybels Kirchenrecht wurde zugleich ins Deutsche übersetzt und frei verkauft.

Migazzis weltliches Pendant war Graf Clary, den Maria Theresia zum obersten Zensor ernannt hatte, als sie erfuhr, dass die Prager Zensurkommission sich dem Einfluss der Wiener entzog.[49] Clary brachte den Zensor und angesehen Professor Seibt als Aufklärer vor Gericht und verfügte in Prag die Beschlagnahmung von protestantischen Büchern wie Schillers und Lessings Werke, deren Lektüre Seibt seinem Auditorium empfohlen hatte. Die Empörung der Toleranzpartei darüber stärkte Gottfried van Swieten, indem er, wie vor ihm Sonnenfels, den Druck der öffentlichen Meinung auf Maria Theresia erhöhte. In Schlözers „Briefwechsel" wurde Clarys Vorgehen in Prag gegen die von Seibt den Studenten empfohlenen Werke als „Buchinquisition" angeprangert.

Über die Kritik an seiner Bücherbeschlagnahmung im „Schlözer" rächte sich Graf Clary durch eine Verleumdung Gérard van Swietens, der in der Zeit der theresianischen Reformation die Verantwortung für gewagte Publikationen, wie der Publikation des *Belisaire* in allen seinen Ausprägungen auf sich genommen hatte. Der Schriftsteller Johann Rautenstrauch kompilierte sehr wahrscheinlich in seinem Auftrag eine Biographie Maria Theresias, in der er Gérard van Swieten als intoleranten Bücherverbrenner denunzierte. Gottfried van Swieten nahm dazu folgendermaßen öffentlich Stellung: sein Vater habe Zauberei, Bigotterie, Vampirismus nach dem Willen Maria Theresias bekämpft, aus Überzeugung von der Schädlichkeit der Wirkung des Aberglaubens auf das Volk. Das Verbrennen von Büchern habe sein Vater niemals angeordnet. Als Präfekt der Hofbibliothek habe er Bücher, die den Teufelswahn nährten, niemals aus den Beständen dieser Bibliothek verbannt. Rautenstrauch möge sich in die Hofbibliothek begeben und dort die Menge alchimistischer, zauberischer und abergläubischer Literatur einsehen. Der Grundsatz seines Vaters war, sowohl das Gute als auch das Schlechte der Literatur müsse für die Gelehrten archiviert werden, weil die Bibliothek ein Ort sei, in dem Torheiten und Glanzstücke des menschlichen Geistes in gleicher Weise aufbewahrt werden mussten. Daher sollte jeder Benützer nach seinen eigenen geistigen Kräften selbst ein Urteil fassen und sich bilden.[50] In dieser Stellungnahme, die publiziert wurde, verlangte van Swieten eine öffentliche Entschuldigung

48 Wangermann, Matte Morgenröte, S. 70.

49 Clary war laut Hof und Staats Schematismus [...], 1778, S. 108 böhmischer und österreichischer Vizekanzler und Präses der Bücherzensurkommisssion.

50 Realzeitung oder Beyträge und Anzeigen von gelehrten und Kunstsachen, 2. Stück vom 11.1.1780, S. 17–19: „Nachfolgendes Schreiben ist uns von dem Freiherr van Swieten k.k. Hofbibliothekar eingesendet worden" [...] Wien, 29.12.1779.

Rautenstrauchs, die, als sie nicht erfolgte, eine Rezension der sogenannten Originalbiographie Maria Theresias hervorrief, in der gegen ihren Verfasser Rautenstrauch der Plagiatvorwurf erhoben und begründet wurde. Die Publikation der Rezension wurde von der Zensur genehmigt.[51] Johann Rautenstrauch verfasste ein Majestätsgesuch, um die Rückgängigmachung dieser Zensurentscheidung zu bewirken. Maria Theresia delegierte jetzt ihre Entscheidung über Clarys Vortrag der Rautenstrauch-Bitte an Kaunitz' adlatus Binder, der in der „Remedur“-Zeit als Staatsrat-Referendarius die Hauptlast der Durchführung der Reform übernommen hatte. Sie mutete Binder jetzt zu, wie früher als Staatsrat-Referendar, ohne jedoch die Meinung der Staatsräte einzuholen, ihr auf Clarys Vortrag die Resolution vorzuschlagen. Binder schlug vor, die landesfürstliche Überparteilichkeit in einem Streit, der durch die Publizistik ausgetragen wurde, am besten durch eine Lockerung der Zensur zu wahren: Würde man Johann Rautenstrauchs Bitte positiv erledigen, treffe man Verfügungen, die den Vorwurf einer zu strengen Zensur rechtfertigen würden. Es sei daher am besten, auf Clarys Vortrag folgendes zu resolvieren:

> Es ist eine Verwegenheit des Rautenstrauchs, dass er mich in seine privat Händel einmischen will. Sind die ihm vom Riedel gemachten Vorwürfe gegründet, so hat er solche und noch ein Mehreres verdienet. Sind sie nicht gegründet, so zeige er es dem Publico und beschäme dadurch seinen Gegner als einen Verläumder. Diese Meine Resolution ist beyden Theilen bekannt zu machen und der Verkauf des Riedelschen Drucks ohne alles Bedenken zu gestatten.[52]

Maria Theresia unterschrieb diese ganz nach Kaunitz' Geschmack verfasste Resolution und ließ sie in der Realzeitung publizieren.[53] Graf Clary reichte noch unter Maria Theresia ein schriftliches Ansuchen um seine Dispensirung vom Vorsitz der Zensurkommission ein, worauf Joseph im Februar 1781 selbst verwies.[54] Wie Maria Theresia darauf reagierte, sollte erforscht werden.

---

51 Ihr Titel lautete: „Nöthige Beylage zu der Rautenstrauchischen Biographie Marien Theresens Auf Verlangen vieler Patrioten Deutschlands herausgegeben von Friedrich Just Riedel k.k. Rathe und Mitgliede der k.k. Akademie der bildenden Künste, Wien, bey Joseph Edlen von Kurzböck, 1780“.

52 Binders Vortrag vom 28.1.1780 „Die Zwistigkeiten zwischen Riedl und Rautenstrauch wegen der von dem letzteren verfassten Biographie Ihrer k.k. Majestät Maria Theresia“ in: STK/Vorträge, Karton 131, KV I, fol. 134.

53 [F. J. Riedel] „Anekdote für Ausländer“, in: Realzeitung 1780, S. 111f. Vgl. Eva-Marie Loebenstein, Johann Rautenstrauch und seine Biographie Maria Theresias, in: ÖiGuL, 15. Jg., 1971, S. 29.

54 Resolution Josephs über die Staatsratsakte 124 „Die Verbesserung der Bücher-Censurs-Commission betreffend vom 7.2.1781: Zukünftige Besetzung der Bücher Censurs Commission: Präses: Graf Chotek böhmischer Hofrath [es folgen die Namen von 4 weltlichen und 4 geistlichen Zensoren und anschließend die Bemerkung] Graf Clary hat bey Ihrer Majestät der Kaiserin selbst schon um seine Dispensirung von der Censur angesucht“, in: KA Kaunitz-Voten, Karton 3, KV 1781

Das Gefecht zwischen Gottfried van Swieten und dem Grafen Clary ist von der Forschung bisher nicht im Kontext der Lockerung der Zensur durch Maria Theresia behandelt worden. Eva-Marie Loebenstein hat den Streit zwischen Rautenstrauch und Riedel, den Verfasser der Rezension, als Streit zweier „Stadtrivalen [...] um die Gunst des Publikums" dargestellt,[55] ohne Binders Rolle bei der Abfassung der Resolution zu beleuchten, geschweige denn den Text der Resolution selbst zu beachten. Riedels „unbändige Schadenfreude über die Niederlage seines „Erzfeindes"[56] reflektierte jedoch eindeutig einen Erfolg der Reformatoren in ihrem Kräftemessen mit den Konservativen, denn mit der Publikation von Maria Theresias Resolution war die Lockerung der Zensur tatsächlich eingeleitet.

6.7. Migazzis versus Kaunitz' Einfluss auf Maria Theresia

Maria Theresia erklomm jetzt die zweite Toleranzstufe: das im Staatsrat fertig beratene Toleranzedikt für Mähren enthielt das Recht zu öffentlichem Gottesdienst, also zur Bildung protestantischer Gemeinden mit der Erlaubnis der Haltung eigener Lehrer und der Dispensierung der Jugend von dem Besuch der katholischen Christenlehre. Maria Theresia war bereit, es zu unterschreiben. Kaunitz schickte das von ihm entworfene Edikt an sie mit dem Kommentar, ihr Vorfahr Maximilian II. habe in einem Brief an Lazarus von Schwendi seine Abscheu vor „dem Sengen und Brennen" als Mittel der Bekehrung ausgedrückt und gemeint: „[...] dass Religions Sachen nicht mit dem Schwerte gerichtet sein wollen" werde jeder „Ehrbare, Gottesfürchtige und Friedliebende [...] sagen". So habe Maximilian II. „in noch finstern Zeiten" gedacht,[57] in diesen aufgeklärteren Zeiten werde man endlich die von Maximilian II. praktizierte stille Duldung der Nicht-Katholiken in Österreich, Böhmen und Mähren in eine dekretierte Toleranz vorerst für Mähren verwandeln können. Joseph II. verlangte aber von Maria Theresia als Preis für seine Unterschrift unter das Patent dessen Ausdehnung auf alle Provinzen, was, wie er wohl wusste, ihrem Naturell vollkommen widersprach. Geschehe das, meinte er gegenüber Maria Theresia, willige er in die von Kaunitz vorgeschlagene Publikation ein, „sonst aber nicht".[58] Weil Kaunitz gleichfalls wusste, dass ihr das zutiefst widerstrebte, schlug er ihr wortwörtlich vor, was sie an die Hofkanzlei erlassen solle, nämlich, sie habe „die Erlassung des von dem Fürsten Kaunitz entworfenen Patents entschlossen" und ihm, Kaunitz „die Abfassung der diesem Patent gemäßen Instructionen [...] auch dasjenige,

55 Loebenstein, Johann Rautenstrauch, S. 30.

56 Ebd., S. 29.

57 Kaunitz an Maria Theresia: Vortrag vom 9.2.1780, zitiert nach: Maaß, 2, S. 241.

58 Joseph an Maria Theresia: Note zum Vortrag Kaunitz' vom 23.2.1780, zitiert nach: ebd., S. 253.

was desfalls noch weiters zu geschehen hat“, aufgetragen.[59] Mit den Worten „was desfalls noch weiters zu geschehen hat“ sollte wohl Kaunitz, der sich in dem Befehlsentwurf als Verfasser des Toleranzedikts bezeichnete, dazu ermächtigt werden, die Toleranz in Übereinstimmung mit dem Willen Josephs auf alle Länder der Monarchie auszudehnen.

Maria Theresia rief aber jetzt Migazzi, den entschiedensten geistlichen Befürworter der gegenreformatorischen Bekehrungspraxis, zu sich, der ihr, wie erwartet, vorstellte, sie dürfe den Eid, ihre katholischen Provinzen exklusiv dem katholischen Glauben zu erhalten, nicht brechen. Sich ihm als Mentor ihres Gewissens unterwerfend und ihm für „seine klare Sprach“ dankend, dachte sie jedoch nicht daran, ihr Dekret, mit dem sie die stille Duldung normiert hatte, zurückzuziehen. Sie begehrte nach Kaunitz' Rat und ersuchte ihn, ihr die Mittel zu zeigen, wie sie die Dekretierung der Toleranz ihrem Nachfolger überlassen könne. Kaunitz riet ihr dazu, geheime Nachspürungen, ob die Leute den katholischen Gottesdienst besuchten, ihre Kinder zur Kirche oder zum Religionsunterrichte schickten, gänzlich zu verbieten und in Mähren die Tätigkeit des verhassten *Judicium Delegatum*, die sie bis dahin lediglich ausgesetzt, bzw. gemäßigt hatte, gänzlich einzustellen.[60] Sie folgte seinem Rat. In dieser Phase erst bestand sie ausschließlich auf dem „sanftmüthigen Unterricht“ als dem einzigen Bekehrungsmittel, was sie wie bisher durch Propst Hay von Nikolsburg kontrollieren ließ.[61] Ihn ernannte sie zum Bischof von Königgrätz.

Als Maria Theresia 1780 in Mähren ganz ohne Drohung mit der Transmigration und somit als wahre Wohltäterin der katholischen und protestantischen Mährer regierte, sah sie sich mit der Tatsache konfrontiert, dass „fast übermütig gewordene Protestanten“ sich nach Josephs Durchreise in Mähren dazu berechtigt fühlten, die Erlaubnis des Besuchs protestantischer Gottesdienste in preußisch-Schlesien während der Osterzeit eigenmächtig durch den Import eines evangelischen Predigers in Mähren zu erweitern. Maria Theresia reaktivierte ihren Sondergerichtshof, der die Organisatoren der Einladung des Predigers rigoros untersuchte und sie mitsamt ihren Familien – insgesamt 43 Menschen – transmigrierte. Sie setzte Kaunitz durch Binder von ihren Handlungen in Kenntnis und versuchte, den Deportierten das Leben als Evangelische zu erleichtern, indem sie ihnen hundert Gulden ausbezahlen ließ, und das laut ihrer eigenhändigen Weisung an die Hofkammer mit der Begründung: „damit selbe, wo sie hinkomen [sic], anfangen können zu wirthschafften“,[62] bis sie unter Josephs Regierung zurückkehren konnten.

---

59 Kaunitz' Vortrag vom 23.2.1780, zitiert nach: ebd., S. 251.

60 Wolny, J. L. Hay, S. 65: „Die wichtigste Bestimmung des Handbillets der Kaiserin vom 8. März 1780 in der sie das Patent ablehnte, war die Aufhebung des Judicium delegatum in Brünn, das daraufhin am 10. März 1780 seine Tätigkeit einstellte“.

61 Handbillett vom 8. März 1780, zitiert nach: Arneth, GMT, 10, S. 74.

62 Wangermann, Emigration, S. 83, mit Berufung auf Arneth, GMT, 10, S. 762, Anm. 124.

Die Reaktion des Publikums auf ihren Tod hat Wangermann genau beschrieben und einleitend festgestellt, die Lust auf Kontroverse sei „der im Juni 1781 erweiterten Pressefreiheit um einiges zuvor"gekommen.[63] Sonnenfels zollte ihrer Politik begeistertes Lob, Retzer, einer seiner ehemaligen Schüler, brachte vor, sie habe bis zum Ende ihrer Tage gut regiert, aber als „Beschützerin der Wissenschaften", die sie zweifellos im Hinblick auf deren finanzielle Förderung gewesen sei, hätte sie den Gedanken größere Freiheit gewähren müssen. Diesem Urteil ist nichts hinzuzufügen.

---

63 Wangermann, Waffen, S. 28.

7. Versuch einer Bilanz

Das komplexe, sich ständig verschiebende Kräfteverhältnis zwischen der Partei der Aufklärung, den durch die Reformpolitik betroffenen geistlichen und weltlichen Ständen und Maria Theresia wurde 40 Jahre lang dadurch geprägt, dass Maria Theresia – erklärte Freundin der Jesuiten und ihres verlängerten Arms Migazzi – Gérard van Swieten und Kaunitz uneingeschränkt vertraute. Obwohl ihr das Bündnis mit der Aufklärung große Gewissensbisse bereitete, und sie die Aufklärer mit ihrer Weigerung, Durazzo und Lessing anzustellen und die sokratische Methode in allen Schulen einzuführen, frustrierte, konnte gezeigt werden, dass sie sich bis in ihr letztes Regierungsjahr von aufklärerischen „Waffen der Publizität" unter Druck setzen ließ.

Wenn D. Beales meint, dass Historiker wie Wangermann, „überhaupt kein Beweismaterial dafür vorlegen" können, dass Maria Theresia „die Maßnahmen der Toleranz für Protestanten und Juden, die während der 1780er Jahre erlassen wurden, ins Auge gefasst hätte",[1] hat er Wangermanns *Oeuvre*, auf das er in der Fußnote verweist, nicht gelesen Wangermanns Urteil über die theresianische Reformpolitik lautete: Eine „gewisse Kontinuität" bestand zwischen der theresianischen und der josephinischen Toleranz. Er verweist dabei auf Wolnys Forschungen, die Beales auch hätte berücksichtigen können, und die zeigen, dass Maria Theresia die Duldung der mährischen Protestanten erlaubte, womit sie das Toleranzpatent Josephs II. vorbereitete. Wangermann meint: „Vielleicht am deutlichsten ist die Kontinuität der Zielsetzung am Beispiel der Reform des theologischen Unterrichts zu sehen",[2] wofür wir jetzt auch Szabos Forschungen heranziehen können, die Kaunitz' und damit Maria Theresias Reformabsichten in Kirchenfragen überdeutlich belegen. Wäre Maria Theresia, wie Beales behauptet, kompromisslos intolerant gewesen, hätte der Papst für sie „das für katholische Regenten übliche feierliche Seelenamt" halten müssen.[3] Er verweigerte ihr aber bewusst diese letzte Ehre. Intolerant war Maria Theresia insofern, als sie zutiefst davon beunruhigt wurde, dass Protestanten die Jugend zum eigenen Denken anhielten, weil das für sie auf „Freygeisterei" hinauslief.[4] Aus protestantischer Sicht konnte

1 Beales, Joseph II., Bd. 1, S. 465: „Even those historians who maintain that Maria Theresa's reforming intentions in ecclesiastical matters embraced virtually everything done by the Monarchy's government down to 1790 cannot find a shred of evidence for her envisaging the measures of toleration for Protestants and Jews that were enacted during the 1780s".

2 Ernst Wangermann, Zur Frage der Kontinuität [...], in: ÖEA, 2, S. 952.

3 Wolny, Johann Leopold Hay, S. 67.

4 [Anon.], Zuschrift in F. D. Mosers Patriotisches Archiv für Deutschland, IV, 1786, zitiert bei: Wangermann, Matte Morgenröte, in: MTZ, S. 69.

manfeststellen: „Österreich war [unter Maria Theresia] intolerant, was auch die Komplimentemacher von Skribenten immer sagen mögen, aber freilich auf eine andere Art, als es Spanien und Portugal ist: man hat keinen einheimischen Protestanten verbrannt, und keinen fremden gesteinigt: dafür war durch Theresiens Güte und Menschenliebe gesorgt".[5] Dem Irrtum musste das Recht, sich zu artikulieren, eingeräumt werden. Aus reformkatholischer Sicht war die öffentliche Diskussion von Zweifeln an der Religion die Voraussetzung für die Festigung des Glaubens. Das empfand Maria Theresia als Freigeisterei.

Gelegentlich schloss ihre Menschliebe und Güte auch die Juden mit ein: Der erste Staatsdiener, der im Hinblick auf die Juden „die philosophisch-christliche Humanitätsströmung", die die Wahrung der natürlichen Menschenrechte einmahnte,[6] zur Geltung brachte, war sehr wahrscheinlich der Schulreformer Graf Emanuel Torres. Maria Theresia gestattete ihm in seiner Eigenschaft als Mitglied der Görzer Schulkommission, die Erziehung der Juden in Görz zu verbessern.[7] 1776 gestattete sie den Juden aus Triest und Görz durch eine eigene Hofentschließung den Aufenthalt unter den Christen nach freiem Ermessen.[8] Als sie aber einsah, dass ihre strengen Ermahnungen der Ablieferung von Verzeichnissen der Juden, die sich gerade in Wien aufhielten, die Präsenz der armen Juden in Wien nicht eindämmen konnte, schrieb sie – auf einen Akt, in dem sie die Einhändigung eines Verzeichnisses der hier anwesenden Juden verlangte – jene überaus gehässigen, oft zitierten Worte[9] die, nach Tietze, ihren letzten Willen in der Judenfrage ausdrücken.[10]

Historiker/Innen sollten jedoch das Scheitern einiger der theresianischen Reformabsichten im europäischen Vergleich betrachten: In Preußen hatten es die Adeligen als Grundherren wesentlich besser als in Österreich, weil sich Friedrich II. erst im Jahr 1783, also ein halbes Menschenalter später als in Österreich, zu einer sehr mageren Urbarialregulierung aufraffen wollte, die aber nicht durchgeführt wurde.[11] Zum Vergleich sei noch erwähnt, dass Bayern die Erbpacht erst unter Montgelas einführen wollte, aber davon abstand, weil der bayerische König die Herren nicht unter Druck setzen wollte.[12] Die „matte Morgenröte" der the-

---

5 [Anon.], Briefe aus Berlin über verschiedene Paradoxe dieses Zeitalters. An den Verfasser der Briefe aus Wien an einen Freund in Berlin, 3. verbesserte Auflage, Berlin und Wien, 1784, S. 370.

6 Tietze, Juden, S. 106.

7 Wangermann, Aufklärung, S. 54. Helfert, Volksschule, I, S. 408.

8 Tietze, Juden, S. 104.

9 Maria Theresia an Hofkanzlei, 14.6.1777: „Ich kenne keine ärgere Pest von Staat als diese Nation [die] wegen Betrug, Wucher und Geldverträgen, Leut an den Bettelstab bringen [und Dinge tun], die ein anderer ehrlicher Mann verabscheute", zitiert nach: Pribram, Juden, 1, S. 425–426.

10 Tietze, Juden, S. 104.

11 Grünberg, Franz Anton von Blanc, S. 31–32.

12 Zur Nicht-Durchführung einer wirksamen Agrarreform in Bayern, vgl. jetzt: Eberhard Weis, Montgelas, 2: Der Architekt des modernen Staates 1799–1838, München, 2005, S. 541–548.

resianischen Bauernemanzipation mittels der Einführung der Erbpacht- auf den Krongütern hellte zusätzlich durch eine Reform der Kirche, des Unterrichts und der Justiz zu einem, wenn auch noch von Wolken verdeckten Sonnenaufgang.

Zu einer positiven Bilanz des Reformwerks Maria Theresias trägt paradoxerweise am ehesten eine Klage Migazzis bei, dass der „Irrthum" unter der verstorbenen Kaiserin überhandgenommen hätte. Sie hätte erlaubt, „Sätze" gegen die Unfehlbarkeit der Kirche und gegen die Existenz der Hölle mit ihren ewigen Strafen zu verbreiten. Dagegen wendete Migazzi ein: „Die gute Schreibensart dieser Bücher verschaffe ihnen Beyfall, der in selbe einbegleitete Irrthum verliere sein Schauderndes und vergifte das Herz, habe auch bereits der Religion eine höchst empfindliche Wunde geschlagen und eine sehr verderbliche Freyheit im Denken eingeführt".[13] Ein schöneres Lob kann man der Regierung Maria Theresias kaum spenden.

Erst als die Lockerung der Zensur die Verbreitung von billigen Broschüren ermöglichte, als in allen Schulen die sokratische Methode wie in den protestantischen Philantropinen eingeführt wurde und die Bauern auf den Herrengütern besser als unter Maria Theresia durch die Kreisämter geschützt wurden, schien „die Sonne der Aufklärung" in Österreich.[14]

---

13 Staatsratsakte 368 Nota des hiesigen Kardinal Erzbischofen [vom 16.2.1781, „Den Einfluss eines Ordinarii in das CensursGeschäft betreffend cum Resolutione Augustissimi: dient zur bloßen Nachricht, in: KA, Kaunitz-Voten, Karton 3, KV 1781.

14 Ernst Wangermann, Die Sonne der Aufklärung, in: G. Heiss, K. P. Liessmann (Hg.) Das Millennium. Essays zu tausend Jahren Österreich, Sonderzahl, Wien, 2000, S. 143–159.

8. Die Morgenröte in der Regierung Josephs II.

Ein derartig unerschöpfliches Vertrauen in Kaunitz wie bei Maria Theresia finden wir bei Joseph nicht. Er hatte in seinen jugendlichen Phantasien davon geträumt, die für die Wohlfahrt seiner Staaten als notwendig erachteten Reformen mittels despotisch erlassener Dekrete durchzusetzen.[1] Zwischen ihm und Kaunitz war es darüber zu gravierenden Meinungsverschiedenheiten gekommen. Während Joseph den despotischen Regierungsstil Friedrichs II. von Preußen bewunderte, hatte Kaunitz ausdrücklich vor der Imitation dieses Stils gewarnt: Friedrichs Regierungssystem sei schlecht, weil es das öffentliche Zutrauen in die Güte der Politik verspiele.[2] Joseph hatte die unter Maria Theresia eingeführte Praxis des kollegialen Regierens stets vehement bekämpft, während Kaunitz sie als Anhänger der Thesen Shaftesburys mit dem Argument verteidigt hatte, die Vereinbarung „gegen einander streitender Meinungen" sei ein gutes Mittel, „die vorgefundenen Hindernisse aus dem Wege zu räumen, die Grundsätze und zu beobachtenden Maßregeln an Hand zu geben und die der Allerhöchsten Entscheidung vorzulegenden Geschäfte zu concentrieren".[3] Obwohl Joseph von derartigen Methoden des Regierens nichts hielt, bat er bei seinem Regierungsantritt Kaunitz um seine Freundschaft, er könne das schwere Gewicht des Regierens nicht alleine tragen.[4] Dieser antwortete ihm als *philosophe*: er sehe seine Aufforderung zur Freundschaft mit ihm als Ermächtigung, ja sogar als Befehl an, ihm seine Gedanken über seine Befehle freimütig mitzuteilen, genau wie er sie einem Freund mitteilen würde, den er mindestens ebenso sehr wie sich selbst liebe.[5] Die von Kaunitz gestellte Bedingung für seine Freundschaft für Joseph war: Ehrlichkeit in der Mitteilung seiner Gedanken über den einzuschlagenden Weg in der Politik. Angesichts seiner Erfahrungen mit Joseph als Mitregent setzte er voraus, dass er oft mit Joseph nicht übereinstimmen würde; dann müsse er seiner Freundespflicht durch die Äußerung von Kritik nachkommen dürfen.

---

1 Josephs Rêveries (1763), in: D. Beales, Joseph II., Bd 1, Cambridge, 1987, S. 98 f.

2 Kaunitz' Denkschrift, 18.2.1766, in: AÖG/48, S. 137–138: „[...] du Despotisme [résulte] le défaut de la Confiance publique [...]."

3 Kaunitz' Denkschrift vom 24.4.1773, zitiert nach: Arneth, GMT, 9, S. 307.

4 Joseph an Kaunitz, 29.11.1780, in: A. Beer (Hg.), Joseph II., Leopold II. und Kaunitz. Ihr Briefwechsel, Wien, 1873 [=JLK], S. 20: „[...] restés mon ami, soyés mon aide, mon guide dans le poid qui vient de tomber sur moi, vous savés [...] combien je vous estime."

5 Kaunitz an Joseph, 3.12.1780, in: ebd., S. 21. „son gracieux billet m'authorise [...] me commande même de lui dire toujours ma pensée librement [...] comme je la dirai à un ami que j'aimerois pour le moins autant que moi-même".

Dieser Idee stimmte Joseph zu, und Kaunitz teilte das in einem Schreiben an Graf Mercy, den Botschafter in Paris, mit: Der Kaiser habe ihm sein Vertrauen ausgesprochen und sei mit ihm in der inneren wie äußeren Politik einverstanden. Sollte Joseph wirklich einen noch „aufgeklärteren" (Ratgeber oder Freund) finden, so würden dessen Ratschläge niemals diejenigen, die er selbst ihm zu geben imstande sei, aufwiegen.[6] Kaunitz hatte sich nämlich vorgenommen, das gemeinsame Ziel durch Kritik an Josephs Handlungen zu verfolgen, dem Kaiser also ehrlich seine Meinung zu sagen. Er allein war in einer Position, in der er ihm ehrlich seine Meinung sagen konnte.

8.1. Der § 3 der Zensurinstruktion von 1781

Während Joseph ursprünglich glaubte, allein durch das wachsende Bewusstsein, dass seine Reformen die allgemeine Wohlfahrt beförderten, den Widerstand gegen sie überwinden zu können,[7] wies Kaunitz ihn auf die Notwendigkeit des Erlassens neuer Richtlinien für die Zensur hin, um das Erscheinen von Schriften zu befördern, die Josephs Kirchenreformen begleiten sollten. In Josephs „Träumereien" schien diese Idee nicht auf. Nach dem Angebot seiner Freundschaft mit Kaunitz machte er sie sich zu eigen. Er beschied Sonnenfels' Bitte um die Erteilung eines Druckprivilegs für die Herausgabe seiner sämtlichen Schriften positiv, mit der Begründung: „da die Freiheit zum Schreiben und Denken möglichst zu befördern ist".[8] Diese Resolution zeigt bereits, dass er im Sinne hatte, im Einklang mit Kaunitz' Vorschlägen größere Freiheit im Schreiben und Denken als Maria Theresia zu gewähren.

Joseph ernannte den Schriftsteller Joseph Retzer, der in einem Gedicht zum Andenken an die theresianische Regierung Gedankenfreiheit gefordert hatte,[9] zum Zensor und setzte den jüngeren Grafen Rudolph Chotek als obersten Zensor ein. In Übereinstimmung mit dieser Personalpolitik erschien im Februar 1781 sein Entwurf zu den „Grundregeln zur Bestimmung einer ordentlichen künftigen Bücher-Censur". Sie beantworteten die von Kaunitz gestellte Bedingung für seine Freundschaft mit Joseph auf eine großzügige Weise, indem sie die unter Maria Theresia Sonnenfels gewährte Freiheit der öffentlichen Kritik an den bestehenden Gesetzen auf alle ausdehnten, die lesen und schreiben konnten. Jetzt sollte – nach dem Wunsch Josephs – jeder, der die Wahrheit liebte, öffentliche Kritik an allen Handlungen des Fürsten und damit auch an den Gesetzen üben können, „besonders wenn der Verfasser seinen Namen dazu drucken lässt und sich also

6 Kaunitz an Graf Mercy, 6.12.1780, zitiert nach: Georg Küntzel, Fürst Kaunitz-Rittberg als Staatsmann, Frankfurt/Main, 1923, S. 66.

7 Wangermann, Waffen, S. 11–12.

8 STRP/1780/2001, Resolution auf das Protokoll der Hofkanzlei vom 14.12.1780.

9 Wangermann, Waffen, S. 35–36.

für die Wahrheit der Sache dadurch als Bürge darstellt [...] da es jedem Wahrheitliebenden eine Freude sein muss, wenn ihm selbe auch in diesem Wege zukömmt".[10] Dieser berühmte Paragraph 3 der Grundregeln war das wesentliche Element in der Lockerung der Zensur, wobei allerdings vieles auf dessen Handhabung durch den Obersten Zensor ankommen würde.

Dass Kaunitz die dem Staatsrat „vorliegende Allerhöchste Resolution als eine wahre Wohlthat für die Aufnahme der ganzen erbländischen Litteratur welche der gegenwärtigen Regierung auch auswärts zur Ehre und zum Ruhm gereichen wird", betrachtete,[11] verstand sich von selbst. Damit erinnerte er an das schlechte *image*, das sich Maria Theresia wegen der Beschlagnahme der Bücher in Prag bei den Publizisten im römisch-deutschen Reich eingehandelt hatte. Ob er die Publikation der Grundregeln anregte, sollten Forschungen klären. Diese wurden als Hauptgrundsätze zur Bestimmung einer künftigen Bücher-Zensur am 11.6.1781 publiziert.[12]

8.2. Grundzüge eines aufgeklärten Regierungsprogramms

Kaunitz nützte die Lockerung der Zensur, um Joseph und der Öffentlichkeit die Grundzüge eines aufgeklärten Regierungsprogramms vorzulegen. Die Gelegenheit dazu bot ihm Joseph selbst, der durch die Zusendung eines Geschenks an Kaunitz sein Einverständnis mit Kaunitz' Rat und Ankündigung, ihm seine Gedanken freimütig zu eröffnen, signalisierte. Bei diesem Geschenk handelte es sich um eine Dose, die dem verstorbenen Schwager seiner Mutter gehört hatte und Bilder der Familie Habsburg enthielt. Joseph übersandte sie Kaunitz mit Worten des Dankes für die seiner Familie erwiesenen Dienste und der Zuneigung für ihn. Kaunitz dankte ihm dafür u. a. mit den Worten:

> [...] Züge [= Handlungen] von dieser Art [müssen] Ihren Namen, wie die Züge eines Trajans, Markus Aurelius, und Heinrich des Vierten, unsterblich machen [...]: deren Andenken [segnet] man noch bis auf unsere Tage [...], und deren Namen [spricht] man noch heute mit eben so großer Verehrung, als Rührung aus [...].[13]

---

10 §3 der Verordnung „in Absicht des Zensurfachs", zitiert nach: J. Kropatschek (Hg.), Handbuch aller unter der Regierung des Kaisers Joseph des II. für die k.k. Erbländer ergangenen Verordnungen und Gesetze in einer sistematischen Verbindung [HB], Bd. 1 (1785), S. 518, 519. Bei H. Klueting (Hg.), Der Josephinismus, S. 216, mit etwas anderem Wortlaut.

11 Votum Kaunitz' vom 8.2.1781 zur Staatsratsakte 124 Vortrag der böhmisch-österreichischen Hofkanzlei vom 13.1.1781 „wegen Bestellung einer einzigen Haupt-Censurs-Kommission in Wien und Aufhebung jener in den Ländern, die Verbesserung des Bücher Censurs Commission (wesen) betreffend", in: KA, Kaunitz-Voten, Karton 3, KV 1781.

12 Grundregeln zur Bestimmung einer ordentlichen künftigen Bücher-Censur, publiziert am 11.6.1781, in: HB, 1, S. 517–524.

13 Orig. franz. Dieser Absatz findet sich in der Schrift: „Uiber das Antwortschreiben des Herrn Fürsten von Kaunitz-Rietberg an Se. Kaiserl. Majestät von Joseph Grossinger", Wien,

Diesen Sätzen folgte der Wunsch, „Eure kaiserliche Majestät in genau dem Lichte zu zeigen, in welchem *ich* Sie vor aller Welt betrachtet wünschte", daher „den Inhalt des empfangenen gnädigsten Billets bekannt" machen zu dürfen.[14]

Joseph antwortete galant, er sei entzückt darüber, dass die Bagatelle der Dose ihm so großes Vergnügen bereite: die paar Worte, die er dem Geschenk hinzugefügt habe, seien die Gefühle seines Herzens die er nicht verberge, Kaunitz könne damit machen, was immer ihm gut dünke.[15] Kaunitz erhielt auf diese Weise die Erlaubnis, mit dem auch für ihn schmeichelhaften Briefwechsel eine für Joseph und seine Reformen förderliche Publizität zu lancieren.

Josephs Erlaubnis führte zunächst einmal zur Publikation des gesamten Briefwechsels in französischer Sprache. Das können wir durch sehr prominente Zeugen belegen. Die französische Fassung zirkulierte in den Häusern der Adeligen und Bürger. Der Gouverneur von Triest Graf Zinzendorf, der damals in Wien weilte, ließ sich Kaunitz' und Josephs Worte in einer Adelsgesellschaft vorlesen: Kaunitz' Worte schienen ihm *gekünstelt, sehr lang und voll mit falschen Ideen,* Josephs kurze Antwort fand er *sehr schön.*[16] Mozart sah einen solchen französischen Druck der beiden Billets spätestens am 21. März 1781, also eine Woche, nachdem sie original (14.3.) geschrieben wurden.[17] Er schrieb das gedruckte französische Original eigenhändig in einer abenteuerlichen, aber phonetisch vollkommen korrekten Orthographie ab und schickte *die beiden schönen Billets* seinem Vater.[18] So sehr bewegten ihn die gedruckten französischen Worte, dass er sie selbst für seinen Vater transkribierte.

In einer Broschüre zeigte Kaunitz Joseph in dem Licht, in dem er ihn „vor aller Welt betrachtet wünschte". Ein Schriftsteller, der bis 1783 in der Staatskanzlei angestellt war, wurde mit der Kommentierung der aus Mozarts Sicht „schönen" Ideen in Kaunitz' Antwortschreiben in deutscher Sprache beauftragt. Die Broschüre trug den Titel: „Uiber das Antwortschreiben des Herrn Fürsten von Kaunitz-Rietberg an Se. Kaiserl. Majestät von Joseph Grossinger".[19] Kaunitz' Wahl

---

Kurzbeck, 1781, S. 7–8, sodass angenommen werden kann, dass die deutsche Übersetzung von Kaunitz selbst stammt.

14 Kaunitz an Joseph, 14.3.1781, zitiert nach: JLK, S. 48–49 (Original: frz). Das Datum (Beer 24.3) ist nach: STK/Vorträge, Karton 133, Konvolut III, fol. 108 r, v, zu korrigieren.

15 „Apostille" [= Randbemerkung] des Kaisers vom 14.3.1781, zitiert nach: ebd., S. 49.

16 TBZ, 3, S. 893, Eintragung vom 19.3.1781: „alembiquée, fort longue et remplis d'idées fausses"

17 Wolfgang Mozart an Leopold Mozart, Wien, 21.3.1781: „Ich glaubte, weil ich eben bey Madame Lamotte die Gelegenheit hatte, diese zwei schöne Billets (frz) abzuschreiben, es thun zu müssen", zitiert nach: W. A. Bauer und O. E. Deutsch (Hg.), W. A. Mozart, Gesamtausgabe, Briefe und Aufzeichnungen, 3 (1963), S. 96, im weiteren: Bauer-Deutsch, 3.

18 Wolfgang Mozart an Leopold Mozart Wien, 24.3.1781: „Sie werden unterdessen die Briefe von Kayser und Fürst Kaunitz erhalten haben", zitiert nach: ebd., S. 97.

19 Wien, Kurzbeck, 1781, UBW I 163.740: Ich danke Herrn Wangermann für den Hinweis auf diese Broschüre.

der Kaiser Mark Aurel und Trajan für die Glorifizierung von Josephs Namen führte den Verfasser zu der folgenden Reflexion: Kaunitz habe nicht Cäsar und Augustus als Vorbilder genannt, sondern zwei andere römische Herrscher, und er habe nicht Karl den Großen als Vorbild genannt, sondern Heinrich den Vierten. Dessen Züge seien „allen aufgeklärten Völkern bekannt",[20] die Handlungen der beiden römischen Kaiser jedoch weniger. Mark Aurel habe sich an den Ausspruch Platos gehalten: „Es blühen die Städte, wenn [entweder] die Weltweisen herrschen oder die Herrschenden zugleich Weltweise sind" (13–14). Trajan, selbst kein Weltweiser, habe sich aber von Weltweisen beraten lassen. Damit war gesagt: ein solcher Trajan wäre Joseph, wenn er auf Kaunitz hörte. Die Hoffnung auf die Zusammenarbeit Josephs mit Kaunitz vermittelte Grossinger mit dem Kommentar, „die Danksagung des Kaisers im Namen des allerdurchlauchtigsten Hauses" an Kaunitz bedeute „des Monarchens wohlbedachte Verheissung der ununterbrochenen Freundschaft [für Kaunitz] [...] auf ewige Zeiten",[21] also für die Dauer seiner Regierung. Kaunitz hatte somit keineswegs Höflichkeiten mit Joseph ausgetauscht, sondern eine Waffe der Publizität geschaffen, mit der er Joseph als Trajan, für die in Maria Theresias *thèse royale* enthaltenen Werte reklamierte.

8.3. Ambivalenzen in Josephs Entscheidungen in den ersten Monaten

Als darüber diskutiert wurde, ob man die 1781 verfügte Aussetzung der Todesstrafe allen kundmachen solle, verneinte Martini die Frage mit der Begründung, der Fürst allein könne die Umstände übersehen, die ihn dazu berechtigten, die ausgesetzte Todesstrafe wieder zu verhängen. Kaunitz widersprach:

> In einer monarchischen wohlgeordneten Regierungsverfassung muss nie der Souverain sondern jederzeit und einzig und allein das zum voraus kund gemachte Gesetz straffen (sic). Was würde dem Landesfürst für eine Last und für ein Gewissen aufgebürdet werden, wenn er allein de casu ad casum die Nothwendigkeit der Todesstraffe entscheiden wollte? Dass der Monarch allein von seiner Höhe den Zusammenhang aller Umstände zu übersehen vermag, wegen welcher die Strafgerechtigkeit nur mit dem Tode des Verbrechers befriedigt werden dürfe, ist auf das gelindeste zu urtheilen, eine blosse rednerische Tirade und weiter nichts.[22]

20 Joseph Grossinger, Uiber das Antwortschreiben des Herrn Fürsten von Kaunitz-Rietberg an Se. Kaiserl. Majestät von --, Wien, Kurzbeck, 1782, S. 16.

21 Ebd., S. 5.

22 Votum Kaunitz' Nr 52 vom 26.4.1781 „den Gegenstand der aufzuhebenden Todesstrafen und an deren Platz die Surrogirung angemessener Leibesstraffen betreffend", in: KA Kaunitz-Voten, Karton 3, KV 1781.

Dass Joseph als Alleinherrscher wie Maria Theresia moralisch dazu verpflichtet sei, sich allgemein kundgemachten, möglichst humanen Gesetzen zu unterwerfen, war Kaunitz ein echtes Anliegen. Das kommt in der oben zitierten Meinung zum Ausdruck, der inneren Stimme des Fürsten Priorität bei der Verhängung von Todesurteilen einräumen, sei Willkür, mit der die Macht der Richter, einen Missetäter nach den Gesetzen zum Tode zu verurteilen, annulliert werde. Zur Richtschnur der Richter müsse publiziert werden, die Todesstrafe sei ausgesetzt, und Ersatzstrafen würden anstelle der Todesstrafen verhängt.

Joseph gab Martinis These den Vorzug und berief ihn in den Staatsrat. Die Hofkanzlei nützte diesen Gunstbeweis für Martini, um Einfluss auf dessen Revision des österreichischen Kirchenrechts zu nehmen, mit dem Vorschlag, Martinis Werk, dessen Verkauf bis zu seiner Umarbeitung Maria Theresia verboten hatte, ohne auf die Umarbeitung zu warten, ungehindert zum Verkauf freizugeben. Kaunitz reagierte mit ungewöhnlicher Schärfe:

> [...] finde ich [...]unendliches [Bedenken] bey der Zulassung des sogenannten Martinischen Werks unter dem Titel: „de Riegger Institutiones Juris Ecclesiasticis in usum Auditorium contractae. Pars 1mum, gedruckt bey Tratter anno 1779“[womit Martini Maria Theresia] auf die boshafteste Art [hineinzulegen versucht habe] und glaube ich dahero, dass solches [Kirchenrecht] nicht allein für jetzt, sondern für ewige Zeiten verboten und nicht zugelassen werden soll.[23]

Joseph folgte zuerst Kaunitz mit der Resolution: „das Compendium juris canonici des Martini nicht nur allein für jetzt, sondern für immer zu verbieten“. Als Randbemerkung nachträglich wurde jedoch beigesetzt „zum Gebrauch der Schulen“,[24] womit Joseph dem entgegengesetzten Rat der Hofkanzlei folgte, der Martinis Version von der ex-cathedra-Unfehlbarkeit des Papstes uneingeschränkt erlaubte und sie nur für die Schulen als Lehrbuch verbot. Nun konnte Martinis Version in den Klöstern gelesen und als im Habsburgerreich anerkanntes Kirchenrecht rezipiert werden, worüber die Reformatoren empört waren.

Josephs Entscheidungen in den ersten Monaten seiner Alleinregierung zeigen einen in seinen Handlungen unsicheren, hin- und herlavierenden Fürsten, der sich mehr von Martini und der Hofkanzlei als von Kaunitz führen ließ.

---

23 Votum Kaunitz' Nr. 45 vom April 1781, zitiert nach: Wangermann, Matte Morgenröte, S.71.

24 Resolution vom 20.4.1781, zitiert nach: Georgine Holzknecht, Ursprung und Herkunft der Reformideen Kaiser Josefs II. auf kirchlichem Gebiete, in: Forschungen zur inneren Geschichte Österreichs, Innsbruck, Heft 11, 1914, S. 91–2.

9. Überzeugt von der Schädlichkeit jeglichen Gewissenszwanges

Die Entstehungsgeschichte des Toleranzedikts beginnt mit der Normierung der stillen Duldung 1777. Mit der Verweigerung von Josephs Unterschrift unter das von Kaunitz verfasste Toleranzedikt für Mähren 1780 war klargestellt, dass Joseph die Toleranz in allen Ländern gleichzeitig einführen wollte. Zu Beginn seiner Regierung wollte er aber die von ihm gewünschte grundlegende Änderung in der kirchenpolitischen Ausrichtung der Habsburgermonarchie ebenso wie Maria Theresia diskret und unauffällig vollziehen lassen. Gegen die allgemeine Erwartung, ja gegen seine eigenen Äußerungen, wollte er seine Erlaubnis für die augsburgischen, helvetischen und orthodoxen Glaubensgenossen zum Erwerb sämtlicher Bürger- und Meisterrechte, zur Ergreifung einer akademischen Laufbahn bis zur Teilnahme am Konkurs für die Staatsämter „still", das ist also: von Fall zu Fall gewähren.[1] Die zahlreichen prominenten weltlichen Toleranzgegner in der Bürokratie erbaten sich nun Erläuterungen dieses in der Resolution vom 15.9.1781 ausgedrückten Willens. Ihr Missfallen darüber brachten sie durch die Beifügung eines geharnischten Protests eines der Räte der Hofkanzlei zum Ausdruck, der ganz in der Denkweise der Intoleranz verhaftet war: Heinrich Franz Graf Rottenhan, der spätere Reglementierer „des öffentlichen Unterrichts aus staatspolizeilichen Rücksichten" und Befürworter des „traditionellen Grundbegriffs" der Intoleranz.[2] Sie fand Ausdruck in einer Vorstellung gegen „das einzuführende Toleranzsistem",[3] also gegen die Durchführung der Resolution vom 15.9.1781. Mit Rottenhans Vorstellung aus Grundsätzen lehnte die Kanzlei die staatsbürgerliche Gleichheit der Nicht-Katholiken mit den Katholiken kategorisch ab. Auch die ungarische Hofkanzlei weigerte sich, die landesfürstliche Erlaubnis zum Erwerb sämtlicher Bürger- und Meisterrechte, zur Ergreifung einer akademischen Laufbahn bis zur Teilnahme am Konkurs für die Staatsämter für die ungarischen augsburgischen, helvetischen und jüdischen Glaubensgenossen

---

1 Resolution vom 15.9.1781, in: H. Klueting (Hg.), Der Josephinismus, S. 249. Handbillett Josephs an Kaunitz vom 15.9.1781, in: Maaß, 2, S. 272.

2 Dazu zuletzt: Ernst Wangermann, Wandlungen in der österreichischen Bildungspolitik von Maria Theresia bis Franz II., in: Walter Leitsch u. Stanislaw Trawkowski (Hg.), Polen und Österreich im 18. Jahrhundert, Wydawnictwo Naukowe, 2000, S. 47 f, im weiteren: Wangermann, Wandlungen.

3 Regest bei Joseph Karniel, Die Toleranzpolitik Kaiser Josephs II. (Schriftenreihe des Instituts f. deutsche Geschichte der Universität Tel Aviv 9), Gerlingen, 1985, S. 340, im weiteren: Karniel, Toleranzpolitik.

zu akzeptieren. Die Chefs beider Hofkanzleien waren also von der Notwendigkeit der Beibehaltung der traditionellen Diskriminierung gegenüber den Nicht-Katholiken nicht nur zutiefst überzeugt, sie brachten ihre Überzeugung auch auf eine Weise zum Ausdruck, die Widerstand ankündigte.

Angesichts des artikulierten Widerstands dieser Fronde gab Joseph seine ursprüngliche Absicht, die Toleranz nur von Fall zu Fall, jedoch überall gleichzeitig einzuführen, auf. Die Frage des Umgangs mit der Fronde gegen die Toleranz in der Bürokratie delegierte er an Kaunitz, weil er sich mit ihr allein nicht fertig zu werden zutraute. Kaunitz erhielt von ihm, was er schon von Maria Theresia erwartet hatte: *carte blanche* für die Durchführung der umfassenden staatsbürgerlichen Toleranz. Als Waffe zur Durchsetzung der Toleranz setzte er die Publizität ein. Er ließ den Text der Toleranzedikte im Staatsrat beraten und die Drucklegung beschließen. Die Präambel: „Überzeugt von der Schädlichkeit jeglichen Gewissenszwanges" enthielt sein seit 1777 bekanntes politisches Credo. Es gebe keine allein selig machende Religion, die Freiheit des Gewissens und der Meinungen sei die Grundlage des österreichischen katholischen Staates mit seiner nach diesem Grundsatz vom Staat zu reformierenden katholischen Kirche.

Joseph genehmigte die vom Staatsrat vorgeschlagene Textierung des Toleranzedikts für die protestantischen Religionen A. B. und H. B. sowie für die orthodoxen Griechen, ohne Abstriche an ihr vorzunehmen. Kaunitz' Grundsatz: „Überzeugt von der Schädlichkeit jeglichen Gewissenszwanges" wurde damit zu Josephs Grundsatz. Er wurde am 13.10.1781 mit dem Befehl, das Edikt soviel möglich überall bekannt zu machen, publiziert: Gedruckte Exemplare seien an Verleger und Buchdrucker und an jedermann, der sie haben wolle, abzugeben, um „dadurch die genugsame Verbreitung auf einmal zu bewirken". In der Hauptstadt jeder Provinz solle das Edikt durch die Zeitungen publiziert werden, wofür Kaunitz es in die lateinische, französische und italienische Sprache übersetzen ließ.[4]

War Joseph wirklich von der Schädlichkeit jeglichen Gewissenszwanges überzeugt? Gegenüber dem Kurfürsten von Trier, der in einem Privatbrief seiner Empörung Luft darüber gemacht hatte, dass Joseph sich mit Anhängern einer böswilligen Sekte, gemeint waren die *philosophes* vom Schlage eines Kaunitz, umgebe und romfeindliche Maßnahmen setze, hatte er sich für seinen Reformkurs, aber mit zynischer Ironie gerechtfertigt. Sich selbst bezeichnete Joseph gegenüber dem Kurfürsten von Trier: „[...] als guter Soldat, der seinen guten Köhlerglauben hat und seinen gesunden Menschenverstand in der Hand hat". Er meinte, ihn trenne von dem Bischof als geistlichen Würdenträger lediglich sein Stand als Landesfürst, der es ihm zu Pflicht mache, seinen Staat stärker zu machen: „Sie essen das [Brot] der Kirche, und protestiren [sic] gegen jede Neuerung; ich esse das des Staates und verteidige oder fordere die Wiederherstellung seiner ursprüng-

---

[4] Alle Patente samt Variationen in: Peter F. Barton (Hg.), Im Zeichen der Toleranz, Wien 1981, S. 152–198.

lichen Rechte"[5], womit er sich zu den staatskirchlichen Positionen der Reformpolitik klar bekannte. Der Kurfürst publizierte noch Ende 1781 Josephs authentische Worte im Wege einer Broschüre. Jetzt war für alle ersichtlich, dass Kaunitz als Mitglied der böswilligen Sekte der *philosophes* für die Lockerung der Zensur verantwortlich war, dass Joseph als bekennender Anhänger des Köhlerglaubens selbst zur erweiterten Pressefreiheit eine eher distanzierte Haltung bewahrte, sich aber zu der Führung seiner Reformpolitik durch Kaunitz bekennen wollte.

Die Toleranzedikte wurden in verschiedenen Provinzen verschieden formuliert, wobei es offenbar auf den Gouverneur ankam, wie er es formulierte. So überwachte z.B. der Gouverneur von Triest Graf Zinzendorf persönlich den Druck, der die Toleranz in beiden Sprachen den Triestern verkündete.[6]

Die den Toleranzedikten durch billige Drucke und zahlreiche Broschüren verliehene Publizität zwang die zahlreichen Gegner der Toleranz in der Bürokratie zum Handeln. 9 Tage nach der öffentlichen Kundmachung eines der Edikte, am 22.10.1781, legte der Oberste Kanzler Graf Blümegen dem Staatsrat den Entwurf eines Reskripts vor, womit die Toleranz den Länderstellen und durch sie den Bischöfen verkündet werden sollte.[7] In diesem Reskript-Entwurf war der römisch-katholischen Religion die Eigenschaft: „wahr" und „allein seligmachend" zugeschrieben worden. Das veranlasste Kaunitz zu der Anregung einer Grundsatz-Diskussion in der Bürokratie und in der Kirche über die Toleranz. Er meinte, die Denkweise des unaufgeklärten „großen Hauffen" sei besonders in den Kanzleien und Regierungen anzutreffen. „Da über den vorliegenden Gegenstand der große Hauffen so ungleich denkt und unter diesem großen Hauffen auch hin und wieder ganze Stellen und Gubernia sich befinden", scheine es ihm nötig, das für die Länderstellen und Bischöfe bestimmte Schreiben „auf die nämliche Art zu motivieren, wie es in der diesfälligen Zeitungs-Notification geschehen ist",[8] nämlich auf eine Art, die Josephs Überzeugung „von der Schädlichkeit jeglichen Gewissenszwanges" klar zum Ausdruck bringe. Kaunitz wollte den Entwurf des Länderstellen-Reskripts an die Bischöfe mitgestalten, also die „quaestio an", das

---

5 Joseph an Clemens Wenzel, Kurfürst von Trier, 25.9.1781, zitiert nach: Gottlieb Mohnike, Briefwechsel zwischen Kaiser Joseph dem Zweiten und Clemens Wenzel, Churfürsten von Trier. Ein Beitrag zur Geschichte der kirchlichen Reformationshandlungen des Kaisers in: Ch.F. Illgen [Hg.] Zeitschrift für die historische Theologie. In Verbindung mit der historisch-theologischen Gesellschaft zu Leipzig, Bd. 4 = 1834, S. 285–287.

6 TBZ, 3, S. 939: „La patente de tolérance ordonnée à insérer dans les gazettes allemande et italienne" [de Triest], Eintragung vom 25.10.1781. Vgl. dazu S. 943: „Le matin je revis l'imprimé concernant la tolérance.", Eintragung vom 3.11.1781.

7 Staatsratsakte 2462 Nota des Grafen Blümegen vom 20.10.1781, „womit der Entwurf der in Betref der Toleranz an gesammte [sic] Länderstellen zu erlassenen Verordnung zur allerhöchsten Begenehmigung vorgelegt wird", in: KA, Kaunitz-Voten, Karton 3, KV 1781.

8 Votum Kaunitz' Nr. 148 vom 22.10.1781 Recirculandum der Staatsratsakte 2461 „mit Begleitung des inzwischen von dem Herrn Fürsten zu Kaunitz aus der Circulation ad Videndum zurük [sic] gelangten Votantenbogens sub No 2303". Der Akt erhielt den Vermerk: „pressirt".

ist: die Frage, ob Gewissenszwang schädlich sei, nach der bereits erfolgten Bejahung der Frage durch Kaunitz/Joseph noch einmal aufrollen und seine Position als Josephs Position in die Hofkanzlei und Kirche hineintragen. Als eigentlicher Promotor der Toleranzedikte zweifelte er nicht daran, dass Joseph, bei Gelegenheit des Erlassens des Reskripts in Betreff der Toleranz an alle Länderstellen, dem Staatsrat gestatten werde, „sich über die quästio an gutächtlich zu äußern".[9] Er erhielt die Erlaubnis dazu.

Am 2.11. kritisierte Kaunitz, dass die Hofkanzlei es als ihre Aufgabe betrachtete, den Anspruch der römisch-katholischen Kirche auf Verkündung des alleinseligmachenden Glaubens zu unterstützen. Ihre Formulierung impliziere, „dass alle accatholici und nicht unirte Griechen nicht seelig werden können", was in einem Dekret, das den Bischöfen die Toleranz verkünde, nicht angebracht sei, weshalb er vorschlage, „anstatt des Ausdruckes in der wahren allein seelig machenden Religion" den Ausdruck „in unserer heiligen christkatholischen Religion" zu setzen. Die Frage, ob es überhaupt eine einzige wahre Religion gebe, sei, so Kaunitz eine heikle theologische Frage. Sie solle nicht auf dem Weg eines Dekrets, das den Bischöfen die Einführung der bürgerlichen Toleranz verkündete, entschieden werden. Dieser Vorschlag barg Kaunitz' theistische Überzeugung, nicht entscheiden zu können, welche der verschiedenen Religionen die Wahrheit verkünde.[10]

Anstatt dem Vorschlag Kaunitz' zuzustimmen, lehnte Joseph die Verwendung der Worte: *in unserer heiligen christ-katholischen Religion* durch die Hofkanzlei in dem Reskript an die Bischöfe mit der Begründung ab: „Da dieses zur Instruirung der Ordinarien nur an die Länderstellen ergangen und nicht gedruckt wird, so kann dieser Ausdruck, der der katholischen Religion Weesenheit ausmacht, nicht abgeändert werden".[11] Er war nicht bereit, die ihm von Kaunitz in den Mund gelegte Überzeugung von der Schädlichkeit jeglichen Gewissenszwanges auch gegenüber den Bischöfen zu vertreten. Das passt zu seiner von Wangermann erforschten Reaktion auf den Hirtenbrief des von Maria Theresia zum Bischof ernannten toleranten Missionars in Mähren, Johann Leopold Hay.[12] Der Inhalt des Hirtenbriefs ging ihm zu weit. Innerhalb der Kirche sollte die von ihm gewünschte bürgerliche Toleranz nicht als theologische Toleranz interpretiert werden.

---

[9] Votum Kaunitz' Nr. 147 vom 21.10 1781 zur Staatsratsakte 2462 Nota des Grafen Blümegen vom 20.10.1781, „womit der Entwurf der in Betref der Toleranz an gesammte [sic] Länderstellen zu erlassenen Verordnung zur allerhöchsten Begenehmigung vorgelegt wird". Das Votum lautet: „Ich zweifle nicht, dass Seine Kaiserliche Majestät dem Staatsrath zu gestatten geruhen, bey dem gegenwärtigen exhibito [Note Blümegens vom 20.10.1781] sich über die quästio AN gutächtlich zu äußern und in dieser Voraussetzung bin ich aus den bereits angeführten gründlichen Ursachen mit den vorstehenden Votis und dem weiteren Antrage des Freiherrn von Kreßl vollkommen verstanden".

[10] Vortrag Kaunitz' vom 2.11.1781, zitiert nach: Maaß, 2, S. 283–284.

[11] Resolution auf den Vortrag Kaunitz' vom 2.11.1781 in: ebd., S. 284.

[12] Wangermann, Waffen, S. 54.

9.1. Der Präses der Studienhofkommission und der Oberste Zensor

Die Fähigkeit, die Toleranz der Evangelischen, der Griechisch-Orthodoxen und der Juden im Habsburgerreich insgesamt durchzusetzen, hing von der Ausbildung einer neuen Generation von Pfarrern und Bischöfen ab, die im Geiste der katholischen Reform und der Prinzipien des Rieggerischen Kirchenrechts gebildet, ihre Rolle als einflussreiche „Lehrer des Volks" ausfüllen und die Gläubigen von der Weisheit und der Gerechtigkeit der Maßnahmen der Regierung überzeugen würden. Die Abschaffung des römischen Kirchenrechts mit ihren geistlichen Verkündern von den theologischen Fakultäten und die Reform der theologischen Studien durch Stephan Rautenstrauch waren erste Schritte in diese Richtung. Als er 1777 an Gottfried van Swieten geschrieben hatte, die kaiserlichen Majestäten wollten ihn noch zu anderen Geschäften brauchen als zur Führung der Hofbibliothek, hatte Kaunitz bereits die Verwendung van Swietens für die Bewältigung der schwierigen Aufgabe der Bildung eines Klerus' im Sinn, der imstande sei, seine Handlungen und Predigten nach den englischen Toleranzideen auszurichten. Dass Martini, den die Hofkanzlei für die Durchsetzung der Toleranzedikte begünstigte, dieser Mann nicht sei, hatte Kaunitz schon im April mit seiner Darstellung Martinis als eines Beamten, der Maria Theresia mit der Revision des Riegger'schen Kirchenrechts „hineingelegt" habe, ausgeführt und zu verstehen gegeben, er werde mit Martini bei der Dekretierung der Toleranz nicht zusammenarbeiten. Einen Monat nach der Dekretierung der Toleranz trat Graf Rudolf Chotek als oberster Zensor vom Amt des Präses der Zensurhofstelle zurück und übernahm an Kreßls Stelle die Leitung von dessen Agenden in der Hofkanzlei. Joseph entschloss sich nämlich dazu, das Studienwesen nach Kaunitz' Rat aus der Kompetenz der Hofkanzlei auszugliedern und eine Kommission, die ihm direkt unterstellt war, wie zu jenen Zeiten, in denen ihr Kreßl vorgestanden war, wieder zu errichten. Das Präsidium der neu errichteten Studienhofkommission besetzte er jetzt mit Kaunitz' Schützling Gottfried van Swieten, dem Aushängeschild einer von der Philosophie geprägten Toleranzkirche. Das geschah sicherlich auf den Rat Kaunitz', weil dieser allein in der hohen Bürokratie davon überzeugt war, nur ein *philosophe* konnte die Präambel des Toleranzedikts in dem umfassenden Sinn, den er ihr beilegte, in den Köpfen und Herzen des Publikums und der studierenden Jugend, besonders im angehenden Klerus, verankern. Kaunitz war jedenfalls maßgeblich daran beteiligt, dass Joseph Gottfried van Swieten eine Regierungsfunktion zuerkannte,[13] die die Hofkanzlei für Martini vorgesehen hatte, wie er früher maßgeblich daran beteiligt

13 Wangermann, Aufklärung, S. 17.

gewesen war, dass Maria Theresia und Joseph Gottfried van Swieten 1767 den Brief an Marmontel in ihrem Namen schreiben ließen.[14]

Dass Kaunitz auf Josephs Personalpolitik tatsächlich Einfluss nehmen konnte, verdanken wir wahrscheinlich der triumphalistischen Reaktion der Gegner der Toleranzedikte auf Josephs Ablehnung des Antrags Kaunitz', das an die Bischöfe zu erlassende Reskript konsequenter im Geiste der Toleranz zu formulieren. Es war von großer Bedeutung für die Intensivierung der Verbreitung des Toleranzdenkens, dass Joseph – wahrscheinlich auf Kaunitz' Rat – das Präsidium der Studienhofkommission mit dem der Zensurkommission vereinigte und damit Gottfried van Swieten auch die Oberaufsicht über die Zensur anvertraute. Durch diese Entscheidungen erhielt ein *philosophe* wichtige Befugnisse, die er zugunsten der Durchsetzung der Reformpolitik und der Unumkehrbarkeit des Toleranzsystems einsetzen konnte. Sein Arbeitsstil war aufwendig, weil er für alles, was er anordnete, die persönliche Verantwortung übernahm, weshalb seine Vorträge, die auf Mitteilungen seiner Referenten gründeten, immer auch seine Meinung zum Ausdruck brachten. Und er machte es sich zur Pflicht, Broschüren, die er zuließ, selbst zu lesen und potentielle Verfasser, die sich von der römischen Opposition einschüchtern ließen, zur Äußerung ihrer Meinung zu ermutigen.

9.2. Klosteraufhebung

Zu Kaunitz' radikalen Plan der „Austrocknung" aller Klöster durch die Anhebung des Alters für die Ablegung der strengen Gelübde auf das vollendete 30. Lebensjahr, den er Maria Theresia 1771 vorgelegt und Joseph durch eine Broschüre[15] in Erinnerung gerufen hatte, konnte sich Joseph nicht entschließen. Er hob den Nexus, der die Vorsteher der Klöster mit ihren Ordensoberen in Rom verband, auf, unterwarf alle Geistlichen der landesfürstlichen Gerichtsbarkeit und dekretierte die Auflösung jener Klöster, deren Ordensstatuten nicht expressis verbis den Einsatz des Ordens zum Besten des Nächsten enthielten. Seine Mitglieder seien dann „in nützlichere und Gott gefälligere Bürger des Staats zu verwandeln".[16] Anlässlich der ersten Klosteraufhebungen ließ Gottfried van Swieten eine Broschüre Eybels drucken, mit der Forderung an den Landesfürsten, „den [ganzen] heutigen Mönchsstand [...] bald aufzuheben", um die Klöster als Versorgungshäuser der Armen und Elenden einzurichten. Die Broschüre erschien mit dem Vermerk

14 Siehe S. 40.

15 [Joseph Maria von Weissegger], Beyträge zur Schilderung Wiens. 2. von dem Verfasser umgearbeitete Auflage, Wien (Kurzbeck), 1781, S. 90: Mönche sollten „Männer" sein, „die gelehrt, ehrwürdig und eines reinen Wandels wären, [...] die nicht in der raschen Jugend, sondern in einem reifen Alter von etwelchen 30 Jahren erst würdig gemacht würden, so ein glänzendes, wichtiges, verdienstvolles Amt anzutreten".

16 Direktivpunkte, zitiert nach: Wangermann, Waffen, S. 63.

auf dem Titelblatt: „Mit Dispensation der kais. kön. Büchercensurskommission wegen Beisetzung des Namens".[17] Eybels Name wurde durch die Mitteilung, dass die Bücherzensurkommission den Verfasser von der Nennung seines Namens dispensiere, ersetzt, um so den offiziösen Charakter der in ihr enthaltenen Mitteilungen zu erhöhen. Die Idee, den Religionsfond zu vergrößern und ihn im Geist der Humanität für die Versorgung der Armen zu öffnen, wurde als Idee, die die Billigung des Kaisers habe, auf diese Weise der Öffentlichkeit mitgeteilt.

9.3. Der Papstbesuch

Der Papst mobilisierte seinen Anhang gegen die Reformpolitik im Wege einer „Waffe der Publizität". Auf die dem Publikum mitgeteilte Beschwerde des Nuntius gegen Josephs Reformpolitik wurde der „von des geheimen Hof- und Staatskanzlers Fürsten v. Kaunitz-Rietberg [...] ertheilten Antwort in Betreff verschiedener landesfürstlicher Verfügungen in geistlichen Sachen"[18] gleiche Publizität in deutscher Sprache verliehen. Kaunitz' Broschüre enthielt „eine sehr deutliche Formulierung der im Habsburgerreich seit Maria Theresia etablierten staatskirchlichen Positionen".[19] Mit der Nennung des Namens Kaunitz' in diesem Zusammenhang wurde die Kontinuität zwischen der theresianischen und der josephinischen Reformpolitik öffentlich herausgestellt. Nun wurden „ohne Umschweife und Rückhalt der Curiae Romanae jene Wahrheiten gesagt",[20] die Eybel unter Maria Theresia den Studenten seit 1775 in lateinischer und bald danach in deutscher Sprache verkündet hatte.

Der Papst beschloss die Reise nach Wien, um die Reformpolitik zu Fall zu bringen. Kaunitz riet dazu, ihm die Reise nicht zu erlauben: „Man fürchtet in Wien, ketzerisch zu werden, selbstverständlich muss der Papst dort hinkommen",[21] lautete Zinzendorfs privater Kommentar zu Josephs Entschluss, den Papst willkommen zu heißen.

Jetzt musste das lesende Publikum rasch auf den Besuch vorbereitet werden. Die Schrift „Was ist der Pabst?", die Eybel auf Kaunitz' Auftrag verfasste, erschien mit demselben Zusatz wie die „Sieben Kapitel von Klosterleuten": Kaunitz und Gottfried van Swieten wünschten beide Josephs öffentliches Bekenntnis zu den Positionen Eybels als den offiziellen Positionen einer zu reformierenden katholischen Kirche. Als Joseph darüber von Garampi angesprochen wurde, war er

[17] Wangermann, Waffen, S. 67–68. Kommentar zu: [Joseph Valentin Eybel] Sieben Kapitel von Klosterleuten, Wien, 1782.

[18] Wien (Sonnleithner) 1782, zitiert nach: Wangermann, Waffen, S. 66, Anm. 64.

[19] Wangermann, Waffen, S. 72.

[20] Votum Geblers, zitiert nach: Holzknecht, Ursprung, S. 11, Anm. 270.

[21] TBZ, 3, S. 993, Eintragung vom 16.1.1782: „On craint à Vienne de devenir hérétique, il est vrai que le pape doit y venir".

über den Zusatz, der ihn für Eybels kirchenrechtliche Position reklamierte, erstaunt und erzürnt. „Mit Anwendung seines diplomatischen Geschicks versuchte Kaunitz, das kaiserliche Missfallen von seinem literarischen Sprachrohr (Eybel) auf die Zensurbehörde abzulenken".[22]

Joseph genehmigte – trotz seiner Empörung – Kaunitz' Antwort an den Nuntius,[23] sodass dieser nach Kaunitz' Rat beschieden wurde. Eybels Schrift wurde, so wie sie war, ohne Korrekturen auf dem Titelblatt, bis zum Eintreffen des Papstes und auch noch danach als „Staatsschrift" verkauft. Die Ablenkung des kaiserlichen Missfallens auf Gottfried van Swieten war ohne Folgen für diesen geblieben, aber uns scheint von Bedeutung zu sein, dass Joseph sich nur widerwillig für Eybels Positionen reklamieren ließ, obwohl ihm die Auseinandersetzung mit dem Papst bevorstand.

Als der Papst in Wien eintraf, mussten alle Aufklärer, nicht nur Eybel, während seines einen Monat währenden Aufenthalts schweigen. Die erzbischöfliche Kur gab Pasquille auf Kaunitz in Auftrag.[24] Auf den Kanzeln nahmen sich die Prediger kein Blatt vor den Mund und attackierten Josephs Kirchenpolitik in mehr oder minder indirekter Verkleidung in ihren sonntäglichen Predigten. Sie ließen ihre Anspielungen in den Predigten durch Parteigänger erklären, die nach der Kirche in die Gasthäuser gingen und den Schlüssel dazu lieferten.[25]

Das Spannungsverhältnis zwischen Absolutismus und Aufklärung in der öffentlichen Meinung verschob sich in der Zeit, in der der Papst in Wien weilte, zugunsten des Absolutismus. Was Kaunitz befürchtet hatte, trat ein: Joseph veränderte die kanonische Grundlage mehrerer, seit 1780 erlassener Gesetze (78–9), weil Wiens Bevölkerung dem Papst eine grenzenlose Verehrung entgegenbrachte, die Joseph nicht erwartet hatte. Seit dem Antritt seiner Regierung war der Primat des Papstes in der Kirche dadurch in Frage gestellt worden, dass es angehenden Theologen erlaubt war, auf den Universitäten wie unter Maria Theresia in Brno über die Bulle *Unigenitus* pro-contra zu diskutieren. Als Zeichen seiner Zustimmung zu dieser öffentlichen Diskussion über die Eigenständigkeit der Kirche als Institution von göttlicher Einsetzung hatte Joseph den Bischöfen die Befugnis der Dispensation von den ehelichen und anderen Gelübden verliehen und damit die Autonomie ihrer Entscheidungen in wesentlichen Fragen der Religion bekräftigt. Der Papst erreichte die Rückgängigmachung dieser Verfügung. Joseph entzog tatsächlich den Bischöfen das an sie delegierte Recht der Dispensation in Ge-

---

22 Wangermann, Waffen, S. 74.

23 Resolution Josephs auf Vortrag Kaunitz' vom 4.3.178 2 zitiert nach: Maaß, 2, S. 321: „placet".

24 „Historisch-kritische Nachrichten von den durch die Briefe aus Wien und Berlin über die österreichische Reformation veranlassten Streitschriften. Entworfen von einem österreichischen Patrioten aus der Provinz und mit Anmerkungen herausgegeben von I. B. V. A. [Johann Baptist von Alxinger], Breslau und Leipzig, 1786, S. 157–158: „Wien hat Pasquille auf Kaunitzen [...] gelesen".

25 Wangermann, Waffen, S. 83, mit Berufung auf einen Brief Wittolas an Dupac.

lübden, dafür „delegierte“ der Papst seine ihm durch die Reformen aberkannten Dispensationsrechte auf unbestimmte Zeit an die Bischöfe. Diese würden weiterhin, wie bisher, beispielsweise in Ehesachen, dispensieren, aber nicht in ihrer Eigenverantwortung gegenüber den ihrer Führung anvertrauten Gläubigen, sondern als Delegierte des Papstes (79–80). Joseph bekundete seinerseits seine Absicht, die Diskussion über die Eigenständigkeit der Kirche als göttliche Institution im theologischen Unterricht zu verbieten. Dafür erhielt er vom Papst – nach Wangermann: „eine Art Unbedenklichkeitszeugnis“, nach Schlitter: „einen für die Öffentlichkeit bestimmten schriftlichen Beweis der Zufriedenheit“, der Josephs „Religiosität“[26] mit den nachträglich in die Abschiedsrede des Papstes eingefügten Worten: ‚Singularem quoque in Deum devotionem‘ bestätigte.[27] „Noch an demselben Tage verließen viele tausende von Exemplaren der also officiös gefärbten Rede die Presse“.[28] Und Joseph schrieb zusätzlich an Kaunitz: „Ich habe für gut befunden, dem Neffen des Pabsten Conte Onesti das Reichsfürsten Diploma gratis ausfertigen zu lassen und andurch das über die Anwesenheit Sr. Heiligkeit gehabte Vergnügen zu verewigen. Sie werden dieses also nicht allein hier auf eine schicksame Art zur Kenntnis gelangen machen, sondern auch denen an den fremden Höfen befindlichen Ministern hievon die Nachricht geben, dass der Pabst diese Diploma mit Dank und Zufriedenheit angenommen hat“.[29] Er legte großen Wert darauf, dass sein gutes Einverständnis mit dem Papst den Höfen bekannt gemacht werde.

Aus Wangermanns Forschungen wissen wir, dass nach der Abreise des Papstes die Aufklärer alle Hebel in Bewegung setzten, um den Einfluss des römischen Hofes auf die Volkslehrer, die Priester, zu mindern, und dem Humanismus in der Religion und Kirche den ihm gebührenden Platz in den Köpfen und Herzen des Volks zu verschaffen: Kaunitz bestand darauf, dass allen notwendigen neuen Expeditionen, eine solche Wendung gegeben werde, welche die Grundsätze der vorhergegangenen Legislation so viel nur immer möglich aufrecht erhalte.[30] Seine Hoffnung auf selbständiges Denken in der Religion kam in seiner Meinung zum Ausdruck, irgendwann einmal werde man selbstdenkende, reformkatholische, von Rom unabhängige Bischöfe erhalten, die sich vom Papst nicht am Gängelband führen ließen.

Jean Mondot hat in seiner Analyse der Broschürenliteratur das Jahr 1782 als *annus mirabilis* der Entstehung des modernen Journalismus herausgestellt: konfliktbeladene Themen seien dank der massenhaft auf den Markt gebrachten Literatur unter ein weitgehend unaufgeklärtes Volk gebracht worden. Das Volk sei

26 Hanns Schlitter, Die Reise des Papstes Pius VI. nach Wien und sein Aufenthalt daselbst, in: FRA 2. Abt., Bd. 47, Wien, 1892, S. 84–85.

27 Wangermann, Waffen, S. 79.

28 Schlitter, Reise des Papstes, S. 86.

29 Joseph an Kaunitz, Wien, 9.1.1782 in: STK/Vorträge, Karton 135, KV IV, fol. 214 r.

30 Wangermann, Waffen, S. 81.

mit der Diskussion über die Funktion der Kirche in der Gesellschaft quasi in die politische Modernität hineingezogen worden.[31] Aus Wangermanns Forschungen wissen wir, die Kritik an der traditionellen Kirche konnte die öffentliche Meinung nach dem Papstbesuch prägen,[32] und die Entrüstung der Aufklärer über die dem Papst gemachten Zugeständnisse fand ihren Weg in die Broschürenliteratur.[33] Die Lebendigkeit der Diskussion in den Broschüren vor und nach dem Papstbesuch wurde von den Rezensenten der Allgemeinen Deutschen Bibliothek nur deshalb nicht entdeckt, weil „die preußische Literatur [...] alle Mittel auf[bot], Österreich in den Augen der Deutschen als geistig minderwertig herabzusetzen".[34] Sie selbst sahen nach neuen Forschungen in den Broschüren „Dingerchen",[35] nicht wert, in der Allgemeinen Deutschen Bibliothek rezensiert zu werden. Ihr abfälliges Urteil über die Broschüren sollte die dort entwickelten Ideen als bedeutungslose Reflexionsarbeit diskreditieren.

Der Amtsauffassung Gottfried van Swietens verdanken wir 1782 die Publikation einer humanistischen Definition des Begriffs „Kirche" in einer kommentierten Übersetzung eines Schreibens Erasmus' an den Bischof von Basel Christopher von Utenheim aus dem Jahre 1522 mit dem Druckort „Wien". Erasmus schrieb:

> Die Unterthanen sind Schaafe; aber Schaafe Christi mehr, als Schaafe der Bischöffe: [...] sie sind Schaafe; aber haben Vernunft, und auf dieser Seite sind sie ihren Bischöffen gleich; und sind wohl nicht selten klüger als ihre Bischöffe: und aus diesen Schaafen werden endlich einige Hirten. Nicht das Volk ist wegen den Bischöffen auf der Welt, sondern die Bischöffe wegen dem Volk [...] [und] wie Paulus sagt, einer doppelten Ehre würdig [...] [im Zweifelsfall] muß man doch immer mehr Rücksicht auf das ganze Volk haben, als auf einen einzelnen Bischoff, [setzte jemand diesem Satz hinzu] das ganze Volk habe mehr Ansehen [als der Bischof], der würde sich von dem Ausspruche Christi nicht eben weit entfernen. (46)

Diese Überlegung aus dem Jahre 1522 erschien1782 ins Deutsche übersetzt, als Broschüre in Wien unter dem Titel: „Des grossen Erasmus von Rotterdam Gedanken über die Feyertage, die Fasten, und die Priesterehe. In einem Schreiben

---

31 Jean Mondot, L'année 82 ou la fin de l'état de grâce. Le désenchantement du monarque et le commencement de la politique, in: Jb2007öG: Josephinismus – eine Bilanz/Échecs et réussites, S. 127–141.

32 Wangermann, Waffen, S. 83–84.

33 Ebd., S. 81: Ferdinand T. Krsowsky von Krsowitz „Kritik über die Artikel, so zwischen Joseph dem II. und Pius dem VI. zu Wien sind abgeschlossen worden." Im weiteren wird die Entrüstung im 3. Teil von Anton Ferdinand Bauers „Geschichte der Reise des Pabstes Pius VI. von Rom nach Wien" (1783) ausgedrückt.

34 Joseph Nadler, Literaturgeschichte Österreichs, Linz, 1948 S. 183, zitiert nach: Edith Rosenstrauch-Königsberg, Freimaurerei im josephinischen Wien. Aloys Blumauers Weg vom Jesuiten zum Jakobiner, Wien, 1975, S. 75, im weiteren: Rosenstrauch, Freimaurerei.

35 Doris Kohrs, Aufklärerische Kritik der Allgemeinen Deutschen Bibliothek Friedrich Nicolais an den Wiener Schriften des Josephinischen Jahrzehnts, Dis. Wien (1. Begutachter: Martens), 1981, S. 30, im weiteren Kohrs, Aufklärerische Kritik.

an den Hochwürdigsten Bischof Christophorus zu Basel". Das zeigt, wie lebendig der humanistisch-katholische Kirchenbegriff des 16. Jahrhunderts im österreichischen 18. Jahrhundert war. Die Idee, dass die Hierarchie der Kirche im Sinne Christi auf das Volk Rücksicht nehmen müsse, nicht umgekehrt, war der aktuelle Kommentar zur Diskussion über die Rolle der Kirche in der Gesellschaft, die auf den theologischen Fakultäten der Universitäten geführt und nun ins Volk gebracht wurde: „Seht vor mehr als 200 Jahren dachten fromme und gelehrte Katholiken schon, wie man heut zu Tage denkt!" (71), schrieb der anonyme Übersetzer. Die Publikation der Idee *das Volk sei nicht wegen der Bischöfe (bzw. wegen des Papstes) auf der Welt, sondern umgekehrt* als Broschüre lässt darauf schließen, dass die Diskussion über die Rolle der Kirche in der Gesellschaft aus Sicht der Aufklärer nicht nur auf den theologischen Fakultäten, sondern auch im Volk geführt werden sollte.

„In den Auseinandersetzungen um Josephs Kirchenreformen gewannen deren literarische Verfechter allmählich die Oberhand über die reformfeindliche, im Auftrag Migazzis schreibende Geistlichkeit. Erstere hatten die besseren, zeitgemäßeren Argumente auf ihrer Seite".[36] Sie wurden auch in einer öffentlichen Predigtkritik erörtert. Sie erschien wöchentlich, wurde von Freimaurern verfasst und herausgegeben und verlieh durch eine systematische Kritik der wöchentlichen Predigten der Residenzstadt und der Vorstädte den reformkatholischen Positionen Gewicht, was durch die Tatsache noch unterstrichen wurde, dass die Verfechter der römischen Positionen sich massiv gegen die Predigtkritik zur Wehr setzten. Diese Publizität, die bis 1787 anhielt, verschaffte, nach Wangermann, allmählich der Kirchenpolitik Josephs II. zumindest in den Städten breite Akzeptanz,[37] während Josephs eigene Publizitätspolitik, die darauf ausgerichtet war, von Migazzi die Publikation eines Hirtenbriefs für die Toleranz zu erhalten, scheiterte.

Wir finden in der Broschürenliteratur „Ansätze des demokratischen Denkens", das sich parallel zur theologischen Toleranz im josephinischen Jahrzehnt in der Habsburgermonarchie ausbreitete. ‚Das Volk muss Vorschläge über die Reform des Staates machen dürfen' und ‚müssten ihm daher die dafür erforderlichen Daten und Informationen öffentlich zugänglich gemacht werden', sind demokratische Forderungen, die 1786 ff in den Broschüren erhoben wurden.[38] Absolutismus-Kritik blieb nicht auf einige Zirkel beschränkt. Sie konnte sich dank der Handhabung der Zensur durch Gottfried van Swieten ausbreiten.

---

36 Ernst Wangermann, Joseph II. und seine Reformen in der Arena der politische Öffentlichkeit, in: Jb2007öG, S. 165.

37 Wangermann, Waffen, S. 87–90: Wöchentliche Wahrheiten für und über die Prediger in Wien. Bearbeitet von einer Gesellschaft Gelehrter, Wien und Prag, 1782–1784 hg. von Leopold Alois Hoffmann.

38 Ernst Wangermann, Ansätze des demokratischen Denkens in Österreich im späten 18. Jahrhundert, in: BBLI/61, S. 13.

9.4. Die theologische Toleranz in Theorie und Praxis

Seit 1782 machte sich Gottfried van Swieten mit seiner Zensur- und Studienpolitik zum „Brennpunkt" einer aufgeklärten Religiosität, deren Ziel die Reformation des Unterrichts und der Kirche, also die Veränderung der Gesellschaft war. Er begründete die Überzeugung von der Schädlichkeit jeglichen Gewissenszwanges mit jenen neoplatonischen Anschauungen der Welt, die den moralischen Sinn für das Gute als *Sensus Communis* darstellten. Auf diese Weise brachte er die Überzeugung von der Vollkommenheit des Bauplans des Alls in die allgemeine Diskussion. Die neuen verführerischen Kenntnisse über das All und ihre Interpretation durch Theologen und weltliche *philosophes* leiteten die Menschen dazu an, sich als integralen Bestandteil einer harmonischen Ordnung zu verstehen und zu empfinden. Wenn alle Menschen sich als Teil der harmonischen Schöpfung verstanden, könnten sie die Vorstellung vom Anderen als „böse" überwinden und das Gemeinsame über das sie Trennende stellen. Diese Überwindung ist das Wesentliche einer auf Vernunft gegründeten staatsbürgerlichen Erziehung. Das suchte Gottfried van Swieten in den Schulen und in der öffentlichen Meinung zu fördern.

9.4.1. Juden

Die theistische Grundlage für die Emanzipation aller Menschen aus ihrer Unmündigkeit, in die sie von den diversen Kirchen gehalten wurden, umfasste im Prinzip auch Juden, die aktiv durch ihre Gelehrten Baruch de Spinoza und Moses Mendelssohn an der Evolution der neuen, aus England kommenden Ideen teilnahmen und auf diese Weise ihre eigene Integration in die christliche Gesellschaft vorbereiteten. Derjenige Engländer, der ihre politische Emanzipation energisch betrieb, war ein Anhänger der von den Theisten bekämpften atheistischen Strömung: John Toland. Er unterstützte 1714 in seiner Schrift: „Reasons for Naturalising the Jews in Great Britain and Ireland on the Same Foot with all Nations" einen Gesetzesentwurf der Whigs, der die allgemeine Integration („General Naturalization") der Juden in die multi-konfessionelle Gesellschaft Englands vorsah[39]. Der Gesetzesentwurf der *Whigs* blieb zwar Entwurf, aber der politische und intellektuelle Prozess der Integration von Konfessionen und Ethnien schritt fort: 1740 gewährten die englischen Kolonien den Juden gleiche Rechte wie den Christen. 1776 erklärten die gegen England geeinten Staaten von Amerika, „dass kein Mensch wegen seiner religiösen Ueberzeugungen seiner Bürgerrechte beraubt oder Verfolgungen ausgesetzt werden dürfe".

---

[39] Jacob Katz, The Term „Jewish Emancipation": Its Origin and Historical Impact in: J. Katz, Zur Assimilation und Emanzipation der Juden. Ausgewählte Schriften, Darmstadt, 1982, S. 104.

Diese Erklärung, die auch die theoretische Grundlage der „Alten Pflichten" der englischen Freimaurerei bildete, wurde in die Habsburgermonarchie unter anderem mit dem Versuch eingebürgert, das Bild vom Andersgläubigen als minderwertig oder „böse" in der Form zu überwinden, dass der Andersgläubige als Mensch wahrgenommen wurde.

Die Forschung stimmt darin überein, dass Josephs Judenpatente die erste offizielle Reaktion im absolutistisch regierten Europa auf die Verbreitung der Idee von der bürgerlichen Gleichstellung der Juden mit den Christen war. Es war Joseph, der die Judenordnungen neu regelte, indem er den Juden den Weg in die Integration der Gesellschaft der Katholiken und Protestanten öffnete, ihnen den Besuch der Schulen erlaubte und ihnen die Universitäten öffnete. Im Auftrag der jüdischen Gemeinde in Prag erschien aus diesem Anlass eine Schrift, die die eingewurzelten Feindbilder gegen Juden abzubauen suchte. Ihr standen Schriften gegenüber, die die Leser in ihrem Feindbild bestärkten.[40]

Nach der Bestimmung der Gesetze Josephs II. sollten Christen Juden „wie alle andere Nebenmenschen betrachten" und „das bei einigen, besonders bei niedrigdenkenden Leuten gegen die jüdische Nazion bisher beobachtete Vorurtheil einer Verächtlichkeit ablegen".[41] Der Realisierung dieser Bestimmung stellten sich überall „die aus der feudalen Gesellschaft überkommenen Vorurteile" entgegen, dass „man die Juden aufgrund ihres unveränderlich schlechten Charakters und ihrer Feindseligkeit gegen die Christen konsequent von der christlichen Gesellschaft fernhalten" müsse.[42] Ein Beispiel dafür ist die Sicht Joseph Rohrers, der ab 1800 Polizeikommissär in Lemberg und ab 1808 Professor der Statistik an der dortigen Universität war. Beim Anblick der Armut der Juden von Nikolsburg konnte er lediglich empfinden, dass ihm dadurch die Aussicht vom Schloss „ungemein vergällt" wurde.[43] Wie sollte Rohrer als Beamter und Lehrer zur Durchsetzung von Josephs dekretierter Bestimmung: Juden sind als „Nebenmenschen [zu] betrachten", beitragen, da er selbst zu den niedrigdenkenden Leuten gehörte?

Angesichts des herrschenden Anti-Judaismus begnügte sich Joseph schließlich mit der stückweisen Lockerung der auf den Juden durch die alten Judenordnungen lastenden erniedrigenden Zwangsvorschriften, wobei er versicherte, dass er keineswegs die Absicht hätte, die Zahl der jüdischen Religionsgenossen zu vermehren oder sie dort, wo sie noch nicht zugelassen waren, zuzulassen.[44] Tietze meint,

40 Wangermann, Waffen, S. 56–57.

41 Verordnung in Böhmen vom 2.11.1781, in: Kropatschek (Hg.), HB, 4, S. 65 (Judensachen).

42 Ernst Wangermann, 1848 und die Emanzipation der Juden im Habsburgerreich, in: Zentrum für jüdische Kulturgeschichte der Universität Salzburg (Hg.), Chilufim, Zeitschrift für Jüdische Kulturgeschichte, 01/2006, S. 60–61.

43 Joseph Rohrer, Bemerkungen auf einer Reise von der Türkischen Gränze über die Bukowina durch Ost- und Wetgalizien, Schlesien und Mähren nach Wien, Wien, 1804, S. 279.

44 Wangermann, Waffen, S. 57.

„dass volkswirtschaftliche Erwägungen für Josephs diesbezügliche Entscheidungen maßgebend waren",[45] nicht humanitäre. Im Hinblick auf die galizischen Juden machte Kaunitz 1771, als Galizien zum Habsburgerreich kam, folgenden, für die Haltung des Staates gegenüber dieser allgemein verachteten „Nazion" charakteristischen Vorschlag: man solle der galizischen Judenschaft ermöglichen, der Hofkammer „nützlicher" zu sein, weil sie „im Ganzen sehr arm und nur der Schwamm ist, den die Geistlichkeit und der Adel ausdrückt".[46] Der Nützlichkeitsaspekt, der hier zweifellos im Vordergrund stand, musste sich jedoch zwangsläufig mit dem humanitären verbinden. Als der judenfeindlichen Hofkanzlei das erste Votum im Staatsrat beipflichtete, glaubte Kaunitz beispielsweise

> zu dem Einrathen des 1. Voti folgendes zu erinnern. Die allerhöchste Gesinnung gehet dahin, dass sich die Juden (Galiziens) möglichst auf den Ackerbau und nüzliche Handwerke verwenden und zu diesem Ende wurden ihnen in dem neuen Sistem verschiedene dahin zielende Befugnisse eingeräumt: es ist also auch diesem Endzweck angemessener, dass man mit dem außer Land Schaffen jener Juden, die dermalen keine hinreichend bestimmte Nahrung haben, wenigstens in so lang zuwarte, dass sie die ihnen neu eröffneten Nahrungswege ergreifen und benützen können.[47]

In den meisten Vorschlägen der Hofkanzlei erkannte Kaunitz die Absicht, die galizischen Juden noch ärmer zu machen als sie ohnehin durch die Abschneidung ihrer Nahrungsquellen mittels der Verteuerung des Handels nach Danzig und des Verbots der meisten Pachtungen waren. Das schien ihm gegen die Absicht Josephs zu sein, die keineswegs dahin ging, das „jüdische Bettelvolk zu vermehren".[48] Eine solche von Joseph unerwünschte Vermehrung würde jedoch eintreten, meinte Kaunitz am 7.5.1784, schließe man die Juden von der Pachtung aller Herrschafts-Gefälle aus:

> [...] besorge [ich] mit Grund, dass durch diese Einschränkung unter den vorhandenen 170.000 Juden eine solche Menge nahrungslos gemacht und mithin die ohnehin so große Zahl der Betteljuden so anwachsen würde, dass es darauf [hinausliefe] [...] viele tausend Juden [nach] dem Vorschlag [der Hofkanzlei] außer Landes zu schaffen; welches ich nicht umhin kann, praktisch unthunlich oder wenigstens ungerecht ja grausam zu finden.[49]

---

45 Tietze, Juden, S. 114.

46 Josef Karniel, Fürst Kaunitz und die Juden, in: Jahrbuch des Instituts für Deutsche Geschichte, Tel-Aviv, Bd. 12, 1983, S. 20.

47 Kaunitz' Votum Nr. 89 vom 5.7.1784 ad Staatsratsakte 2415 Vortrag der Hofkanzlei vom 18.6.1784 „in betref ein- und anderer Anfragen und dermal gleich erforderlich scheinender Veranlassungen in bezug auf die neue Regulirung des galizischen Judenwesens, nämlich [es folgt die Aufzählung von 10 Punkten]".

48 Hock-Bidermann, Staatsrat, S. 324, Verordnung vom Herbst 1781.

49 Votum Kaunitz' Nr. 76 vom 3.5.1784 zur Staatsratsakte 1712 Vortrag der Hofkanzlei vom 7.5.1784 „Die Grundsätze zur Regulirung des Judenwesens in Gallizien" [sic], in: KA, Kaunitz-Voten, Karton 5, KV 1784–1786.

Ungerecht, grausam, theoretisch nicht durchführbar seien Zwangsdeportationen von Juden nach Polen, die die Hofkanzlei als einziges Mittel gegen das Überhandnehmen der Verarmung der Juden – die Folge der Abschaffung ihrer traditionellen Nahrungswege durch Joseph II. – vorschlug.

Joseph stimmte mit Kaunitz vollkommen überein – Karniels Bewertung Kaunitz' als Menschenfeind, der die galizischen Juden nur nach ihrem Nutzen taxierte, widersprechen die oben präsentierten Dokumente. Um „niedrig denkende" Antijudaisten zur Ablegung ihrer niedrigen Denkungsart zu motivieren, erließ Joseph am 27.5.1785 ein Patent, das das Ende der grausamen Abschiebungspraxis von „Betteljuden" nach Polen einleitete. Der aus Bayern gebürtige Schriftsteller Franz Kratter war in Galizien, das er als Privatmann besuchte, Augenzeuge einer Ausweisung von „Betteljuden" über die Grenze nach Polen.[50] Kratter berichtete darüber, weil er dem Gesetzgeber „in die Ohren [...] schreien [...] [und ihm] ans Herz [...] greifen" wollte[51]. Er wurde erhört: eine Instruktion für die galizischen Kreisämter ordnete an, dass die Abschaffung von „Betteljuden" bis 1787 ausgesetzt werden müsse.[52] Andrea Komlosy behauptet: „Im österreichischen Kaiserstaat spielte die Nationalität für den Abschiebungstatbestand überhaupt keine Rolle; ob im Land oder über die Staatsgrenze abgeschoben wurde, machte keinen prinzipiellen Unterschied".[53] Diese Behauptung ist durch die Quellen nicht bestätigt: Am 3.11.1786 erschien für Galizien ein Bettler- und Schub-Patent,[54] das zwischen einheimischen und ausländischen Bettlern klar unterschied. Zu den ersteren wurden alle jene gerechnet, welche in Galizien geboren waren oder sich daselbst durch zehn Jahre aufhielten. Diese mussten an ihren Geburts- oder Aufenthaltsort gebracht, konnten also nicht aus dem Land geschafft werden. Gegen die Wertung der Hofkanzlei, die in den „Betteljuden" den „Auskehricht von Galizien" sah,[55] stellte ein Hofdekret vom 3.7.1788 ausdrücklich fest, „dass die Abschaffung gegen jüdische Bettler nicht statthaben darf, wenn sie unter gleichen Umständen gegen christliche nicht verhängt würde".[56] Jüdische und christliche Bettler mussten

50 Franz Kratter, Briefe über den itzigen Zustand von Galizien. Ein Beitrag zur Statistik und Menschenkenntnis, Zwei Theile, Leipzig (Wucherer) 1786, im weiteren: Kratter, Briefe, hier: Teil 2, S. 47.

51 Ebd., zitiert in: Wangermann, Waffen, S. 150.

52 Michael Stöger, Darstellung der gesetzlichen Verfassung der galizischen Judenschaft, Lemberg [...], 1833, 2 Bde, im weiteren: Stöger, Darstellung, hier 2, S. 51, mit Berufung auf § 8 der Instruktion für die Kreisämter über die Ausführung des neuen Schubsystems.

53 Andrea Komlosy, Der Staat schiebt ab. Zur nationalstaatlichen Konsolidierung von Heimat und Fremde im 18. und 19. Jahrhundert, in: Querschnitte, Bd. 20, Studien Verlag, 2006, S. 105.

54 Ebd., mit Bezug auf das Bettler und Schub Patent III und IV. Abschnitt in „Pill. S. 368".

55 Vortrag der Hofkanzlei auf Bericht Brigidos vom 20.8.1787, zitiert nach: Maurcy Lewin, Geschichte der Juden in Galizien unter Kaiser Joseph II., Dis. Wien, 1933, S. 48–49 und S. 53–4, mit Bezug auf: „Archiv d. Min. d. Innern II. a. 6".

56 Stöger, Darstellung, 2, S. 51 mit Bezug auf „Zahl 66, Gub. 3. 16738, lit. d".

also den Gesetzen zufolge gleich behandelt werden. Und Heimatrecht bzw. zehnjährige Ansässigkeit schützte ab 1785/8 alle Bettler – ob christliche, ob jüdische, galt gleichviel – vor der Abschiebung nach Polen. Das sehr fortschrittliche Judenpatent für Galizien vom 7.5.1789 stellte daher fest, Vorkehrungen, die wegen „wahrer Armen" getroffen wurden, hätten für Christen und Juden zu gelten, auch die wegen „muthwilligen Bettel" getroffenen, womit die Abschiebung in den Ort ihrer Ansässigkeit gemeint war. „Jede jüdische Gemeinde hat für die Verpflegung ihrer Armen ebenso zu sorgen, wie es bei den christlichen Gemeinden üblich ist",[57] sie also vom Vorteil des Armeninstituts profitieren zu lassen. Damit waren zumindest die strukturellen Voraussetzungen dafür geschaffen worden, dass die niedrige Denkungsart der zahlreichen Antijudaisten nicht in der grausamen Abschiebungspraxis zum Ausdruck gebracht werde.

Das Gleichbehandlungsprinzip dehnte Joseph in dem Patent auch auf die Einziehung der Juden zur Armee aus – gegen den Protest des Hofkriegsrats. Die Hofkanzlei versprach sich davon eine Reduzierung der Juden in Galizien. Sie ordnete gleichzeitig „ungeheure Heiratstaxen" anlässlich der Verehelichung der nachgeborenen Söhne an, was sich rasch als unhaltbar erweisen sollte: „[...] Ackerbauern, Handwerker und Fabrikanten, Rabbiner, Schullehrer und Soldaten genießen Befreiungen".[58]

Juden sind wie alle Menschen Geschöpfe eines gütigen Gottes – diese der theologischen Toleranz zuzuordnende Idee, die die jüdische Nation aus dem Stand einer Sklavennation befreite, damit sie zur allgemeinen Wohlfahrt beitragen könne,[59] wurde in den verschiedenen Ländern sehr unterschiedlich verwirklicht, Galizien war sicherlich das Schlusslicht, weil dort die Unterrichtspolitik Gottfried van Swietens scheiterte.[60] Sein Bevollmächtigter, Herz Homberg, konnte zwar über 100 Schulen in Galizien gründen, sich aber wegen der Feindschaft der in Polen gebildeten Rabbiner nicht halten. Er musste Galizien verlassen. Sein Lehrbuch, dessen Kenntnis in Galizien die Voraussetzung für die Heiratserlaubnis darstellte, wurde, ohne seinen Namen auf ihm anzugeben, gedruckt, so verhasst war die Erinnerung an ihn. Ob es in Galizien jüdische Familien gab, deren Mitglieder von dem Judenpatent auf ähnliche Weise profitierten, wie die böhmisch-jüdische Familie Jeitteles, deren Mitglieder schon im frühen 19. Jahrhundert in Wissenschaft, Medizin und Literatur eine bedeutende Rolle spielten, ist nicht erforscht. Unter der Voraussetzung, dass Franz II. die Toleranz als Klammer

---

57 Kropatschek, HB, Bd 18, S. 386.

58 Joseph Ritter von Wertheimer, Die Juden in Oesterreich. Vom Standpunkte der Geschichte des Rechts und des Staatsvortheils, 3 Teile, Leipzig, 1843, hier: 1, S. 272.

59 Wangermann, Waffen, S. 58.

60 Helmut Teufel, Ein Schüler Mendelssohns – Herz Homberg als jüdischer Propagandist der josephinischen Aufklärung, in: G. Ammerer, H. Haas (Hg.), Ambivalenzen der Aufklärung, Festschrift für Ernst Wangermann, München, 1997 [FSEW], 1997, S. 187–204.

zwischen den Ethnien der Habsburgermonarchie hochhalte, brachte Ignaz Jeitteles den Optimismus der gebildeten Prager Juden in klaren Worten im Jahre 1804, nach dem Scheitern der Unterrichtsreform in Galizien, zum Ausdruck:

> Alle Bürger sind hier Brüder,
> Ehren ihren Vater Gott.
> Treten Irrende nicht nieder.
> Dienen ihrem Herrscher bieder
> Und befolgen ein Gebot.[61]

9.4.2. „Deisten"

Die theologische Toleranz umfasst alle Menschen durch die Beförderung der Einsicht, dass Wissenschaften und Religion einander ergänzen, dass die Naturgesetze eine wunderbar harmonische Realität beschrieben, wobei die Wahrheit über die Erschaffung der Welt niemals Menschen zugänglich sein könne. Gott zeige sich den Menschen durch die Natur ebenso wie durch die Offenbarung der Bibel. In den Besitz „der Wahrheit" gelange der Mensch niemals, lediglich das Streben nach ihr sei ihm beschieden. Dieser Sicht am nächsten kamen im 18. Jahrhundert in der Habsburgermonarchie einige Freimaurer-Zirkel, dann aber auch jene Sektierer, die keinen Mittler zwischen sich und Gott duldeten, großen Wert auf Eigenverantwortung bei ihrem Tun legten, in Gott einen gütigen Gott sahen, das Dogma der Erbsünde ablehnten und nur die Autorität des Landesfürsten, nicht jedoch die bischöfliche oder priesterliche, anerkannten: „Deisten".

Die Bezeichnung „Deisten" für die Mitglieder jener böhmischen Sekten, die sich nach Erlass des Toleranzedikts weder als Protestanten Augsburgischen, noch Helvetischen Bekenntnisses bekannten, stammte vom Bischof Hay, der ihre Gesinnungen schon unter Maria Theresia erforscht hatte, wo sie still geduldet worden waren. Als sie in Böhmen und Mähren nach der Dekretierung der Toleranz wieder entdeckt wurden, war die Frage, ob sie dort als „Deisten" toleriert werden konnten. Gebler votierte im Staatsrat für deren Toleranz, Martini dagegen.[62] Joseph resolvierte am 10. Oktober 1782, dass die Deisten „keineswegs geduldet werden könnten" und entschied sich für ihre Transmigration nach Siebenbürgen, „wo die rezipierten Arianer mit ihrem Glauben mehr Ähnlichkeit haben". Das führte 1782/3 – gegen den massiven Protest von Kaunitz – zur Transmigration von ungefähr 119 Menschen nach Ungarn und Galizien. An die 250 Menschen wurden nach Siebenbürgen geschickt.[63] Kaunitz fuhr fort, die Deportationen zu kritisieren. Als im Jänner 1783 weitere Deisten in Mähren entdeckt wurden, gab

61 Ignaz Jeitteles, zitiert nach: Wangermann, Toleranz, S. 8.
62 Wangermann, Waffen, S. 104.
63 Wangermann, Emigration, S. 84–85.

er zu bedenken, wie immer die von der mährischen Regierung angesuchte Belehrung hinsichtlich der Behandlung der „abtrünnigen Katholiken“ seitens der Hofkanzlei dermalen ausfalle, „so ist und bleibt es immer gewiss und sicher, dass niemand blos mit Gewalt und Zwang überzeuget und zur aufrichtigen Annahme der wahren Religion gebracht werden kann“.[64]

Dieser Satz enthielt seine Stellungnahme zu den Anträgen der böhmischen und österreichischen Kanzlei auf Transmigration der „abtrünnigen Katholiken“, also der Deisten. Menschen, die das Leben des christlichen Religionsstifters als vorbildlich anerkannten und nur die Hierarchie der Kirche ablehnten, konnten sich seines Schutzes sicher sein. Seine schon anlässlich des Toleranzedikts ausgesprochene Überzeugung, dass Joseph nicht über den Wahrheitsgehalt religiöser Meinungen zu befinden habe, sondern nur über deren Schädlichkeit oder Unschädlichkeit für die Gesellschaft, leitete ihn zu seiner Kritik an dem Deportationsbeschluss Josephs an, den dieser mit dem Hofkriegsrat durchführte.

Dass eine durch Menschlichkeit geleitete Gerechtigkeit die erste Stütze der Staaten sei, war Kaunitz' politisches Credo, wie die Ablehnung jeglichen Gewissenszwangs sein Credo in Sachen Religion war. Der Zusammenhang zwischen diesen beiden Positionen kommt in einem Votum über den neuen Kriminalkodex zum Ausdruck: wenn der Gesetzgeber eine Sekte nicht toleriert, kann er dafür sorgen, dass die Sektierer, wenn sie beharren, „abgeschreckt“ werden. Abschrecken könne er sie aber nur durch guten Unterricht: „Das ist [...] alles, was er nach meiner Ueberzeugung thun kann, ohne der rechtmäßigen bürgerlichen Freiheit zu nahe zu treten und zu gefährlichen Anklagen und Inquisitionen für künftige Zeiten Thür und Angel zu öffnen. Bei seiner Überzeugung beharren ist doch kein Verbrechen nicht?“[65] Mit dieser rhetorischen Frage signalisierte Kaunitz, dass das Beharren auf einer Überzeugung nicht mit Transmigrationsmaßnahmen bestraft werden sollte.

Wangermann zufolge ließ Joseph die Deportierten menschlich behandeln – mit Erfolg. Einige bekehrten sich und kehrten zurück,[66] wo Joseph das: „vollkommene Stillschweigen über die böhmischen Sekten“ verhängte. Damit, aber auch mit der Androhung einer Prügelstrafe für Denunzianten beendete er seine eigene Transmigration.[67] Das verdanken wir offenbar der in den Vorträgen und

---

64 Votum Kaunitz' Nr. 28 vom 13.2.1783 zur Staatsratsakte 487 über den Vortrag der Hofkanzlei vom 7.2.1783 „Über die von dem mährischen Gubernio angesuchte Belehrung wie seit dem Monate Jänner im Prerauer und Teschener Kreise sich gemeldete und noch ferners meldende abtrünnige Katholiken zu behandeln seyen“, in: KA, Kaunitz-Voten, Karton 4, KV 1783.

65 Votum Kaunitz' Nr 81 vom 1.4.1783 zur Staatsratsakte 892 „Vortrag der Compilations Hofkommission vom 8.3.1783 womit die Ausarbeitung des Criminal Gesetzes über Verbrechen und Straffen vorgelegt wird“, in: KA Kaunitz-Voten, Karton 4, KV 1783.

66 Wangermann, „1781 and all that [...]“, in: Jb2001öG18, S. 88.

67 Wangermann, Waffen, S. 105.

in den Voten Kaunitz' zum Ausdruck kommenden aufgeklärten öffentlichen Meinung, die Zwangsdeportationen als Bekehrungsmittel scharf verurteilte. Ihre eindrucksvollsten Argumente hat Wangermann aus Peter A. Winkopps Broschüre „Geschichte der böhmischen Deisten, nebst freimüthigen Bemerkungen über die Grundsätze der Duldung der Deisten" mit den Worten zusammengefasst: „die Rechte der Bürger zu schützen und ihnen bei Erfüllung ihrer Pflichten behilflich zu sein, [wäre] die Hauptaufgabe des Staates. Der Staat habe nicht über den Wahrheitsgehalt religiöser Meinungen zu befinden, sondern nur über deren Schädlichkeit oder Unschädlichkeit für die Gesellschaft" (107). Mit dieser Meinung war im josephinischen Jahrzehnt das Prinzip der theologischen Toleranz in einer billigen Broschüre formuliert worden, was mit der Präambel: Üb*erzeugt von der Schädlichkeit jeglichen Gewissenszwanges* gedeckt war, die als Überzeugung Josephs publik gemacht worden war.

Kaunitz und Gebler durften ihre Opposition gegen die Deportation der Deisten im Staatsrat frei äußern, Winkopps Broschüre konnte gleichfalls erscheinen, aber ein Gedicht Alxingers, in dem er Toleranz mit uneingeschränkter Religionsfreiheit gleichsetzte, durfte in der Habsburgermonarchie nicht mit dem *admittitur*, das ist: mit einer uneingeschränkten Publikationserlaubnis, versehen werden. Mit dem *toleratur* das ist: mit einer eingeschränkten Publikationserlaubnis, versehen wurde dagegen ein Gedicht, das dieselbe oppositionelle Haltung gegen Zwangsdeportationen, aber in Fragen verkleidet, zum Ausdruck brachte. Es handelte sich um Blumauers: „Glaubensbekenntnis eines nach Wahrheit ringenden Mannes" (114–7), das die theistische Position in Form von rhetorischen Fragen vertrat. Dagegen setzten sich Migazzi und Martini gemeinsam zur Wehr. Ersterer stieß sich an der Strophe, in der festgestellt wurde, dass eigentlich niemand bestimmen könne, wie weit der Verstand reiche und wo das Reich des Glaubens anfange. Letzterer rügte besonders die Idee, dass Gott den Geist frei erschaffen und ihn nicht wie die Kirche in das „Joch des Glaubens" eingespannt habe.[68] Die beanstandeten theistischen Verse wurden dennoch nicht eliminiert; dafür sorgte die Autorität Gottfried van Swietens und vielleicht auch, dass Joseph seinen Ruf als toleranter Herrscher nicht noch einmal gefährden wollte.

9.4.3. Freimaurer

Das England des späten 17. und 18. Jahrhunderts war das politische Ideal unserer *philosophes*, weil dort Dichter, Wissenschaftler und Theologen gemeinsam die theistische Grundlage aller Religionen gegen die Verbreitung der atheistischen Bewegung entwickelten und die Menschen dazu anleiteten, sich als integralen

---

68 Wolfsgruber, Migazzi, S. 601–602.

Bestandteil einer harmonischen Ordnung zu empfinden. Im Wissen um die Nützlichkeit der Wissenschaften bei der Transformation der bürgerlichen Gesellschaft in eine „latudinarisch" denkende Gesellschaft regte Kaunitz 1781 die Errichtung einer Akademie der Wissenschaften aus dem Fond der aufgelösten Klöster an. Diesen Wunsch hatte Gottfried van Swieten als sein Untergebener ihm unter der Regierung Maria Theresias anlässlich der Reorganisierung der Akademie der bildenden Künste in Erinnerung gerufen.[69] Als Präses der Studienhofkommission versuchte van Swieten Joseph zu überreden, zumindest der hohen Schule der Residenzstadt „den Glanz und den wissenschaftlichen Luxe zu geben [...] welcher selbst in politischer Betrachtung nützlich ist, [und] den Kaisersitz zur wahren Hauptstadt Deutschlands in jeder Rücksicht erheben" könne. Die Förderung der multi-ethnischen österreichischen Literatur der Habsburgermonarchie war das große Anliegen van Swietens, weshalb er Joseph vorstellte, was dieser „schon binnen zwey Jahren an großen und heilsamen Anstalten fruchtbarer Regierung" geleistet habe, könne seine Regierung „auch in Hinsicht auf Litteratur und Künste noch bestimmter auszeichnen".[70]

Als der Berliner Verleger Friedrich Nicolai, Herausgeber der Allgemeinen Deutschen Bibliothek, in Wien weilte, bzw. seine Rezensenten anhielt, über die Wiener „Dingerchen" zu berichten, ging es ihm ausschließlich „um eine subjektiv bedingte Aufwertung Berlins".[71] Das Urteil eines anderen Protestanten, der kein Preuße war, über das intellektuelle Wien dieser Jahre war von dieser subjektiven Voreingenommenheit frei. Als der Naturforscher Georg Forster in Wien weilte, war er von der Lebendigkeit der Diskussion über verschiedene Themen in der öffentlichen Meinung und in den Logen, aber auch über die Fortschritte der Wissenschaften begeistert. Zwar gab es in Wien keine Royal Society oder Akademie der Wissenschaften, wie sie die Aufklärer schon seit Leibnitz anregten, aber die Übungslogen der aufgeklärten Freimaurerei um Baron von Gemmingen und um den Hofrat von Born waren eine Art Ersatz für die fehlende Akademie. Forster, der dem Orden der Rosenkreuzer entronnen war, ließ sich von Born in die Loge zur wahren Eintracht aufnehmen, weil ihn die auf freies Denken und echte wissenschaftliche Forschung gerichtete Gesinnung der Logenmitglieder faszinierte. In Borns und Gemmingens Logen verkehrten Kaunitz' Freund, Graf Ayala, „mit dem Forster „viel philosophiert" hat", aber auch „der Linguist, Literaturhistoriker und Bücherzensor Joseph Friedrich von Retzer", sowie Kaunitz' Privatsekretär Joseph Pezzl[72] und schließlich auch Mozart, der Schöpfer der deutschen Reformoper.

---

69 Siehe S. 66.

70 Vortrag van Swietens vom 25.11.1782 in: Wangermann, Aufklärung, S. 24.

71 Rosenstrauch, Freimaurerei, S. 77.

72 Gerhard Steiner, Freimaurer und Rosenkreuzer – Georg Forsters Weg durch Geheimbünde, Berlin, 1987, 2. Auflage, S. 183f.

Mozart nahm sich die Thesen Shaftesburys in der Vermittlung durch den Schweizer Johann Georg Sulzer zu Herzen. Er stellte die Harmonie der Schöpfung auf der Folie der moralisch ambivalenten Handlungen von Christen dar, um dem Publikum in seinen Opern die Botschaft: Verzeihen, statt vergelten, nahezubringen. Seine erste deutsche Reformoper reflektierte den wachsenden Einfluss der theologischen Toleranz, die die moralische Gleichwertigkeit aller Religionen voraussetzte: In der *Entführung aus dem Serail*, deren Libretto nach seinen Vorstellungen umgearbeitet wurde, brachte er die Großmut in der Person eines türkischen Paschas auf die Bühne, ein Thema, das mit den Worten eines eher kritischen Rezensenten „auf der hiesigen Bühne schreiendes Glück“ machte, je mehr auf ihr „gegroßmutet“ wurde.[73] Diesem Urteil widersprach Kaunitz, indem er Mozart nach der Premiere der „Entführung“ zu sich in sein Palais lud und ihn mit erlesener Höflichkeit behandelte. Er machte sogar seinen Einfluss für die Anstellung Mozarts bei Hof geltend: „[...] der fürst kaunitz [...] sagte jüngsthin zum Erzherzog Maximilian als die rede von mir war, dass solche leute nur alle 100 Jahre auf die welt kämen und solche leute müsse man nicht aus Teutschland treiben – besonders wenn man so glücklich ist, sie wirklich in der Residenz Stadt zu besitzen. Sie können nicht glauben, wie gütig und höflich der fürst kaunitz mit mir war, als ich bey ihm war. – zuletzt sagte er noch: Ich bin ihnen verbunden, mein lieber Mozart, dass sie sich die Mühe gegeben haben, mich zu besuchen Etc“.[74] Mozart hatte sich mit dieser Oper für die Versöhnung verfeindeter Nationen und Religionen eingesetzt, was Kaunitz offenbar sehr schätzte. Der Wunsch seines Logenbruders, des Dichters Friedrich Hegrad, anlässlich seiner Aufnahme in die Loge zur Wohlthätigkeit, Mozarts Leben sollte „ebenso harmonisch und ebenso liebevoll“ wie seine Musik sein,[75] bezeugt die Akzeptanz einer Kunsttheorie, die zwischen Leben und Kunstproduktion ein enges Verhältnis herstellte, in Mozarts Loge. Zeit seines Lebens hat Mozart Libretti vertont, in denen – mit Wangermanns Worten – „Freundschaft und Menschliebe eine vorrangige Rolle spielen“.[76]

Im geistigen Freiraum des josephinischen Wien konnte der Freimaurer Mozart sein Talent entfalten und mit Da Pontes Hilfe von Joseph II. die Erlaubnis zur Vertonung von Beaumarchais *Le mariage de Figaro* in italienischer Sprache erhalten. Der Freiraum, der ihm gewährt war, war jedoch nicht unbegrenzt. Die Polemik Figaros gegen die Privilegien des Adels fiel dem Stift des Zensors zum Opfer, aber

---

73 Johann Friedrich Schink, Dramaturgische Fragmente, zitiert nach: Wangermann, Waffen, S. 169.

74 Mozart an seinen Vater, Wien, 17.8.1782, zitiert nach: Bauer – Deutsch, 3, S. 221.

75 Rede Hegrads zitiert nach: Wangermann, Ethik und Ästhetik: Moralische Auflagen an die schönen Künste im Zeitalter der Aufklärung, in: G. Barth-Scalmani, B. Mazohl-Wallnig, E. Wangermann (Hg.), Genie und Alltag. Bürgerliche Stadtkultur zur Mozartzeit, Salzburg, 1994, S. 292, im weiteren: Wangermann, Ethik.

76 Wangermann, Ethik, S. 267.

die politische Botschaft des Stücks konnte, ungeachtet der erzwungenen Textveränderungen, in Mozarts und Da Pontes Behandlung überleben.[77] Vergebung und Versöhnung anstatt Rache und Vergeltung schienen Mozart die wichtigsten Aufgaben der Oper zu sein, die er sein Leben lang umzusetzen sich bemühte.

Weil Freimaurer in die sonntäglichen Predigten gingen und das Material für die „Wöchentlichen Wahrheiten für und über die Prediger in Wien" und in den Vorstädten lieferten, glaubten sie sich dazu berechtigt, bei der Art der Durchführung der Reformpolitik gehört zu werden. Joseph gründete aber keine Akademie der Wissenschaften, wo sie ihre Ideen artikulieren konnten, ja er gab ihnen kein einziges Zeichen der Anerkennung ihrer Verdienste um das Aufkeimen der österreichischen Literatur – im Gegenteil: er ließ Freimaurer wegen deren Opposition gegen die Art seiner Reformpolitik in Ungarn auch in Wien überwachen, was die Freimaurer tief enttäuschte. Joseph schaffte ihre Autonomie ab.

---

[77] Wangermann, From Joseph II, [2]1969, S. 13: „Under the treatment of Mozart and da Ponte, however, the underlying political message of the play survived the enforced textual changes".

10. Sonnenaufgang im Habsburgerreich

Das Kräfteverhältnis zwischen den von Maria Theresia in die Regierung berufenen Reformern, den von den Reformen betroffenen privilegierten Ständen und Joseph II. verschob sich in der öffentlichen Meinung zugunsten der Aufklärung, weil man die freie Toleranzedikt-Diskussion in der Broschürenliteratur und die Predigerkritik genauso zu schätzen begann, wie Mozarts Reformopern und die öffentliche Kritik an Josephs absolutistischen Regierungsstil. Zu der Verschiebung dieses Kräfteverhältnisses zugunsten der Aufklärung trug wesentlich die Einrichtung einer staatsbürgerlichen Erziehung weitgehend nach Gottfried van Swietens Vorschlägen bei, über die wir bislang fast ausschließlich durch Wangermanns Forschungen Kenntnis haben.

10.1. Die Vermehrung der Landschulen

Dass die Volksschulen vermehrt werden sollten, darüber gab es weitgehende Übereinstimmung zwischen Joseph und Gottfried van Swieten, jedoch gravierende Meinungsverschiedenheiten zwischen Kaunitz und Gottfried van Swieten. Als er das Trivialschulwesen übernahm, schlug Gottfried van Swieten Joseph vor, in jeder neuen Pfarre eine neue Landschule vom Patron oder vom Kloster als Ganztagsschule errichten zu lassen, damit Land- und Stadtkinder einen gleichen zumutbaren Schulweg hätten und in etwa die gleiche Zeit in den Schulen zubringen könnten. Als er ausrechnete, wie viel das kosten würde,[1] wollte Kaunitz die theresianische Art der Erziehung der Bauernkinder durch den Pfarrer oder den Kaplan beibehalten und dafür nur zwei Stunden täglich – mehr sei nicht nötig – aufgewendet wissen. Schulmeister auf dem Land gegen die Einführung eines Schulgeldes für die gesamte Landschuljugend anzustellen, schien ihm ein vollkommen aussichtsloses Unterfangen zu sein. Er sah zwar im Normalschulwesen „den […] zur National-Aufklärung nöthigsten Theil im Studienfach",[2] wollte aber solche Schulen nur der Stadtjugend zur Verfügung stellen, mit der Begründung: „Da, wo die Mittel gebrechen, das Beste gleich vollkommen herzustellen, muss man sich begnügen, wenn es nur mit der Zeit geschieht". Zwei Stunden täglichen Unterricht durch den Pfarrer, Kaplan oder Messner genügten für das Landvolk.

---

1 Vortrag der SHK vom 12.8.1783 in: Wangermann, Aufklärung, S. 43.

2 Votum Kaunitz' Nr 19 vom 16.1.1782 ad 97, Vortrag der böhmisch-österreichischen Hofkanzlei vom 6.1.1782 mit einem Protokoll der SHK vom 27.12.1781, in: Kaunitz-Voten, Karton 4, KV 1782.

Die Kosten für die Anstellung so vieler Schulmeister könnten vermieden „und auch für den Unterricht [durch Pfarrer, Kaplan oder Messner] besser gesorget" werden. Für die Bezahlung der Messner könne der Religionsfond dienen.[3]

Die Förderung der Intelligenz der Bauernkinder auf gleiche Weise wie der Stadtkinder war Kaunitz demzufolge kein realisierbares Anliegen. Er hielt an seinem von Szabo herausgestellten statischen Bildungskonzept, das das theresianische Konzept war, fest[4] und trat mit ihm hervor, als sich die Frage der Finanzierung der Trivialschulen tatsächlich stellte.

Van Swieten war wie Kaunitz *philosophe.* Als solcher war ihm jedoch die Bildung des Verstandes und des Herzens der Kinder der Bauern analog zu jener der Handwerker in den Städten ein echtes Anliegen. Er konnte es nur realisieren, weil Joseph ihm die Aufsicht über die Landschulen beließ. Indem Joseph hier Kaunitz' Rat nicht folgte und das radikale Konzept Gottfried van Swietens zwar nicht ganz, aber zu einem großen Teil annahm,[5] entsprach er dem Ideal des Trajan, das Kaunitz ihm vorgehalten hatte. Nun konnten größere Mengen Kinder von der sokratischen Methode profitieren. Und wäre es nach van Swieten gegangen, hätten auch die Mädchen unbemittelter, gerade befreiter Leibeigenen nach den neuen Vorstellungen, die die Grundlage eines aufgeklärten Bewusstseins bildeten, erzogen werden sollen, nicht nur die Knaben.

10.2. Einführung der sokratischen Methode

Joseph entfernte Felbiger von der Leitung des Normalschulwesens, weil er mit ihm in der Frage der Erziehung der Soldatenkinder nicht übereinstimmte. Van Swieten reformierte die von Felbiger eingeführte Methode mit der Anstellung des Geistlichen Josef Anton Gall und ab 1788, als dieser zum Bischof von Linz er-

---

3 Votum Kaunitz' Nr 116 vom 12.9.1784 zur Staatsratsakte 3535 Vortrag der Studien – und Censur-Hofkommission vom 18.8.1784 „die bey den deutschen Schulwesen zu treffenden neuen Anstalten betreffend", in: KA, Kaunitz-Voten, Karton 5, KV 1784–1786, zitiert nach: Wangermann, Aufklärung, S. 47.

4 Über die Vorstellungen des Fürsten Kaunitz zur Bildung schreibt Szabo: ‚Für Kaunitz war die Gesellschaft in drei Stände geteilt, in den Stand der Bauern und Arbeiter, in den Bürgerstand und in die oberen Stände. Jede Klasse sollte ihren eigenen Bildungsweg haben' Szabo, Kaunitz, S. 191, wörtlich: „He (Kaunitz) saw society divided into three categories, or „orders of citizens": the broad masses of peasants and workers, the bourgeoisie, and the upper classes: he argued that each required its own educational track".

5 Alle Kinder, ohne Unterschied des Geschlechts, die nicht unter die Zahl der Armen vom Amte, Pfarrer, Richter gesetzt werden, entrichten das Schulgeld in Geld oder Naturalien. In den Dörfern beträgt das Schulgeld wöchentlich 1 Kreuzer, in Märkten wöchentlich 2 Kreuzer. Das Schulgeld war in der Steuerreform in den etwas mehr 20 % des bäuerlichen Bruttoertrags, die der Bauer für seine Auslagen für die Gemeinde, den Pfarrer und für Saatgut brauchte, mit inbegriffen = Wangermann, Aufklärung, S. 49–50.

nannt worden war, des Geistlichen Joseph Spendou zu Referenten für das Normalschulwesen. Die beiden führten die sokratische Methode im Normalschul-Unterricht nach dem Beispiel der deutschen „philantropischen" Pädagogik ein. Ziel der sokratischen Methode war das Verständnis des Gelesenen, bzw. Vorgelesenen und als Folge des Verständnisses die Entwicklung der Fähigkeit, das Erzählte mit dem eigenen Leben, den eigenen Erfahrungen zu verbinden, es also praktisch anzuwenden. Im Unterricht ging es daher besonders um die Vertiefung des Mitgefühls. Mitgefühl gegenüber sich selbst wurde beispielsweise durch die Freude vertieft, Dankbarkeit von einem Mitschüler, den man mit einer Wohltat bedacht hatte, empfangen zu haben.[6] Dort, wo das Herz der Kinder als Quelle moralischer Empfindungen aufgefasst wurde, hatte der Stock ausgedient. Die Furcht war auch in den Landschulen nicht mehr das wesentlichste Disziplinarmittel.

Die Bauernkinder lernten in den Landschulen mehr als sie für die Erhaltung der Pflichten ihres Standes brauchten, was die *Allgemeine Deutsche Bibliothek* schon im Jahr 1783 registrierte. Sie beanstandete „den allzu theoretischen Unterricht an den österreichischen Landschulen" und „dass die Bauernkinder in Österreich vieles lernen müßten, was sie im späteren Berufsleben nicht brauchen könnten" und meinte tatsächlich: „„„Man soll also wohl eher den Junker auf Gymnasien und Universitäten in den Grundsätzen der Landwirthschaft unterrichten"[7] – nicht die Bauernkinder. Dieser typisch „preußische" Standpunkt ist ein weiterer Hinweis dafür, dass in den Schulen Gottfried van Swietens mehr gelehrt wurde als die Bauern für die Erhaltung der Pflichten ihres Standes brauchten. Sogar die Religion wurde den Kindern „von ihrer liebenswürdigen Seite" vorgestellt, weil die Drohung mit der Hölle „die Kinder zu tugendhaften Empfindungen unfähig machen könnte".[8]

Es entstand unter van Swietens Ägide eine Bildungsbewegung, deren Träger die Schulinspektoren und die Lehrer der Normalschulen waren. Sie unterstützte die Einführung der sokratischen Methode im Unterricht, die gezielte Förderung sozialer Mobilität[9] mittels eines von van Swieten überwachten ausgedehnten Stipendienwesens und die tatsächliche Ausführung der schon unter Maria Theresia

6 Wangermann, Aufklärung, S. 67: Die Hälfte des gesammelten Geldes in der Prager Normalschule wurde für die Beschaffung neuer Kleider für einen „armen und gesitteten" Schüler verwendet, der „seinen Wohlthätern" vorgestellt wurde: „Alle ließen es an ihren heiteren und zufriedenen Mienen nicht undeutlich merken, dass sie sich für ihre Mildthätigkeit reichlich belohnt fänden" – so der Schulpropst Ferdinand Kindermann in einem seiner Berichte.

7 Kohrs, Aufklärerische Kritik, S. 128.

8 Wangermann, Aufklärung, S. 68.

9 Ebd., S. 45: „Bei jedem Kreisamte musste ein Schulaufseher angestellt werden, mit dem Rang und Gehalt eines Kreiskommissärs. Dieser hatte auch dafür zu sorgen, dass Knaben mit außergewöhnlichem Talent und Fleiß in den Trivialschulen ein Stipendium für die Hauptschule und allenfalls für höhere Studien erhielten, damit „vom geringsten Bauern an die ausnahmendste [sic] Talente in allen Klassen [...] auf Unkosten des Staates sich gratis auszubilden" in Stand gesetzt werden".

gehegten Idee, dass der Unterricht in allen gesprochenen Sprachen der Habsburgermonarchie erteilt werde. Lehrbücher in der Muttersprache wurden bereitgestellt. Das Angebot des Unterrichts in der Muttersprache trug für das Wiederaufblühen der vielfältigen Sprachen des Habsburgerreichs als Kultursprachen bei und war mit ein Grund für die Begeisterung, mit der sich die Träger der Schulbewegung van Swieten zur Verfügung stellten.

10.3. Die interkonfessionelle Schule

Nachdem Joseph das organisatorische und geistige Potential seines Unterrichtsministers schätzen gelernt hatte, wies er van Swieten an, „die Aufsicht der hungarischen und siebenbürgischen Studien und Schulen" zu übernehmen, mit dem Befehl, „sie der hiesigen Einrichtung durchaus gleichförmig zu machen".[10] Van Swieten musste also die Universität Pest der Wiener Universität angleichen und die protestantischen Schulen in Ungarn unter die allgemeine Vorschrift und Leitung bringen. Das geschah durch die Errichtung interkonfessioneller Schulen: Ende 1784 kamen deswegen Deputierte der anerkannten Religionsgemeinschaften AB und HB aus Ungarn nach Wien. Sie brachten Anstände gegen die im Königreich Ungarn allgemein einzuführenden interkonfessionellen Schulen vor. Gottfried van Swieten fertigte ein genaues Protokoll an und machte in einer Note an die ungarische Hofkanzlei Vorschläge zu ihrer Behebung. Als die Hofkanzlei am 16.8.1785 van Swietens Note behandelte und mit eigenen Vorschlägen begleitete, ließ Joseph alle Vorschläge durch die Staatsräte begutachten. Kaunitz überschüttete bei dieser Gelegenheit die interkonfessionelle allgemeine Schule mit Lob für van Swietens „gründlich überdachten und combinirten Plan", der die Unterstützung des Staates für die interkonfessionellen Schulen vorsah. Kaunitz' Begründung dafür lautete: „Die Vereinigung der Gemüter ist zwischen Unterthanen eines Staats [...] sehr zu wünschen. Sie kann nur ein ächter Geist der Toleranz hervorbringen, der durch gemeinschaftliche Erziehung dem empfänglichen zarten Alter eingeflößt [...] und bei zunehmenden Jahren zur Gewohnheit werden" [soll].[11] Diese Reflexion in Kaunitz' Votum verwendete van Swieten beinahe wortwörtlich zur Rechtfertigung seines Verweises an die oberösterreichische Regierung, die 1788 den katholischen Kindern den Besuch protestantischer Schulen

---

[10] Note Gottfried van Swietens an Joseph II. 6.6.1786 (Entwurf), in: ÖNB HSS, Cod. 9718, fol. 89v.

[11] Votum Kaunitz' Nr 58 vom 25.8.1785 zur Staatsratsakte 3380 Note des ungarisch-siebenbürgischen Hofkanzlers Graf Esterhazy vom 16.8. „womit der Vortrag der Studienhof-kommission vom 26.7. über die mit den hier erschienenen Deputierten der hungarischen augsburgischen und helvetischen Konfessionsverwandten gegen das allgemein einzuführende Studiensistem erhobene Anstände [die durch ein Protokoll] umständlich aufgenommen worden [sind], vorgelegt wird", in: KA, Kaunitz-Voten, Karton 5, KV 1784–1786.

verbot: das Verbot widerspräche „dem ächten Geiste der Toleranz, welcher Vereinigung der Gemüter zum Ziel und dazu kein wirksameres Mittel hat als die gemeinschaftliche Erziehung".[12]

Wie dieses Votum zur Staatsratsakte 3390/1785 erkennen läßt, war Kaunitz zum engagiertesten Befürworter der Gründung interkonfessioneller Schulen auf dem Land und in der Stadt geworden: „Ein so heylsames allgemein erwünschliches und zur Nazional Aufklärung unumgänglich nothwendiges Institut [soll] in rechten Glanz gebracht werden [...]".[13] „Nazional" wird von Kaunitz in einem ganz anderen Sinn verwendet als wir diesen Begriff heute verwenden: er meinte mit „nazional" gesamt-österreichisch, das ist multi-ethnisch und multi-konfessionell. Für ihn schmiedete die Toleranz die Einheit zwischen den Ethnien und Konfessionen der Habsburgermonarchie, weshalb er die Bildung der Kinder nach den Prinzipien der Toleranz in den Elementarschulen wärmstens befürwortete. „The development of [such mixed] schools was not limited only to major towns but, thanks to the efforts of non-catholic inspectors of the primary school system, it extended also to villages in the regions with inhabitants of mixed confession."[14]

Die Ausdehnung der seit 1785 in Ungarn erprobten interkonfessionellen Schule ab 1787 auf die österreichischen Provinzen reflektiert vermutlich eine gewisse Zustimmung der Eltern und Lehrer zu den neuen Elementarschulen. Das Verbot dieser Schulen durch die oberösterreichische Regierung bezeugt hingegen die Stärke der Opposition gegen diese Schulen. Die Zustimmung zu den neuen Schulen ersehen wir daraus, dass nicht-katholische Eltern ihre Kinder in die Schule mit einem katholischen Direktor und katholischen Lehrern tatsächlich schickten und umgekehrt: katholische Eltern schickten ihre Kinder in protestantische Schulen. Jüdische Kinder wurden von ihren Eltern entweder in die deutsch-jüdischen Schulen oder in die Christenschulen geschickt, wobei sich in Prag die Praxis herauskristallisierte, dass die reicheren Juden ihre Kinder bei Bezahlung des Schulgeldes lieber in die Christenschulen als in die deutsch-jüdischen Schulen, die vom Rabbiner geleitet wurden, schickten. Aus einem Brief einiger Mitglieder der Prager Judengemeinde an Gottfried van Swieten kann der Grund dafür entnommen werden: „Die Schulfeinde, deren es unter den Juden leider ! nur gar zu viel giebt [...] brechen [...] bey jeder Gelegenheit auf die Lehrer los, um selbe für den geringen Gehalt, den sie sauer verdienen müssen, die

12 Wangermann, Fortschritte, Methode, Konfession und deutsche Sprache in den österreichischen Volksschulen unter Gottfried van Swieten in: Actes du Cinquième Colloque de Matráfüred Oktober 1981, S. 379–380.

13 Votum Kaunitz' Nr. 11 vom 10.2.1785 zur Staatsratsakte 452 Vortrag der Hofkanzlei vom 31.1.1785 „Zur Begleitung eines Vortrags der Studien-Hofkommission vom 20.1.1785 über die bessere Einrichtung der Landschulen im Lande unter der Enns mit einigen Erinnerungen", in: KA, Kaunitz-Voten, Karton 5, KV 1784–1786.

14 Eva Kowalská, Gottfried van Swieten and the protestants: The case of the mixed schools, in: PCJII, S. 172.

unausstehlich[st]en Chikanen empfinden zu lassen".[15] Eine eigene Instruktion machte christlichen Lehrern Freundlichkeit gegenüber allen Kindern zur Pflicht, trug ihnen die Aufsicht über das Betragen der Christenkinder gegenüber den Judenkindern auf und hielt sie dazu an, in den Schulen das freundliche Betragen der Christen einzumahnen und Gegenteiliges zu bestrafen.[16] Das galt auch für Ungarn: wo immer dort Judenkinder die christlichen Schulen besuchten, sollten alle Bürger die Juden wie ihre Brüder und Mitbürger ansehen.[17]

10.4. Das philosophische Pflichtstudium

„Mit der Erziehung zum Selbstdenken konnte in den unteren Schulen nur ein Anfang gemacht werden. Dieser Prozess sollte aber im Laufe der philosophischen Studien an der Universität vollendet werden".[18] Auf der Reform des dreijährigen philosophischen Pflichtstudiums durch Gérard van Swieten, das alle Akademiker vor dem Berufsstudium zu absolvieren hatten, baute sein Sohn auf. Wangermann hat gezeigt, dass er die moralische Erziehung der Jugend konsequenter als dies seinem Vater möglich war, an den philosophischen Moralvorstellungen der englischen Neuplatoniker orientierte. Es ging darum, die jedem Gegenstand eigentümliche Methode oder dessen inneren Gesetze vorzutragen, hernach deren praktische Anwendung zu demonstrieren.[19] Wer sich also an Hand der Naturgeschichte und Naturlehre grundlegende Kenntnisse von der Ordnung und Schönheit der Natur erworben hatte, konnte die Schöpfung im Zusammenhang mit der Geschichte der Menschen und Völker besser verstehen und beurteilen. Wer die Unzulänglichkeiten der damaligen real-existierenden gesellschaftlichen Ordnung aus dem Studium der Geschichte und Weltgeschichte erkannt hatte, konnte zu dem neuen Verständnis der Natur, das den Menschen Begriffe von ihrer Ordnung und Schönheit vermittle, Reformperspektiven entwickeln. Daher mussten die angehenden Theologen wie die angehenden Juristen und Ärzte zuerst ein philosophisches Pflichtstudium absolvieren.

Kaunitz begrüßte die Wiedereinführung der neuplatonischen Sicht, dass göttliche Eigenschaften, wie „Allwissenheit, Gerechtigkeit" auf die Handlungen des

15 Moses Wiener, Pinkas Kollin [...] Simon Gunzenhausen, M. Löw Goldschmied an Gottfried van Swieten, Prag 15.6.1787, in: ÖNB, HSS, C 9718, fol. 164r. Van Swieten eigenhändiger Kommentar lautet: „Übergeben den 20 Junius 1787 von Kozma, einem Juden von 21 Jahren, Buchhalter bey einem Tuchhändler in Prag, der guten Anstand und zum Lob der Judenschaft in Prag eine gute Bildung so weit es sich aus einem Gespräche abnehmen läßt, anzeiget" (fol. 164r).

16 Wangermann, The Austrian Achievement, S. 98.

17 Catherine Horel, Juifs de Hongrie 1825–1849. Problèmes d'assimilation et d'émancipation, Straßbourg, 1995, S. 27.

18 Wangermann, Wandlungen, S. 43.

19 Wangermann, Aufklärung, S. 69.

Menschen „den größten Einfluß und die nachdrücklichste Wirkung haben können" im Unterricht besonders im Hinblick auf die angehenden Theologen:

> In keinem Fach der Gelehrsamkeit ist das vorläufige ganze philosophische Studium mehr nöthig und beynahe ganz unentbehrlich als für die Theologen. Wäre dieses Studium allezeit ein [Studium gewesen], das durch wahre Philosophie nur einigermaßen aufgeklärte Leute [hervorgebracht hätte] [...], so würde die Theologie niemals in ein so abentheuerliches Wirrwarr ausgeartet seyn, wie solches durch so viele Jahrhunderte geschehen ist und zum Theil noch geschieht.

Kaunitz zufolge musste der Theologe zuerst *philosophe* und dann Theologe sein wegen des *abenteuerlichen Wirrwarrs* der mittelalterlichen Theologie, die es zu überwinden gelte. Alle von van Swieten vorgeschlagenen philosophischen Fächer schienen ihm daher besonders für die Theologen dringend und notwendig zu sein:

> Logik, Metaphysik, natürliche Theologie und philosophische Moral sind dem Theologen ganz offenbar unumgänglich nothwendig. Ebensowenig kann derselbe, da er zum Predigen bestimmt ist, die Kenntnis der allgemeinen Regeln der Rhetorik und der Aesthetik entbehren. Was die Studienkommission von der Mathematik und Physik erinnert, scheinet mir ebenfalls vollkommen gegründet und auffallend überzeugend zu sein.[20]

Joseph fand den Studienplan van Swietens „ganz angemessen", zögerte aber dennoch mit der Besoldung des vorgesehenen Lehrpersonals. Erst ein Rücktrittsgesuch van Swietens bewirkte die Bewilligung dieser Ausgaben.[21]

10.5. Die Reform des theologischen Studiums

D. Beales, Josephs Biograph, würdigt in dem 2009 erschienenen zweiten Teil seiner Joseph-Biographie Wangermanns Studie über die Reformation des Unterrichts durch Gottfried van Swieten und schöpft aus ihr, während er gleichzeitig behauptet, sie enthülle die Wichtigkeit von Josephs persönlichem Anteil an der Reformation der Studien[22]: „Gottfried van Swieten als Reformator des österreichischen Unterrichtswesens von 1781 bis 1791" lautet der Untertitel von Wangermanns Studie. Van Swietens Verantwortung für Studienpläne und Wahl der Lehrer stellt Beales

20 Votum Kaunitz' Nr 277 vom 19.10.1783 zur Staatsratsakte 3579 Vortrag der SHK vom 12.10.1783 „worin sie auf mündliche erhaltene allergnädigste Erlaubnis die Gründe nachdrücklich vorstellt, welche nothwendig machen, dass auch noch künftighin die Theologen so wie die anderen Studierenden zur vorläufigen Hinterlegung des ganzen philosophischen Curses unnachsichtlich angehalten werden", in: KA, Kaunitz-Voten, Karton 4, KV 1783.

21 Wangermann, Aufklärung, S. 28–30.

22 Derek Beales, Joseph II. Against the World 1780–1790, Cambridge, 2009, S. 308: „[Wangermanns] book in fact reveals the importance of Josephs personal contribution". Im weiteren: Beales, Joseph II. Against.

in der Überschrift: *Josephism* (Josephinismus) als ausschließliche Leistung Josephs hin und wertet sie mit *rampant*[23], also mit „zügellos“ oder „übersteigert“, ab.

Zügellos schien Beales an Josephs Studienreform vermutlich in erster Linie Kaunitz’ und Josephs Überzeugung „von der Schädlichkeit jeglichen Gewissenszwanges“ und in Übereinstimmung mit ihr das von Kaunitz, Joseph und Gottfried van Swieten gemeinsam angestrebte Bildungsziel, eine aufgeklärte Theologie zu schaffen, die die Toleranz verstehen und fördern konnte. Bei allem Respekt vor dem Papst als dem Repräsentanten der Kirche nach außen versuchte diese Theologie, ohne die Drohung mit der Hölle und mit dem Fegefeuer ihr Auslangen zu finden, wovor Migazzi schon in seiner Kritik des *Belisar* gewarnt hatte. Sie grenzte die Vermittlung der Erbsündenlehre auf das Fach Moraltheologie ein und sah im Papst – mit der alleinigen Ausnahme des von Martini geschaffenen Kirchenrechts, das in den Klöstern rezipiert wurde – keine theologisch verbindliche Autorität.

10.6. Staatsbürgerliche Erziehung

Karl Vocelka[24] betont in seiner Analyse des aufgeklärten Absolutismus den Absolutismus, die Überwachung, die Zentralisierung und eliminiert, wie vor ihm Friedrich Walter usw., die Aufklärung. Es gibt, nach ihm, nur Untertanen im josephinischen Jahrzehnt, keine selbstdenkenden Staatsbürger. Joseph wollte aber aus den theologischen Fakultäten überzeugte Reform-Seelsorger mit modernen pädagogischen Perspektiven erhalten, das heißt Seelsorger, die zeitraubende, übertriebene barocke Gottesdienst-Praktiken unterdrücken und einen einfachen, meditativen Sonntags-Gottesdienst mit einer Predigt und mit praktischer christlicher sozialer Fürsorge verbinden könnten. Um das zu erreichen, sollten die Priesterkandidaten erst nach der Absolvierung des acht Jahre dauernden Theologiestudiums in die bischöflichen Priesterseminare eintreten. Ihre Studienzeit sollten sie in Generalseminaren zubringen, die in jeder Universität-Stadt errichtet wurden.[25] Kaunitz und van Swieten nahmen beide in Kauf, dass die freie Überprüfung der Sätze der Bibel zu der Begründung und Verbreitung atheistischer Positionen führen konnte. Dass die künftigen Studenten der Theologie die Kenntnis der allgemeinen Regeln der Rhetorik und der Ästhetik nicht entbehren sollten, ergab sich für beide aus ihrer gemeinsamen Überzeugung, dass Herz und Verstand zur Empfindsamkeit des Guten = Schönen gebildet werden sollten.

---

23 Die volle Überschrift lautet: „Josephism (sic) rampant II: lay education and a new Catholisism“ = Zügelloser oder Übersteigerter Josephinismus II: Laienerziehung und ein neuer Katholizismus.

24 Kurt Vocelka, Geschiche Österreichs, München, [7]2000, S. 154–167.

25 Wangermann, Aufklärung, S. 33 f.

Bis 1787 war den Bischöfen die Aufsicht über die theologischen Studien und die Priesterkandidaten für die Zeit ihres Studiums untersagt. Stephan Rautenstrauchs Syllabus aus der Regierungszeit Maria Theresias lieferte die Grundlage des Theologiestudiums auch im Generalseminar. Das Ideal des „pastor bonus" der Generalseminare war ident mit jenem, das Rautenstrauch in der Pastoraltheologie nach der Auflösung des Jesuitenordens eingeführt hatte. Die Moral wurde seit Rautenstrauch unter anderem nach Gellert gelesen, wogegen sich Migazzi mit dem Argument: es gebe viel bessere Moraltheologen unter den Katholiken gewehrt hatte, worauf Rautenstrauch erwidert hatte: „eine bessere deutsche Moral [als die des protestantischen Professors Gellert] wüsste ich nicht und wäre auch keine".[26] Alumnen, die in den Generalseminaren zusammengefasst wurden, scheuten sich nicht, über die Toleranz zu dissertieren und die Erbsündenlehre nach den auf den philosophischen und theologischen Fakultäten gelehrten Grundsätzen zu relativieren. Die Erbsündenlehre wurde in dieser Zeit mit folgenden Argumenten widerlegt: Der Gottesbegriff des Alten Testaments hat auf das Neue Testament keine Anwendung, mit der Begründung:

> Gott ist kein eigensinniger, willkührlicher Despot, der durch seine moralische[n] Gesetze den Menschen einen unnatürlichen Zwang auflegt, und bei seinen Forderungen keine Rücksicht auf die von ihm selbst gebildete menschliche Natur nimmt, sondern ein weiser, gütiger Vater, dessen Weisheit allzeit von seiner Güte, und zwar zum Besten der Menschen bestimmt wird; denn in Gott gibt es weder eine eigensinnige Willkühr, noch eine willkührliche Macht,[27]

nur Gleichmäßigkeit und Ordnung, deren Auswirkungen berechnet, deren Ursachen aber nicht erforscht werden können. Die Offenbarung sei eine Anleitung für das Menschengeschlecht zur Tugend und Glückseligkeit, keine Anleitung, sich vor dem rächenden Gott zu fürchten.

Die Bischöfe mussten die Priesterkandidaten zu Priestern weihen, was dann zu Konflikten führte, wenn sie der gegenreformatorischen Theologie anhingen. Im Prinzip waren sie durch die Abschaffung des Schwurs auf bedingungslosen Gehorsam gegenüber dem Heiligen Stuhl, der an der Stelle des Eides auf die unbefleckte Empfängnis eingeführt worden war, vom bedingungslosen Gehorsam gegenüber dem römischen Hof befreit. Sie hätten also ein Gottesbild, das dem im *Bélisaire* entwickelten entsprach, zugrunde gelegt war, annehmen können:

Wangermanns Forschungen zeigen, dass Joseph der Bildungspolitik Gottfried van Swietens, die den Theologen das philosophische Studium vor dem Theologie-

---

26 Stefan Rautenstrauchs Tagebuch, zitiert nach: Josef Müller, Der pastoraltheologische Ansatz in Rautenstrauch's *Entwurf zur Einrichtung der theologischen Schulen*, in: Wiener Beiträge zur Theologie, Bd. 24, Wien, 1969, S. 117f.

27 Anleitung Augustin Zippes zur Moraltheologie und Vortrag der SHK, 16.10.1787, in: Wangermann, Aufklärung, S. 73.

studium vorschrieb, nicht ganz folgen konnte. „Auf mündliche erhaltene allergnädigste Erlaubnis“ durfte Gottfried van Swieten die Gründe „nachdrücklich“ vorstellen, „welche nothwendig machen, dass auch noch künftighin die Theologen so wie die anderen Studierenden zur vorläufigen Hinterlegung des ganzen philosophischen Curses unnachsichtlich angehalten werden“. Joseph gab van Swietens Gründe[28] an den Staatsrat weiter, und Kaunitz verteidigte sie dort mit dem Argument: selbst wenn der junge Kleriker von geringem Verstand sei, werde er zwar immer von geringem Verstand bleiben, wohl aber könne man mit dem Zwang zur Absolvierung des philosophischen Studiums seinen Fleiß bilden. Und wenn die jungen Leute „auch für alle Theile der Wissenschaften nicht gleich fähig und aufgelegt sind, so wird es doch immer weit besser seyn, wenn die minder fähigen auch nur von den allgemeinen Grundsätzen der verschiedenen philosophischen Lehrtheile unterrichtet sind, als wenn sie hievon gar keine Kenntnis haben“.[29]

Da Kaunitz van Swieten unterstützte, gab Joseph etwas nach, aber überzeugt von der Notwendigkeit der Lehrgegenstände des philosophischen Kursus für die Theologie war er noch immer nicht.[30]

10.7. Kaunitz rettet die Lehrfreiheit

Solange van Swietens Vorträge von der Hofkanzlei unkommentiert an ihn gelangten, konnte die römische Opposition der Reformation des Unterrichts wenig anhaben, weil die öffentliche Meinung den Gebrauch der eigenen Vernunft in allen Fragen der Politik und der Religion unterstützte. Das änderte sich schlagartig, als Joseph der Hofkanzlei erlaubte, ihre Nicht-Übereinstimmung mit dem Inhalt der Vorträge van Swietens ausführlich darzustellen. Das musste diesen Minister ebenso entmutigen wie die willkürliche Herabsetzung des von seinem Vater eingerichteten medizinischen Studiums von fünf auf vier Jahre durch Joseph.[31] Aus Wangermanns Forschungen wissen wir, dass Joseph sich im Oktober 1786 Migazzi annäherte und 1787 den Bischöfen das Aufsichtsrecht über die theologischen Studien zurückgab. Sie durften die theologischen Lehren durch ihre persönliche Anwesenheit in den Hörsälen besuchen.[32] Das führte, nach Wangermann, zu der Erstarrung der von Kaunitz, Swieten und Zippe reformierten katholischen Religion und Kirche zu einer neuen Orthodoxie.

---

28 Vortrag der SHK vom 12.10.1783 (Referat: Rautenstrauch), in: ebd., S. 37–8.

29 Votum Kaunitz’ Nr. 277 vom 19.10.1783 zur Staatsratsakte 3579 Vortrag der SHK vom 12.10.1783.

30 Resolution auf den Vortrag der SHK vom 12.10.1783, in: Wangermann, Aufklärung, S. 38.

31 Wangermann, Aufklärung, S. 30–31.

32 Josephs Resolution zum Vortrag der SHK vom 21.9.1787, in: ebd., S. 91.

Uns interessiert Kaunitz' Reaktion auf den Wandel im Verhältnis Josephs zu Gottfried van Swieten: nach Hock-Bidermann erhielt der Vorschlag des Vizepräsidenten der geistlichen Hofkommission, allen Bischöfen das Aufsichtsrecht über die theologischen Studien zu übertragen, den einstimmigen Beifall „aller hierin befragten" Staatsräte.[33] Daraus wäre allerdings zu schließen, dass Kaunitz die Frage der Gewährung des Aufsichtsrechts der Bischöfe über die Lehren der Theologie nicht vorgelegt wurde. Zu van Swietens bedeutendem Vortrag vom 8.11.1787, mit dem dieser verzweifelt die Lehrfreiheit und das „so fruchtbare Selbstdenken" auch für die Studenten der Theologie retten wollte,[34] gab Kaunitz auch kein Votum ab. Er votierte – nach den vorhandenen Quellen – 1788 über van Swietens Vorschlag, das Lehrbuch für Kirchengeschichte des katholischen Priesters Matthias Dannenmayer „Institutiones historiae ecclesiasticae Novi Testamenti" zu approbieren. Hatzfeld unterstützte mit dem Argument: „dass eine Kirchengeschichte nichts als bloße Facta ohne alle Beurtheilung derenselben vorstellen soll," den Protest der Bischöfe gegen dieses Lehrbuch, in dem Luther als Mann, der wegen seiner Doktrin, Gelehrsamkeit und geduldigen Arbeit berühmt wurde, charakterisiert wurde.[35] Kaunitz setzte sich für die Approbierung des Buchs ein, mit dem Argument, er gebe „dem Begriffe einer pragmatischen Geschichte als eben derjenigen, die auf allen wohl eingerichteten Universitäten gelehrt wird" den Vorzug,

> weil die Wesenheit einer solchen [Kirchen]Geschichte darin bestehet, [dass] alle Fakta in einem solchen Licht und Zusammenhang dargestellt werden, woraus Ursachen, Absichten, Endzwecke Wirkungen und Folgen gründlich eingesehen werden können welches ohne mit eintrettender [sic] Beurtheilung zu bewerkstelligen unmöglich ist.[36]

Selbstdenken, selbst aus dem Gelernten eigene Schlüsse ziehen, hatte für Kaunitz – in der Kirchengeschichte – Priorität, womit er zugleich gegen das Aufsichtsrecht der Bischöfe über die theologischen Lehrbücher Stellung nahm, und zwar sowohl mit einem taktischen als auch mit einem inhaltlichen Argument. Während Hatzfeld für die Aufbereitung „bloßer Facta ohne alle Beurtheilung derenselben" eintrat, konnten für Kaunitz die Zusammenhänge der Fakten aus der Kirchengeschichte nur „mit eintretender Beurtheilung" erhellt werden. „Mit eintretender Beurtheilung" ist der Eintritt in die selbständige Beurteilung gemeint. Daraus folgte, dass

---

33 Hock-Bidermann, Staatsrat, S. 502.

34 Vortrag der SHK (Referat Zippe) vom 8.11.1787, in: Wangermann, Aufklärung, S. 92–93.

35 Charles H. O'Brien, Ideas of religious toleration at the time of Joseph II. A study of the Enlightenment among Catholics in Austria, in: The American Philosophical Society (Hg.), Transactions of The American Philosophical Society, N. S., 59, Teil 7, 1969, S. 48, Anmerkung 82, mit Bezug auf Dannenmayers Lehrbuch Wien, 1788, 2. Teil, S. 196.

36 Votum Kaunitz' Nr 21 vom 9.7.1788 zur Staatsratsakte 2290 Vortrag der Hofkanzlei vom 29.6.1788 „Über einen Vortrag der Studien-Hofkommission vom 24.6.1788 die eingereichten Aufsätze zu einem Lehrbuche der Kirchengeschichte betreffend", in: KA, Kaunitz-Voten, Karton 5, KV 1787–1790.

Ursachen, Absichten, Endzwecke, Wirkungen und Folgen der Kirchengeschichte für Kaunitz nur dann „eingesehen" oder begriffen werden konnten, wenn jeder angehende Theologe die Fakten aus der Kirchengeschichte in ihrem Zusammenhang selbst beurteilen oder bewerten durfte, während Hatzfeld die Bewertung den Bischöfen überlassen und den angehenden Theologen nur die Mitteilung blosser Facta aus der Kirchengeschichte vorsetzen, daher Dannenmayers Lehrbuch durch ein anderes ersetzen lassen wollte.

Joseph stimmte Kaunitz zu, was zeigt, dass er an dem Konzept seiner *philosophes*, das Selbstdenken in der Theologie zu fördern, auch dann festhielt, nachdem er den Bischöfen das Aufsichtsrecht über die Lehren der theologischen Fakultät eingeräumt hatte. Dannenmayers Kirchengeschichte wurde als Lehrbuch für die öffentlichen Schulen approbiert, gegen den Willen der meisten Bischöfe. Zweifellos gab es Reformkatholiken, die von der Verbreitung der theologischen Toleranz und des Selbstdenkens in der Theologie alarmiert, den Versuch Josephs, das Selbstdenken in der Theologie einzufrieren, begrüßten, während es van Swieten weiter entwickeln wollte. Joseph nahm aber den Rücktritt van Swietens nicht an, womit dieser sich nur deshalb abfinden konnte, weil Joseph sich in seine Personalpolitik nicht einmischte, sodass er die Reform des theologischen Studiums mit der Abschaffung der jansenistischen Moraltheologie vollenden konnte. Gegen den Willen der Bischöfe schrieb Gottfried van Swieten zusammen mit Augustin Zippe, der Stephan Rautenstrauch als Direktor der theologischen Studien nachgefolgt war, die aufgeklärte Moralphilosophie als Grundlage und Rahmen des Theologiestudiums vor: christliche Sittenlehre soll den Menschen allgemein zu einer Tugend für alle in jedem Stand anleiten und die Ruhe und Glückseligkeit jedes einzelnen Menschen und des ganzen gesellschaftlichen Lebens bewirken.[37] Van Swieten besetzte die Lehrkanzeln für Moraltheologie nach diesen Kriterien, weil er der rigoristischen jansenistischen Moraltheologie mit ihrer Betonung der Erbsündenlehre ein Ende machen wollte. Er führte die Reform der Theologie tatsächlich ihrer Vollendung zu, als ihm der Tod des jansenistischen Professors der Moraltheologie in Wien die Gelegenheit zur Besetzung dieser Lehrkanzel verschaffte, ohne von Joseph dabei gestört zu werden.

Die Papstkirche bewertete im 18. Jahrhundert die Toleranzidee und die auf ihr gegründete Morallehre als „Gift". Sie bekämpfte die Reformation des Unterrichts im Habsburgerreich als Anleitung zur Konsumation des „Gifts", aus ihrer Sicht als Anleitung zum Atheismus. In Übereinstimmung mit ihrer Abwertung der Reformation des Unterrichts sieht Beales in Josephs Reformation des Unterrichts „zügellosen Josephismus". Wie immer man Josephs Reformation des Unterrichts

---

37 „Anleitung", AVA, SHK, zitiert nach: Wangermann, Die moralische Erziehung der Jugend in den Studienplänen Gottfried van Swietens und seiner Mitarbeiter, in: F. A. J. Szabo, A. Szántay, István György Tóth (Hg.), Politics and Culture in the Age of Joseph II, Institute of History Hungarian Academy of Sciences, Budapest, 2005, S. 161.

bewerten mag, fest steht jedenfalls, dass im Habsburgerreich ein toleranter Klerus neben dem römisch-intoleranten tatsächlich entstand. Dieser Klerus wusste die katholische Religion vor ihrem Rückfall in den „Köhlerglauben“ und in die Scholastik noch lange zu bewahren. Er hatte gelernt, seine caritative Tätigkeit im Rahmen der von Joseph gegründeten Bruderschaft zur Liebe des Nächsten als neues Armeninstitut mit der Pflicht des Selbstdenkens und Philosophierens über die Inhalte der Religion zu verbinden. Das führte den Klerus noch lange nach Kaunitz' und Gottfried van Swietens Tod zu staatsbürgerlichem Engagement in gesellschaftspolitischen Fragen.

11. Kaunitz' konstruktive Kritik in Josephs Grundentlastung

Kaunitz bezeichnete sich selbst als citoyen = Staatsbürger. Er meinte damit seine Fähigkeit, über die Grenze seines Standes hinauszublicken und das Interesse des Ganzen über das des eigenen Standes zu stellen. Wie riet er bei der Einführung der Grundentlastung? Über sie hat Wangermann aus Rozdolski schon alles herausgeholt, was herausgeholt werden kann,[1] wir konzentrieren uns daher auf Kaunitz' Stellungnahme zu ihr, um herauszufinden, ob er in diesem Punkt als citoyen dachte und handelte.

11.1. Erste Maßnahmen Josephs zur Stärkung des Bauernschutzes

Das theresianische Robotabolutions-System hatte das in den Provinzen übliche Minimum an Robot in ein Maximum verwandelt. Es hatte die Erbpächterklasse auf den Krongütern geschaffen, sie von der Leibeigenschaft befreit und die Robotverpflichtungen reduziert. Mit dem Untertans- und Strafpatent vom 1.9.1781 stellte Joseph die Bauern unter den Schutz des Staates und schränkte das grundherrschaftliche Strafrecht noch weiter ein. Die Bestrafung der Untertanen mit Stockstreichen durch Beamte und Schaffersleute der Grundbesitzer bedurfte der Genehmigung der Kreisämter.[2] Dort schuf Joseph die Position des Untertanadvokaten. Die Kreisämter wurden mit ihm die eigentlichen Anwälte der Bauern auf jenen Gütern, deren Herren nicht mit Joseph kooperieren wollten. Sie erhielten eine Instruktion „in Rücksicht der neuen Erfahrungsart in Unterthanssachen": jedes Amt hatte „monatlich über alle bei ihm vorkommende Unterthansklagen besondere monatliche Protokolle [zu] führen", wo immer eine „Bedrückung" entdeckt werde,

> hat der Kreishauptmann den wider ein klares Gesetz verletzten Unterthan ohne Verzug wider alle Zudringlichkeit zu schützen, und schadlos zu halten. Wenn aber die Sache zweifelhaft ist, und zugleich keinen Verzug leidet: so hat das Kreisamt bis zur Aufklärung und Erörterung der Sache indessen das nöthige Provisorium vorzukehren.[3]

1 Wangermann, Waffen, S. 185–194.

2 J. Kropatschek (Hg.), HB, Bd. 1 (= 1780–1784), Wien, 1785, S. 51=Hofdekret vom 30.5.1781.

3 Ebd., S. 55 = Hofdekret vom 28.10.178.1

Der Kreishauptmann habe schriftliche Bescheide zu geben, was später dahin präzisiert wurde, dass die Untertanen ihre Klagen „mündlich anbringen können, welche von den Kreisämtern in das Unterthansprotokoll einzutragen und darüber sodann den Klägern der Bescheid schriftlich zu ertheilen ist".[4] Gegen Vorlage eines kostenlosen Meldezettels durfte der Untertan einer Grundherrschaft sich frei verehelichen,[5] Freizügigkeit wurde ihm gegen einen unentgeltlichen Entlassungsschein von seiner alten Grundherrschaft gewährt. Jeder Untertan konnte ein Handwerk oder freie Künste erlernen, er wurde dann von den Diensten auf dem Hof der Grundherrschaft befreit. Besonders schützte Joseph die Waisenkinder. Ihre Dienste für den Hof wurden auf drei Jahre beschränkt.

Josephs Bauernschutzgesetze zielten darauf ab, die Bereitwilligkeit der Grundbesitzer zu erhöhen, den von ihm aus der Sklaverei befreiten Untertanen gegen ein angemessenes billiges Entgelt das Eigentum auf den Meierhofgründen mittels der Erbpacht de facto einzuräumen, weil sie „bei den verbesserten Umständen der Unterthanen mehr gesichert sind, so wie es auch anderwärts die Erfahrung bestättiget, [dass derartige Einrichtung] dem Fleiße, der Arbeitsamkeit und Industrie des Unterthans einen neuen [An]trieb geben wird".[6] Im Hinblick auf „die vermehrten [...] Einkünfte auf den eingerichteten Herrschaften", das waren die Herrschaften, die das theresianische Robotabolitionssystem angenommen hatten, und den „blühenden Stand der Kameral- und [Ex]Jesuitenunterthanen" gab sich Joseph zuversichtlich, dass das gute Beispiel allein als Anreiz zur Nachahmung genüge. Genau wie seine Mutter auch, wünschte er die freiwillige Vermehrung des bäuerlichen Eigentums „gegen angemessene und billige Entgeltung" an die Grundherren, wobei er zunächst zusicherte, dass die gesetzlichen „Prästazionen" (Robotleistungen) nicht verkürzt werden sollten.[7] Die Erbpacht wurde in diesem Gesetz als Mittel zum Antrieb des Fleißes im befreiten Bauern gepriesen, was den Schluss zulässt, dass Joseph das Los der befreiten, früher leibeigenen Bauern auch deshalb erleichterte, damit die Grundherren die Erbpacht freiwillig auf ihren Gütern einführten.

Zwar blieb auch unter Joseph II. das Untertanenverhältnis gegenüber der Herrschaft bestehen, zwar wurde auch unter ihm die Robot nicht abgeschafft, aber der Untertan wurde gegenüber willkürlichen Forderungen seiner Herrschaft durch den Untertanadvokaten besser beschützt und daher de facto aus der Leibeigenschaft befreit.

---

4 Hofdekret, Wien vom 9.9. in Böhmen kundgemacht vom 1.10.1784 in: HB 6 (=1784), S. 12–13.

5 „Jedem Unterthan, der die Großjährigkeit erreicht hat, steht frei, sich zu verheirathen, und kann ihm solches bei der nunmehr aufgehobenen Leibeigenschaft von seiner Obrigkeit auf keinerlei Weise erschwert werden, sondern diese ist verbunden, ihm die Heirathsbewilligung unentgeltlich zu ertheilen." = Verordnung vom 24.5.1784, in: ebd., S. 24.

6 Ebd., S. 81 = Hofreskript und Patent vom 1.11.1781.

7 Ebd.ebd., S. 61 = Hofdekret vom 27.3.1781.

11.2. Grundsteuerreform – Kaunitz' Bedenken: nicht ob, sondern wie

Der Plan der Einführung der Steuer- und Urbarialreform stammte wie auch der Plan der Einführung der Generalseminare – von Joseph selbst. Das Ende Juni 1783 datierte Schriftstück, in dem er die Reform ankündigte und erklärte, hatte er sogar zur Gänze selbst verfasst. Er ließ sich dabei von dem Gedanken leiten, es sei ein „unsinniges Vorurteil" zu glauben, dass „die Obrigkeiten die ursprünglichen Eigentümer allen Grundes gewesen wären". Aus diesem Grund ließ er von Anfang an keinen Zweifel daran, „dass die neue Grundsteuer nicht nur alle Grundbesitzer verhältnismäßig belasten, sondern auch mit einer allgemeinen Regulierung der Urbarial-Leistungen der untertänigen Bauern an die Dominien verbunden sein würde".[8]

Alle untertänigen Dienste, die nicht durch die Gemeinde mittels eigenen Dokuments bestätigt waren, wurden für ungültig erklärt, soweit folgte Joseph dem Hofrat Anton von Blanc, den Maria Theresia 1777 auf sein Betreiben aus Wien abgeschafft hatte. Für die Bestimmung der Höhe der den Gemeinden zugemessenen Steuern schuf Joseph eine eigene Steuer-Regulierungs -Kommission. An ihre Spitze stellte er am 27.7.1784 aus unerklärlichen Gründen einen Reformgegner, den Hofrechenkammerpräsident Graf Zinzendorf. Zinzendorf stimmte mit ihm, was die Besteuerung des Bruttoertrages anging, nicht überein und schlug die Bestimmung des Nettoertrages als Grundlage der Bemessung der Grundsteuer vor. Auf den Bauerngütern gab es aber keine Nettoerträge, weshalb man dort die Reform nicht einführen hätte können[9]: „In fact, one would find that many operated at a loss [...]",[10]schreibt Wright, der zusätzlich erwog: bei der Besteuerung des Nettoertrags wäre der tüchtige Farmer, der seine Bebauungskosten niedrig hielt, bestraft worden.[11] Zinzendorfs Idee der Besteuerung des Nettoeinkommens war eher destruktive als konstruktive Kritik an dem System Josephs II. Das kann auch durch seine persönlichen Kommentare zur Ausmessung der Gründe und Erträge als Grundlage für die Steuerbemessung erhärtet werden. Ein neuer Kataster wurde mit im Militär ausgebildeten Geometern angelegt. Die Hauptarbeit leisteten dabei jedoch die Bauern, die als Hilfskräfte herangezogen wurden. Aus dem

8 Wangermann, Waffen, S. 185, mit Bezug auf Rozdolski.

9 Aus der Sicht des mährischen Staatsgüteradministrators Anton Freiherr von Kaschnitz würde die Durchführung von Zinzendorfs Idee, die Steuerreform „ebenso unmöglich als unbillig machen": Kaschnitz zitiert nach: Roman Rozdolski, Die große Steuer- und Agrarreform Josefs II. Ein Kapitel zur österreichischen Wirtschaftsgeschichte, Warszawa, 1961, S. 47, im weiteren, Rozdolski, Steuer- und Agrarreform.

10 William E. Wright, serf, seigneur, and soverein. Agrarian Reform in Eighteenth-Century Bohemia, Minneapolis, 1966, S. 139, im weiteren: Wright, serf.

11 Ebd., S. 138.

Rückblick bewertete Zinzendorf den mühsam erarbeiteten Kataster als „schlechterdings verfehlt".[12] Während der Ausübung seines Amtes behauptete er, die Bauern hätten die Gründe schlecht ausgemessen und seien Ausmessungen seines Erachtens nur durch Experten vorzunehmen.[13] Er hatte darin unrecht, denn die Mitarbeit der von Joseph befreiten Sklaven an der Ausmessung der Gründe ihrer Herren bestärkte diese in dem Bewusstsein ihrer Rolle als Mitarbeiter am Reformwerk des Kaisers, was Zinzendorf keineswegs positiv werten konnte.

Kaunitz erhielt Gelegenheit, im Staatsrat seine Meinung über Josephs Grundsteuer-Einführung abzugeben. Freilich war er gegenüber Josephs Ideen wegen der gleichzeitigen Einführung der Reform in allen Provinzen der Monarchie sehr skeptisch: „hat dieses Sistem in der theoretischen Speculation sehr viel plausibles vor sich, allein wer wollte die Execution eines Projekts wagen, wodurch mit einmal auf gutes Glück in dem ganzen Staate alles unter und ober sich gekehrt werden würde".[14]

Auf gutes Glück, ohne auszuprobieren, ob die Reform in einer Provinz funktioniere, schien sie Kaunitz nicht durchführbar zu sein. Er kritisierte, dass in den rückständigsten wie in den fortschrittlichen Provinzen gleichzeitig *alles unter und ober sich gekehrt werden würde.* Wenn er aber meinte, der einzige Hofrat von Eger schiene ihm Josephs Grundsätze „in dem wahren und ächten Gesichtspunkte betrachtet zu haben. Ich bin dahero mit seinem Voto gänzlich einverstanden",[15] brachte er damit unseres Erachtens seine prinzipielle Übereinstimmung mit Josephs Reformzielen klar zum Ausdruck, auch wenn er deren unmittelbare allgemeine Durchführbarkeit bezweifelte. Nach Hock-Bidermann[16] hat Kaunitz zwischen 1783[17] und 1787[18] in Sachen Steuer- und Urbarialreform keine Voten abgegeben. Außer seiner moderaten Kritik an Josephs Grundsätzen, wie sie sein Votum von 1783 interpretierten, führten sie aus dieser Zeit keine Kaunitz-Voten zu dieser Reform an. Es gibt jedoch Kaunitz-Voten. Sie bezeugen Kaunitz' Skepsis hinsichtlich der schnellen Durchführbarkeit, nicht jedoch hinsichtlich der theo-

12 Wangermann, Waffen, S.187.

13 Wright, serf, S. 137: „[...] there were complaints, beginning with Zinzendorf, that the land registry could not be properly accomplished without trained surveyors".

14 Votum Kaunitz' Nr. 208 vom 11.8.1783 „Recirculandum ad 1406 mit einem allerhöchsten Hand-Billet und denen von allerhöchst Seiner Majestät zugleich beygeschlossenen zu Einführung eines allgemeinen Steuerfußes gefassten Grundsätzen", in: KA, Kaunitz-Voten, Karton 4, KV 1783.

15 Votum Kaunitz' Nr. 18 vom 6.2.1784 „zur Staatsratsakte 333 Protokoll der unterm 16.1.1784 gehaltenen gemeinschaftlichen Berathung über die mit allerhöchsten Handbillett vom 24.11.1783 herabgegebenen Grund-sätze zur Steuer Belegung in den gesamten Erblanden", in: KA, Kaunitz-Voten, Karton 5, KV1784–1786.

16 Hock Carl, Bidermann Hermann, Der österreichische Staatsrat (1760–1848) Eine geschichtliche Studie, Wien, 1879, im weiteren: Hock-Bidermann, Staatsrat.

17 Hock-Bidermann, Staatsrat, S. 603.

18 Ebd., S. 170, S. 617.

retischen Grundlage der von Joseph mit der Reform beabsichtigten Umwandlung der Herrengüter zu von Robot und Zehent entlasteten Gründen.

Wenn Wangermann schreibt: „[...] most of his [Josephs] peers (except perhaps Kaunitz) [...] [were] unable to transcend the political and mental horizons of [their] own class“[19], kann ergänzt werden: nicht „perhaps“ – SICHER war Kaunitz der einzige Aristokrat in der hohen Bürokratie, der Josephs Willen durch seinen Rat beförderte. Bei dieser Reform, die die Herabsetzung vertraglich geregelter Dienstleistungen nach dem Verhältnis Einkommen – Grundbesitz anordnete, erwies es sich, dass Kaunitz als Angehöriger der Adelsgesellschaften allein fähig war, über den Horizont seiner eigenen Klasseninteressen hinauszublicken. Er übte scharfe Kritik an einem absichtlich unklaren Patententwurf der Hofkanzlei und entwickelte zusätzlich die Idee der Einführung der nachbarlichen Kontrolle bei der Erhebung der Erträge und Landvermessungen:

> „Nebst der Belohnung der Denunzianten [muss] vorzüglich auf die Kontrolle der Gemeinde-Mitglieder unter sich, sowie der Dominien über Gemeinden und vice versa [gesetzt werden] Sind die Bauern einer Gemeinde wahrhaft gewiss, dass das Steuer Quantum so sie insgesamt dermalen bezahlen in der Repartition für jeden um so geringer ausfallen werden, je richtiger die übrige Fassion, so werden sie sich wechselweise auf das genaueste zu berichtigen suchen“.

Joseph hatte den Gemeinden Autonomie zur Abführung der Grundsteuer als Kollektivsteuer gegeben. Das nützte Kaunitz für seinen Vorschlag zur Einführung der wechselseitigen Kontrolle Gemeinde-Herrengründe. Die Gemeinden sollten die Messungen der Grundherren-Beamten genau kontrollieren: „wenn sie mit Grund hoffen können“, dass der Gewinn des Ertrages der Grundherrschaften „auf die eine oder andere Art die Erleichterung ihrer rustical Steuer nach sich ziehen werde“, werden sie „eine gute Controlle der Herrschaftsfassionen abgeben“.[20] Kaunitz' Idee, dass die Erklärungen über den erzielten Ertrag weniger durch die Belohnung der Denunzianten, sondern „durch die Kontrolle der Nachbarn oder der benachbarten Gemeinden berichtigt werden sollten“, war konstruktive Kritik. Sie wurde berücksichtigt und erleichterte tatsächlich die Ausmessung der Gründe und Erträge.[21]

Der sichtbar mangelnde gute Wille der Kanzlei und der ihr angegliederten Steuerkommission unter dem Präsidenten Graf Zinzendorf bei der Ausführung der Reform, bewog Kaunitz auch zu dem Rat, „in den meisten Orten“ im Königreich Ungarn Intendanten und Militär einzusetzen. Intendanten mussten mit

---

19 Wangermann, From Joseph II, ²1969, S. 53.

20 Votum Kaunitz' Nr. 105 vom 16.7.1784 zur Staatsratsakte 2522 über den Vortrag der Hofkanzlei vom 28.6.1784 „womit der Patentaufsatz wegen allgemeiner Regulierung des Steuerwesens in gesamten Böhmisch-österreichischen Erblanden vorgelegt wird“, in: KA, Kaunitz Voten, Karton 5, KV 1784–1786.

21 Wangermann, Waffen, S. 186.

dem Einsatz des Militärs die Ausmessung der Gründe und der Erträge in Zusammenarbeit mit den Bauern durchführen. Kaunitz warf aber bei dieser Gelegenheit die Frage auf, ob es nicht besser wäre, mit der Steuerreform vorerst nur in einer Provinz anzufangen. Fünf Gründe schienen ihm dafür zu sprechen, im letzten schüttete er Joseph sein Herz aus: man könnte in einer Provinz schneller vorgehen. Man könne sofort – 1784/5 – die Steuer ausgleichen und sie verhältnismäßig zwischen Bauern und Herren besser verteilen, daher die Abgaben der Bauern an die Herren in dieser Provinz neu bestimmen, was

> denen Unterthanen gleich ein wahres und solches Wohl verschaffte, dessen Aussicht (auf Erlangung) in den übrigen Provinzen die Begierde und den Eifer der Unterthanen für die Ausführung einer ähnlichen Einrichtung gewiß lebhafter als alle penal Drohungen rege machen würde.[22]

Die Begierde und der Eifer der Unterthanen, ihr Verlangen nach der Reform, meinte Kaunitz, müsse die Steuerreform und die Robotreduktion durch den Staat tragen, dann wäre ihre Durchsetzung leichter. Für die entsprechende Publizität würde Gottfried van Swieten sorgen.

Joseph gewährte Kaunitz keinen Einfluss auf die Durchführung der Steuerreform, was insofern rätselhaft ist, als Kaunitz die Reform anwendbar machte, während Graf Zinzendorf als typischer Vertreter von aristokratischen Klasseninteressen die Reform nicht einführen wollte. Kaunitz dachte auch anders als der Freiherr von Martini. Als letzterer sich 1787 im Staatsrat mit besonders großer Wärme auf die Seite der Stände schlug und empfahl, mit den Ständen durch die Einberufung von deren Vertrauensmännern „offen zu reden" und ihnen nach der Ausmittlung der jedes Land treffenden Steuerquote die Subrepartition der Grundsteuer zu überlassen, empfahl Kaunitz nach Hock-Bidermann, „das gerade Gegentheil hievon [...] und gab so zu Gunsten der beiden ersten Votanten (Eger und Izdenczy) den Ausschlag.[23] Er warnte vor den Ständen so gut wie vor den Notabeln, weil jene doch nur die höheren Volksclassen auf Kosten der niederen in Schutz nehmen würden. Jeder ständischen Körperschaft das Recht einräumen, das Steuerwesen ihres Landes zu organisieren, hieße einen Rückschritt thun und so viele Steuersysteme schaffen als es Provinzen gebe".[24] Vom Zentrum aus müsse bestimmt werden, wie viel an Einkommen der durch die Reform zu vermehrenden Erbpächterklasse belassen werden müsse.

---

22 Votum Kaunitz'Nr. 132 vom 19.12.1784 zur Staatsratsakte 5024 Vortrag der Steuerregulierungskommission vom 7.12.1784 „die zur allerhöchsten Einsicht vorgelegte und zu den veranlassten Fatirungs und Ausmessungs-Versuchen ertheilte Vorschriften, dann der Erfolg der bäurischen Ausmessung auf der Herrschaft Gutenbrunn in Niederösterreich und auf der Herrschaft Thonhausen in Steyermark betreffend", in: KA, Kaunitz-Voten, Karton 5, KV 1784–1786.

23 Votum Kaunitz, 1787 (Regest), zitiert nach Hock-Bidermann, S. 170–171. Dieses interessante Votum ist im Bestand der Kaunitz-Voten nicht auffindbar.

24 Ebd.

Hätte Kaiser Joseph II. Kaunitz – wie bei der Einführung der Toleranz – *carte blanche* bei der Einführung der Steuerreform gegeben, hätte Kaunitz die Steuerreform mit dem Staatsrat durchgeführt. Er hätte damit in einer Provinz schon 1784 begonnen. Die Reform wäre schon 1784 mit einer ihr entsprechenden Publizität begleitet worden.

Erst als Zinzendorfs Untergebener, der Referent der Steuer-Regulierungs-Hofkommission Eger, gegenüber Joseph offen aussprach: sein Vorgesetzter werde die Reform-Durchführung aus ziemlich einleuchtenden Gründen mit dem Beifall der übrigen Minister behindern[25] und daher die Austeilung der Steuerbescheide zu verhindern suchen, kündigte Joseph am 28.2.1788 die Enthebung Zinzendorfs vom Vorsitz der Kommission in Gnaden an[26] und vertraute die technische Durchführung der Reform Eger an. Aber er unterstellte Eger der Aufsicht der Hofkanzlei, sodass der Oberste Kanzler Graf Kollowrat und der Hofkanzler Chotek weiterhin Einsprüche gegen die Steuerreform erheben konnten: „das ist ein Beispiel der Inkonsequenz, die manchmal Josephs Politik kennzeichnete".[27] Joseph brauchte bis 1789, um die Reform überall mit Intendanten vorzubereiten, Ungarn musste er ausnehmen, desgleichen Galizien. Und er betrat selbst die Arena der politischen Öffentlichkeit, um die Reform mit nur einer einzigen Broschüre rechtfertigen zu lassen.

25 Eger, zitiert nach Wangermann, Waffen, S. 190: „[...] Ist [...] der Hofkommissionsvorsteher [Graf Zinzendorf] für das Werk nicht eingenommen, so wird er tausenderlei Ausstellungen und Fehler [...] aufsuchen, nie vorwärts gehen, bei Adel und Ministerien Anhänger finden".

26 Rozdolski, Steuer- und Agrarreform, S. 102f.

27 Wagermann, Waffen, S. 190.

12. Das Spannungsfeld zwischen Aufklärung, Absolutismus und Reaktion

Aus Wangermanns Forschungen wissen wir, dass Joseph Kaunitz' Eintreten für die Publikation der unter Maria Theresia ausgesetzten Todesstrafe und für die Erlassung möglichst milder Ersatzstrafen anstelle der Todesstrafen konsequent nicht berücksichtigte: Fünf Jahre nachdem er die Todesstrafe ausgesetzt hatte, vollzog er sie „mit den grausamsten in der *Nemesis Theresiana* vorgesehenen Verschärfungen",[1] weil er sich von der Härte der Strafe eine abschreckende Wirkung erhoffte (138). Er schuf ein unabhängig von den anderen Hofstellen agierendes Polizeiministerium, das nur ihm verantwortlich war.[2] Durch seinen Polizeiminister Graf Pergen ließ er den politisch unliebsamen Verleger der meisten kritischen Broschüren aus seinen Staaten abschaffen.

12.1. „Warum wird Kaiser Joseph von seinem Volke nicht geliebt?"

So lautete eine in Broschürenform öffentlich diskutierte Frage dieser Zeit. Sie regt zur Beantwortung aus historischer Perspektive auf der Grundlage von Wangermanns Forschungen an. Die dazu passende Theorie zu allen diesen Handlungen lieferte Martini mit dem Satz: der absolut regierende Fürst sei die Quelle des Rechts, während Kaunitz die gegenteilige, „konstitutionelle" Überzeugung gegenüber Joseph vertrat. Dass die konstitutionelle Überzeugung, die Kaunitz im Staatsrat äußerte, den Weg in die Broschürenliteratur fand, ist allerdings mittelbar auf Josephs Entscheidung über eine Initiative Gottfried van Swietens zurückzuführen. Dieser hatte einer von Wucherer bestellten Broschüre, in der Joseph wegen willkürlicher Verschärfung eines Urteil eines Militärrichters als „Tyrann" bezeichnet wurde, nicht nur das *admittitur* vorenthalten, sondern auch ihre Beifügung zu dem Aktenlauf verhindert, mit der Begründung: „Der verwegene Inhalt [...] zeugt von einer entbrannten Einbildung und irren Verstande, ist aber überhaupt von solcher Beschaffenheit, dass es mir nicht schicklich schien, dieselbe dem Protokolle beizuschließen und dadurch der Neugierde des zahlreichen Kanzleipersonalis preis zu geben. Ich habe daher für nothwendig erachtet, diese Schrift selbst unmittelbar zur Allerhöchsten Einsicht zu übersenden und die Verordnung darüber von Euer Majestät allerunterthänigst zu

---

1 Wangermann, Waffen, S. 136.

2 Wangermann, From Joseph, ^{2}1969, S. 36–38.

erwarten".[3] Joseph verfügte aber, die Broschüre sei mit dem *admittitur* zuzulassen. Die Reaktion auf die Publikation war heftig, „zumal man bald erfuhr, dass Joseph den freien Verkauf der Schrift erlaubte". Der dadurch entstandene politische Wirbel führte aber – dank van Swietens Leitung der Zensur – zu einer Diskussion über die Pressefreiheit, ihre rechtmäßige Ausdehnung und ihre notwendigen Grenzen. Nach der Publikation der neuen Gesetzbücher Josephs II. führte er auch zu dem sprachlich sehr geschliffenen „Höhepunkt der Kritik" an Öffentlichen Strafen und diesen Gesetzbüchern, die Sonnenfels inspiriert haben dürfte: die Schlendrian-Schriften.[4] Die Kritik richtete sich dagegen, dass Gesetzbücher nur in einem kleinen Kreis beraten worden waren. Sonnenfels war 1771 als Propagierer der Idee, dass der Rat der Weltweisen bei der Gesetzgebung berücksichtigt werden müsse, seiner Zeit weit vorausgeeilt. 1787 – mit dem Anbruch des revolutionären Zeitalters – schien die Zeit für die Diskussion derartiger Ideen gekommen, siehe die Schlendrian-Schriften. Nicht Eroberungen durch Krieg gründen den Ruhm eines Herrschers, sondern dessen Humanität: „Die Güte muß aus jeder Handlung blicken" ließ der Dichter Weidmann Marsis, den Freund des Fürsten Eduard, diesem zurufen. Mit diesen Überlegungen griff Weidmann Grossingers Erläuterung von Kaunitz' Antwort auf Josephs Worte des Dankes für die ihm und seiner Familie erwiesenen Dienste auf. Er verstärkte sie mit seinem Zuruf an den imaginären Joseph: „Erwähl die Menschlichkeit zur Zierde deines Thrones".[5] Das geschah zu einer Zeit, als sich Joseph II. von Kaunitz' Rat zu entfernen begann und die aufgeklärte öffentliche Meinung sich gegen ihn als Verfechter einer despotischen Willkürjustiz, die auf die Verschärfung der Strafen gerichtet war, richtete.

Diese aufgeklärte Publizistik unterzog Josephs Eingriffe in die Rechtsprechung als eine „Laune des Monarchen", der „Gesetze und Gerechtigkeit" verlache,[6] scharfer öffentlicher Kritik. In dieser Kritik, die nach Freiheit der Meinungsäußerung und Unterwerfung des Fürsten unter ein allen kundgemachtes Gesetz verlangte, kam, wenn auch überspitzt, auch in Kaunitz' Position zum Ausdruck. Im Strafrecht handelte Joseph II. nicht als Philantrop, was die aufgeklärte öffentliche Meinung mit Sonnenfels und Franz Xaver Huber von ihm verlangte. An der Reformation des Unterrichts hielt er ab 1787 nur mehr wegen der aufständischen Ungarn fest.[7] Mit seiner eigenen Publizitätspolitik gegen Migazzi hatte Joseph Schiffbruch erlitten, er wollte daher ab 1784 nur mehr autoritär – „il ne me faut pas votre consentement pour faire le bien" – regieren mit der Absicht, seine Untertanen im Nachhinein von seinen guten Absichten zu informieren. Diese

3 Note van Swietens, Wien, 5.7.1786, in: NB HSS, Cod. 9718, fol. 106 r.

4 Wangermann, Waffen, S. 167.

5 L. Bodi, F. Voit (Hg.), Paul Weidmann: Der Eroberer, eine Parodie der Macht, Nachdruck der Ausgabe von Wien, Leipzig, 1786, Verlag Winter, 1997, S. 145–146.

6 [Anon] „Freymüthige Bemerkungen über das Verbrechen und die Strafe des Garde-Obristlieutnant Szekely [...]" in: Wangermann, Waffen, S. 139.

7 Wangermann, Aufklärung, S. 76.

„schlechte Staatskunst" im Zeitalter der „demokratischen Revolutionen" kostete ihm die Niederlande und beinahe Ungarn.

12.2. Die brabantische Revolution von 1787

Die politischen Erdbeben in Amerika, Genf und Holland sensibilisierten die Bürger der österreichischen Niederlande in ihrer Liebe und Anhänglichkeit an ihre Verfassung,[8] die den privilegierten Ständen, den dritten Stand eingeschlossen, das Recht der Genehmigung der Steuern sicherte. Nach Hasquin hatten sich die Niederländer mit dem Toleranzedikt Josephs II. und mit den Klosteraufhebungen einigermaßen abgefunden. Wie in den anderen Ländern der Habsburgermonarchie gab es Proteste, dessen ungeachtet fügte sich die Hierarchie.[9] Den Anlass zum Ausbruch der Revolution in den österreichischen Niederlanden lieferte der Papst. Er hatte zuvor Eybels Schrift „Was ist der Pabst?", die seit 1782 in der gesamten Habsburgermonarchie, daher auch in den Niederlanden erlaubt war, auf den Index gesetzt, das diesbezügliche Breve hatte der neue Nuntius (Zondadari) in den österreichischen Niederlanden bekannt machen lassen, ohne die landesfürstliche Genehmigung dafür einzuholen. Joseph, der 1781 Eybels Schrift nicht zu einer Staatsschrift hatte machen wollen, wies jetzt den Nuntius wegen der Handlung des Papstes gegen Eybels Schrift aus den Niederlanden aus, ohne vom Papst die Ernennung eines Nachfolgers zu beantragen. Das zeigt seine Bereitschaft, das Schisma zu riskieren.[10] In dieser Situation, tatsächlich wegen Josephs öffentlichem Bekenntnis zu Eybels Grundsätzen ein „Höhepunkt" in der Geschichte der reformkatholischen österreichischen Kirche,[11] provozierte das Dekret zur Errichtung der Generalseminare die Eigenliebe der Bischöfe.[12]

Die Revolution begann in Löwen mit der Eröffnung des Generalseminars in Gegenwart des Bischofs von Malignes, Kardinal Franckenberg. Er ermutigte die in Löwen anwesenden Studenten zum Widerstand mit dem Resultat, dass das Mobiliar des Seminars zertrümmert wurde.

Als am 1.1.1787 in Brüssel die von Martini überwachte Verwaltungs- und Justizreform Josephs II. in Kraft trat, löste das eine Revolution auf breiter Ebene aus, die mit dem Steuerstreik aller Stände im April begann. In dieser Zeit weilte Joseph in Russland. Er hatte die Regentschaft für dringende Fälle an Kaunitz übertragen. Ende Mai kam es in Brüssel zur Übernahme der Macht durch Garden der

8 Hasquin, Joseph II., S. 273–4.

9 Hervé Hasquin, Joseph II. Catholique anticlérical et réformateur impatient 1741–1790, Brüssel, Editions Racine, 2007, S. 281–2, im weiteren: Hasquin, Joseph II.

10 Joseph riskierte das Schisma auch im Zusammenhang mit der Weigerung des Papstes, die Erhöhung des Laibacher Bistums zum Erzbistum zu bestätigen.

11 Maaß, 2, S. 109–125.

12 Hasquin, Joseph II., S. 218.

„Revolution": Freiwillige ließen sich „zu Hunderten [...] in Bürgerkompanien einreihen, die zu einer nationalen Armee erstarkten". In Namur zündete das Volk unter dem Schutz seiner eigenen, neuen Armee das Palais des Gouverneurs an,[13] was deutlich zeigte, dass die Armee des Kaisers den Schutz der kaiserlichen Beamten nicht mehr gewährleisten konnte. Korps der Bürgerkompanien und freiwilligen Volontairs sicherten die Ordnung in der Stadt, während Josephs Beamte und Intendanten fluchtartig die aufständischen Provinzen verließen. Graf Belgiojoso, der für Josephs Reformpolitik Verantwortliche, war und blieb in der Gewalt der Aufständischen. Ein ungarischer Adeliger aus dem Haus Berzeviczy, ein Anhänger der Reformpolitik Josephs II.,[14] der um diese Zeit in Brüssel weilte, bezeichnete das Belgiojoso abgepresste Zugeständnis der Wiederherstellung der alten Verfassung in einem offenen Brief an seine Familie als Ausdruck von Mut der Nation und als „erhebendes Schauspiel".[15] Anders bewertete er dieses Faktum gegenüber einem anonym gebliebenen Freund dieses Hauses, der der Familie mitteilte: Gregor habe in den Niederlanden vieles erfahren, was „durch die öffentlichen Blätter nicht bekannt werden wird, z. B. dass die niederländischen Stände der Erzherzogin Christine und dem Erzherzog Albrecht die Souveränität angetragen haben, die diese aber nicht annehmen wollten, dass der Pöbel dem kaiserlichen General und Commissär Belgiojoso (sic) öffentlich den Kopf abschlagen wollte, was nur die Statthalterin verhindert hat".[16] Die Aufständischen machten tatsächlich ihren Plan, den gefangenen Belgiojoso hinzurichten, von der Rückkehr eines Brüsseler Bürgers de Hondt abhängig, der wegen seiner Teilnahme an einem dem k.k. Ärar zugefügten Betrug wegen der Verurteilung der Hauptverbrecher nach Wien überstellt worden war.[17] Kaunitz ließ Hondt frei und schickte ihn nach Brüssel zurück – er rettete damit den Kommissär.

Die Revolution von Brabant des Jahres 1787 hat alle Merkmale einer echten Revolution: Konzessionen der Regierung, ebenso wie Versuche einer rücksichtslosen Eindämmung, gaben der Bewegung neue Impulse. In einem Bericht an Kaunitz rechtfertigte Martini seine Flucht vor der Revolution mit der Darstellung der öffentlichen Meinung in den Niederlanden: jeder Bauer sei hierzulande Be-

---

13 Hanns Schlitter, Die Regierung Josefs in den österreichischen Niederlanden, Wien, 1900, S. 219, im weiteren: Schlitter, Die Regierung Josefs.

14 Hasquin, Joseph II., S. 270.

15 Gregor von Berzeviczy an seine Mutter, Brüssel im Mai 1787, zitiert nach E. Balázs, Hungary and the Habsburgs, S. 262, im weiteren: Balázs, Hungary.

16 Brief an Gräfin Berzeviczy vom 9.7.1787, in: Aladár von Berzeviczy (Hg.) Aus den Lehr und Wanderjahren eines ungarischen Edelmannes aus dem vorigen Jahrhundert: Gregor von Berzeviczy an seine Mutter aus Deutschland, Frankreich und England in den Jahren 1784 bis 1787, Leipzig, 1897, S. 67.

17 Der Armeelieferant Jean Francois de Hondt war Ende März 1787 als Helfershelfer des Obersten Legisfeld, der sich zur Zeit des Scheldestreits arger Unterschleife schuldig gemacht hatte, verhaftet und zur Untersuchung nach Wien gebracht worden (Schlitter, Die Regierung Josefs II. [...], S. 67 ff). Sein Vermögen wurde beschlagnahmt.

sitzer seiner Gründe, er und die Stadtleute glaubten, ihre Verfassung zu kennen, sie verlangten nach ihren gewöhnlichen Richtern, betrachteten sich als Partner des Fürsten und zum Widerstand gegen ihn dann berechtigt, wenn er ihre Gesetze und Bräuche missachte.[18] Martini, der Theoretiker des Widerstandsrechts, gab damit indirekt zu, dass seine Theorie, die Widerstand nur im Naturrecht erlaubte und im Staatsrecht nicht, der Korrektur bedürfe. Dass Widerstand gegen die Obrigkeit prinzipiell berechtigt sei, behaupteten in Wien zu dieser Zeit zwei „Erklärungen" seiner Lehrsätze über das Naturrecht bzw. über das allgemeine Staats- und Völkerrecht. Sie erschienen 1787 und besagten beide: dass die Obrigkeit von den Untertanen außerhalb des mit ihnen geschlossenen Vertrages nichts verlangen dürfe. Die Obrigkeit habe zu allem, was außerhalb des Vertrages liege, die Einwilligung der Untertanen nötig und dürfe die Grenzen des Vertrages, den sie mit den Unterworfenen abgeschlossen habe, nur mit ihrer Einwilligung überschreiten.[19] Derartige Thesen wurden nicht auf der Universität der österreichischen Niederlande diskutiert, aber in Wien.

12.2.1. Kaunitz' Menschlichkeit in dieser Revolution

Beim Ausbruch der Revolution in Brüssel am 28. und 30. Mai 1787 widerrief Kaunitz im Einvernehmen mit den Generalgouverneuren Marie-Christine und ihrem Gemahl Herzog Albert von Sachsen Teschen die Einführung des Generalseminars in Löwen und machte alle danach eingeführten Reformen rückgängig. Josephs Befehle aus Russland der Anwendung von militärischer Gewalt gegen die Aufständischen leitete er nicht weiter.[20] Das Volk reagierte, wie in jeder Revolution, aus der Sicht der Regierenden, unangemessen: es spannte den Generalgouverneuren auf dem Weg zum Theater der Hauptstadt die Pferde aus, was Albert *höchst unanständig* fand, weil der Wagen von kräftigen Männern gezogen wurde.[21] Dieses bedrohliche Benehmen des „Pöbels" nach den von der Revolution

---

18 Martini an Kaunitz, 17.5.1787, zitiert nach Janet L. Polasky, Revolution in Brussels 1787–1793, in: Académie Royale de Belgique, Classe des Lettres, Mémoires, deuxième série, 66, 4, Brüssel, 1982, S. 52 (Original: frz.), im weiteren: Polasky, Revolution.

19 Gerda Lettner, Lasst „Bürgerfreunde" statt der Fürsten regieren! Politische Doktrin und Aktion der österreichischen Bürokratie im 18. Jahrhundert, in: ÖiGuL, Jg. 33 (1789), Heft 1, S. 17, S. 23.

20 Szántay, Antal, Regionalpolitik im Alten Europa. Die Verwaltungsreformen Josephs II. in Ungarn, in der Lombardei und in den österreichischen Niederlanden 1785–1790", Adadémiai Kiadó, Budapest, 2005, S. 315: „[...] demzufolge erreichten den Kaiser zum Beispiel die Brüsseler Nachrichten Belgioiosos vom 5. Mai erst am 25. Mai in Cherson, worauf Joseph II. noch am selben Tag strenge Anordnungen für die österreichischen Niederlande erließ. Als aber diese spätestens am 4. Juni in Wien ankamen, hielt sie Kaunitz für unausführbar, und er leitete sie nicht einmal nach Brüssel weiter". Im weiteren: Szántay, Regionalpolitik.

21 Heinrich Benedikt, Als Belgien österreichisch war, Wien, 1965, S. 219.

erpressten Zugeständnissen des 30. Mai 1787 scheint uns ident zu sein, mit dem Canossagang Ludwigs XVI. von Versailles nach Paris in der französischen Revolution, der Jahre später erfolgte. Die Regierung hatte den Respekt des Volkes verloren. Kaunitz versuchte, ihr das Vertrauen des Volkes zurückzugewinnen. Seine Darstellung der Lage gegenüber Joseph war bestimmt von dem Standpunkt, dass nur im Einvernehmen mit der öffentlichen Meinung Reformen durchgeführt werden können, und zusätzlich von dem humanistischen Standpunkt, dass das Blut der eigenen Untertanen nicht vergossen werden dürfe, und dass aus diesem Grund der Nation das Recht auf Widerstand zugestanden werden müsse:

> Die ganze belgische Nation glaubt sich dazu berechtigt, die Erfüllung der Bedingungen unter denen sie sich der Herrschaft des Hauses Österreich gutgläubig unterworfen hat, einzufordern. [...] ich glaube nicht, dass es mit den Prinzipien der Menschlichkeit und der Religion Eurer Majestät vereinbar sei, das Blut ihrer Untertanen zu vergießen, die im Grunde genommen nur die Aufrechthaltung einer feierlich gewährten und durch die Jahrhunderte bestätigten Verfassung verlangen. [...] Im gegenteiligen Fall betrachtet sich die Nation gesetzmäßig von ihren Verpflichtungen befreit. Sie wird ihre Unabhängigkeit erklären, infolge dieser Überlegungen, und wenn die Unabhängigkeit einmal erklärt ist, wird man die Kassen, die Arsenale und Magazine und den Besitz des Fürsten zu ergreifen beginnen, vielleicht die Truppen, die sich in den Niederlanden befinden, zum Rückzug zwingen, und wenn man sie dort mangels Bezahlung ohne Nahrung lässt, werden sie desertieren und sich in einzelnen Fällen für den Dienst der aufständischen Stände engagieren lassen. Vielleicht schlägt man ganzen Korps vor, in den Dienst ihres Vaterlandes zu treten, und wer weiß, was sonst noch vielleicht der nationale Fanatismus über sie vermag.[22]

Kaunitz fügte seiner Note den Entwurf einer Verhandlungsvollmacht für die Statthalter hinzu. In einem von Schlitter nicht publizierten Nachtrag kleidete er seinen eigenen und der Statthalter Widerspruch gegen Josephs Befehle in das Gewand der flehentlichen Bitte:

> [...] Ich kann daher nur demütig Eurer Majestät wiederholen, dass, nach meiner schwachen Vernunft, Sie keinen anderen Entschluss fassen könne als jenen, den ich Ihr in meinem langen Brief vorschlage [i. e. Sanktionierung der Zugeständnisse an die Rebellen], dass die Zeit drängt, und ich sehr wünschte, dass es Euer Majestät gefiele, mir rasch die Depesche mit dem von Ihr unterzeichneten Vollmachten zu schicken, damit ich sie sofort in die Niederlande schicken kann. Ich meine es wohl mit Euer Majestät.[23] Ich bitte Sie davon überzeugt zu sein und verharre in der sehr gegründeten Ungeduld der raschesten Rückkehr dieses Kuriers [...].[24]

---

22 Note Kaunitz' vom 20.6.2787, zitiert nach: Schlitter, Die Regierung Josefs [...], S. 248 (Orig. frz.).

23 Diese Stelle ist im französischen Original in deutscher Sprache. Vgl. die folgende Anmerkung.

24 Note Kaunitz' an Joseph, Vienne le 20 Juin, 1787 in: STK/Vorträge, Karton 143, Konvolut V–VII, fol. 43r, v, 44r. Wörtlich, fol 43v: „[...] Je ne puis donc que répeter très humblement à V. M., que selon mes faibles lumières, Elle n'a d'autre parti à prendre que celui que je Lui propose

Die Menschlichkeit muss auch in der Revolution oberstes Regierungsprinzip bleiben, davon war Kaunitz überzeugt.

12.2.2. Josephs Reaktion und Derek Beales' Kommentar

Joseph hatte Kaunitz vor seiner Abreise zwar den Ausdruck zarter Empfindung als „Freund" mit den Worten des Grafen Sully, des Freundes Heinrichs IV. erlaubt, aber die mit diesem Gunstbeweis verbundene Hoffnung Kaunitz', er würde in die Güte seines Rates vertrauen, erfüllte er nicht. Noch vor Erhalt von Kaunitz' Note reagierte er auf die ihm bekannt gewordene Initiative Kaunitz' des Einlenkens gegenüber der Revolution von Lemberg aus mit einem emotionalen Ausbruch, der zeigt, dass er die den Aufständischen gemachten Konzessionen als Verletzung seiner Ehre empfand. Er hielt Kaunitz' Ansinnen, den mit der Revolution geschlossenen Kompromiss zu unterschreiben für die Handlung eines Abkömmlings aus kleinem Haus, zu der er sich niemals herablassen würde. Er sei kein Feigling wie Kaunitz:

> Ich kann Ihnen nicht bergen, mein Fürst, wie sehr ich über den Schritt, den Sie gewagt und vor mir zu verantworten haben, empört bin, de Hondt zurückzuschicken ohne darüber meine Befehle zu erwarten. Wenn man immer, wie man es bis jetzt tat, nachgibt, scheint es mir, als gewinne man nicht nur nichts, sondern mache alles noch schlimmer, und das ist nur natürlich, denn wenn diese aufgeregten und frechen Leute erkennen, dass man vor ihnen Angst hat, wagen sie alles. Ich wundere mich darüber, dass sie nicht auch meine Hosen verlangt haben und die Regierung sie ihnen versprochen hat, in der Erwartung ich würde sie ihnen schicken. Wozu Sie mir raten, mein Prinz, ist Feigheit, und nicht einmal der sichere Tod würde mir meine Unterschrift unter diese Zugeständnisse entreißen können. Sie werden daher der Regierung [= den Statthaltern] den Vertrag[25] in Stücke zerrissen zurückschicken, damit sie erkenne, wie ich die Sache behandelt wissen will. Wer in diesem Ton mit mir zu sprechen wagt, der ist weder der Freund Josephs, noch der des Kaisers.[26]

„This is Richard II. and Coriolanus rolled into one. Had Joseph gone mad?"[27] – so lautet der Kommentar von Derek Beales zu diesem von Arneth unkommentiert publizierten Dokument. Im ersten Band seiner Biographie hat Beales Joseph als toleranten Weisen dargestellt und angekündigt, im zweiten Band werde sein

---

par ma longue Lettre [gemeint ist Kaunitz' Note vom 20.6., ebd., fol 37–42]; qu'il est imminent et que je désire très fort par consequent qu'il plaise à V. M. de me renvoyer au plutôt la Dépèche et les pleinpouvoirs signés, afin que je puisse les faire passer tout de suite aux Pays-bas. Ich meine es wohl mit Euer Majestät. Je La prie d'en être bien persuadée, et suis dans l'impatience très fondée du plus prompt retour possible de ce courier […]." (Entwurf).

25 Copie du projet de dépêche qui a été soumis à la signature de S. M. l'empereur et roi, en date du 20 Juin 1787, in: Schlitter, Die Regierung Josefs II. …, S. 249–250 (Orig. frz.).

26 Joseph an Kaunitz, Lemberg, 24.6.1787, zitiert nach: Arneth, Joseph II. und Katharina, S. 295 (Orig. frz.).

27 Beales, Joseph II. Against, S. 518.

Joseph gegen die Welt stehen, nicht wie im ersten gegen seine intolerante Mutter. Nun stellt er Joseph als Verrückten hin, weil er auf Kaunitz' Konzessionen in der brabantischen Revolution mit unbändigem Zorn reagierte. Im ersten Band hat er mitgeteilt, er wisse nicht, ob er das Triumvirat Joseph-Maria Theresia – Kaunitz geißeln oder lächerlich machen solle. Jetzt wechselt er in Kaunitz' Lager und erklärt Joseph für verrückt, weil er mit Zorn auf Kaunitz' Widerstand gegen seine Befehle reagierte. Dieser in sich widersprüchliche Lagerwechsel kann aber seinen mangelnden Willen, Josephs Zorn zu erklären, nicht aufwiegen.

Der Gegensatz zwischen dem Fürst und dem aufgeklärten Minister wurzelt unseres Erachtens in Josephs Ehrgefühl und Erwartung eines bedingungslosen Gehorsams. Seine Worte zeigen, dass er in Lemberg schon soweit über Kaunitz' Nachgiebigkeit informiert war, dass er auf sie mit unbändigem Zorn reagieren konnte. Er nahm die Verweigerung der Erfüllung seiner Befehle durch Kaunitz zum Anlass, im Folgenden Kaunitz', von humanistischen Erwägungen diktierten Rat zwar zu begehren, aber nur, um das Gegenteil, zu dem ihm Kaunitz riet, anzuordnen. Es gab für ihn ab nun keine andere Alternative als die der Konfrontation mit Kaunitz. Mich Kaunitz', von humanen Erwägungen diktierten Rat unterwerfen oder scheitern – das ist meine Devise: „ou [me] soumettre ou périr voilà ma devise“[28] – so Joseph gegenüber seinem Bruder Leopold. Dieser beschrieb zwar in seinen Briefen an Marie Christine seiner Schwester die ständischen Verfassungen der Niederlande als das geeignete Mittel zur Durchsetzung der Reform, hütete sich jedoch davor, in Josephs Konflikt mit Kaunitz Partei zu ergreifen. Aufgefordert von Joseph, ihm aufrichtig, ohne Umschweife seine Meinung über seine Politik zu eröffnen, antwortete er ausweichend, worüber Joseph ihm gegenüber „hocherfreut“ war.[29] Leopolds Kritik an seiner Politik Marie Christine gegenüber kannte Joseph jedoch. Er kritisierte den Mangel an Aufrichtigkeit ihm gegenüber in beiden: „la droiture n'a jamais été le caractère distinctif de [sic] deux personnages [Marie Christine und Leopold], c'est pourquoi ils se conviennent tant“.[30] Aber die Aufrichtigkeit eines Kaunitz schätzte Joseph noch viel weniger.

12.2.3. Verspätete Zugeständnisse

Mit derselben Taktik, mit der er den Kardinal Franckenberg nach dem Ausbruch des Aufstands in Löwen nach Wien beordert hatte, beorderte Joseph nach seiner Rückkehr nach Wien Belgiojoso und 40 Deputierte der Stände sowie die beiden

---

28 Joseph an Leopold, 6.7.1787, zitiert nach Szántay, Regionalpolitik, S. 316.

29 Arneth (Hg.), Joseph II. und Leopold von Toskana, Bd. 1, S. XLI–XLIII.

30 Joseph II. an Trauttmansdorff, Laxenbourg, 25.6.1789, in: Hanns Schlitter, (Hg.), Geheime Correspondenz Josefs II. mit seinem Minister in den österreichischen Niederlanden Ferdinand Grafen Trauttmansdorff, 1787–1789, Wien, 1902, S. 280. Im weiteren: Schlitter, geheime Correspondenz.

Statthalter an seinen Hof in Wien. In dieser Situation riet ihm Gottfried van Swieten dazu, den Kampf gegen die durch Ultramontane und Exjesuiten unterstützte „belgische“ Kirche nicht fortzusetzen. Nach Hasquin war die Vernachlässigung der staatsbürgerlichen Erziehung DER große Fehler des Ancien Régime.[31] Diesen Befund unterstützt Gottfried van Swieten durch sein vernichtendes Urteil über die Universität Löwen, das Belgiojoso folgendermaßen der Nachwelt überliefert hat:

> [...] Herr Stöger, Direktor der theologischen Fakultät in Löwen ist in Wien, und sehr zufrieden, die Niederlande verlassen zu haben. Seine Kollegen schreien mit ihrer ganzen Macht um dieselbe Erlaubnis zu erhalten und Baron van Swieten soll [dem Kaiser] vorgeschlagen haben, die Universität Löwen dermalen ihrer krassen Ignoranz zu überlassen, weil es dort, wenn überhaupt, erst in einem halben Jahrhundert möglich sein werde, die Studien erfolgreich zu reformieren.[32]

Das zertrümmerte Generalseminar in Löwen wurde wiederhergestellt, neue Truppen wurden in die Nähe der österreichischen Niederlande verlegt, um die revolutionären Comités, die in Brüssel alle Gewalt des Staates an sich gezogen hatten,[33] zu überwinden. Als das Generalseminar eröffnet wurde, befahl Joseph II. dem Kardinal Franckenberg, der Eröffnung beizuwohnen. 1788 verlegte er alle Fakultäten mit Ausnahme der theologischen, von Löwen nach Brüssel. Den Plan, den Reichtum der Prälaten zugunsten der Vergrößerung des Studienfonds zu beschneiden, gab er auf und ertrug, dass die neuen Gerichte abgeschafft und die Intendanten suspendiert blieben.[34] Aber er übertrug die Funktionen der Intendanten auf die traditionell-ständischen, lokalen Amtsträger, auf die Grands Baillifs. Sie ersetzten die ehemaligen Intendanten und deren Angestellte.[35] 1788

---

31 Hasquin, Joseph II., S. 261.

32 Belgiojoso an Crumpipen (Chef der niederländischen Regierung), Wien, 14.9.1787, zitiert nach: Hanns Schlitter, Briefe und Denkschriften zur Vorgeschichte der Belgischen Revolution, Wien, 1900, S. 54: „[...] M. Stoeger, directeur de la Faculté théologique (à Louvain) est à Vienne bien content d'avoir quitté les Pays-Bas. Ses collègues crient de toute leur force pour obtenir la même faveur, et le baron van Swieten doit avoir proposé d'abandonner l'université de Louvain à sa crasse ignorance, comme incapable de réforme dans les études pour un demi siècle encore“. Im weiteren: Schlitter, Briefe und Denkschriften.

33 Ottokar Lorenz, Joseph II. und die belgische Revolution. Nach den Papieren des General-Gouveneurs Grafen Murray 1787, Wien, 1862, S. 32.

34 Joseph an Murray, Wien, 9.9.1787, zitiert nach: Schlitter, Briefe und Denkschriften, S. 87–88: „Après que j'ai suspendu l'établissement des nouveaux tribunaux, que je laisse les anciens en pleine vigueur, que les intendances ne sont point introduites et que les grands baillages et administrations provinciales restent sur le pied où ils étaient, que je n'ai plus réformé les abbés qui sont membres des états, je suis en plein droit d'exiger aussi des états que tout le reste soit restitué et que les subsides me soient accordés et payés. Je ne souffrirai jamais qu'on récrime sur les ordonnances antérieures au 1er avril de cette année [...]“.

35 Szántay, Regionalpolitik, S. 316–317: „Der ehemalige Intendant von Tournai, de Beelen, wurde Ende 1787 in der Tat zum *Président et grand Bailli à Tournai* ernannt, und formulierte zu diesem Anlass ausführliche Pläne, wie die ursprünglichen Ziele der Intendances „verfassungsmäßig“ erreicht werden könnten“.

fand die erste Bücherverbrennung in Brüssel statt, Indiz für die Fortsetzung der Empörung gegen den reformierenden Tyrannen. Und die Stände, die noch 1788 die Steuern bewilligt hatten, bewilligten sie 1789 nicht mehr, weil der Türkenkrieg den Handlungsspielraum des reformierenden Despoten bedeutend eingeschränkt hatte.

12.3. Josephs Handeln gegen Kaunitz' Rat im Türkenkrieg

In unserer österreichischen Geschichte wurden zahlreiche Gelegenheiten versäumt, deren Ergreifung den Fortschritt gesichert hätten. Über einige sind wir wegen Kaunitz' Spannung mit Joseph über den in der Politik einzuschlagenden Weg gut informiert. Kaunitz' Voten, Vorträge und Noten zeigen klar die Alternative des Handeln, die den Fortschritt besser gesichert hätte. Seine Menschlichkeit in der brabantischen Revolution, seine Vorschläge zur Grundsteuerreform wurden bereits behandelt. Im Folgenden sollen die von ihm vorgeschlagenen Alternativen politischen Handelns im Türkenkrieg dargestellt werden.

12.3.1. Stand der Forschung über den Türkenkrieg

Beales, Josephs britischer Biograph, behauptet, Joseph hätte aus dem Bündnis mit Russland den Türkenkrieg offensiv und mit allen verfügbaren Kräften führen müssen.[36] Wangermann widersprach ihm in den „Waffen der Publizität". Joseph hätte den Türkenkrieg nicht offensiv führen müssen. Angesichts Josephs realistischer Einschätzung der russischen Streitkräfte nach seinem Aufenthalt auf der Krim, die dieser in seinem Brief an Leopold II. vom 30.8.1787 zeichnete, hätte er – so Wangermann – „gut daran getan, seine militärische Intervention auf das Minimum, zu dem ihn das Bündnis verpflichtete, zu beschränken, d.h. die allfälligen russischen Operationen mit einem Hilfskorps von 30.000 oder 40.000 Mann zu unterstützen".[37] Beales reagierte in seiner Rezension der „Waffen"[38] mit dem an Wangermann adressierten Vorwurf der Unkenntnis des Vertrages mit Russland von 1781: Wangermann verdrehe die Verpflichtungen, die Joseph in seinem Vertrag mit Katharina 1781 übernommen habe [...].[39]

---

[36] D. Beales, Die auswärtige Politik der Monarchie vor und nach 1780 [...], in: ÖEA, 1, S. 572.

[37] Wangermann, Waffen, S. 171.

[38] D. Beales: Die Waffen der Publizität: Zum Funktionswandel der politischen Literatur unter Joseph II., by Ernst Wangermann [...] in: The English Historical Review, Bd. 120, No 485 (Februar 2005), S. 240 f.

[39] Ebd., S. 240: „Wangermann misrepresents the obligations accepted by Joseph in his treaty of 1781 with Catherine II, thereby blackening still further the picture of the war of 1788–90".

Im Vertrag, dessen Bedingungen Kaunitz formuliert hatte, verpflichtete sich Joseph dazu, falls die Pforte Russland überfalle, drei Monate darauf, nach Beginn der russischen Kampfhandlungen, der Pforte den Krieg zu erklären, aber auf den Beginn des Krieges durch Russland zu warten. Vor dem Losschlagen waren ausgiebige Verhandlungen über die Stärke der österreichischen Truppen im Fall des Angriffs der Türken gegen Russland verpflichtend zu führen und den Beginn der russischen Kampfhandlungen gegen die Türken abzuwarten. Im Falle des Beginns der russischen Kampfhandlungen, hieß es weiter, „werden wir über ein angemessenes österreichisches Equivalent miteinander übereinkommen".[40] Über das *Concert préalable* wurde bestimmt: „[…] je me reserve d'après le principe établi entre nous […] de me concerter avec V. M. I. avant toute chose […] sur le Plan d'operation, qui devra être executé de part et d'autre, […] ",[41] womit als Prinzip des Bündnisses die Beratung mit Russland über den Operationsplan verpflichtend aufgestellt wurde.

12.3.2. D. Beales und der Vertrag mit Russland von 1781

Im zweiten Teil seiner Joseph-Biographie behauptet Beales, der Vertrag sei in einem nicht einmal von Arneth zur Gänze publizierten geheimen Briefwechsel zwischen Joseph und Katharina festgelegt worden,

> kept secret even from Catherine's son […] however relayed to Leopold in Tuscany in a handwritten letter from the Emperor dated 20 May, though with one mystifying variation of real consequence. In the case of „the secret and separate article", Joseph told Leopold that each side had promised the other „mutual aid of 30.000 men and even if necessary, all its forces".[42]

Joseph hat Leopold über den Vertrag nicht genau informiert. Die Verpflichtungen aus dem Vertrag legen klar eine Zusammenarbeit zwischen Russland und Österreich über den Operationsplan fest, also eine „mutual aid of 30.000 men" – ohne geheimen Artikel, der den Eintritt in den Krieg mit 360.000 Mann und die Bestimmung eines eigenen Ziel des Krieges vorsehen hätte sollen. Beales will die Verpflichtungen aus dem Vertrag nicht kennen. Sie legen klar eine Zusammenarbeit zwischen Russland und Österreich über den Operationsplan fest. Für Josephs Übertretung der Bedingungen des Vertrages bietet Beales die

40 Das wurde von Kaunitz gegenüber Ludwig Cobenzl mit: „une diversion ou notemment désignée ou à notre choix" wiedergegeben.

41 Treaty of Defensive Alliance between Austria and Russia 18/24.5.1781, zitiert nach: Clive Parry (Hg.) The Consolidated treaty series, Bd. 47, S. 487: Ich behalte mir nach den zwischen uns etablierten Grundsätzen vor, mit Ihrer kaiserlichen Majestät vor allem den Operationsplan abzuklären, den wir beide durchzuführen haben (Übersetzung G. L.).

42 Beales, Joseph II. Against, S. 121.

Mystifizierung klarer Vertragsbestimmungen und den Satz als Erklärung für das Losschlagen an: er wollte seine Provinzen gegen türkische Angriffe schützen (561). Es gab solche Angriffe jedoch nicht. Kaunitz riet Joseph II. nämlich, die Türken nicht zum Angriff zu zwingen und sich die Erklärung des Krieges gegen die Pforte zu ersparen:

> Den Augenblick, in dem wir sicher sein werden, dass die Russen eine offensive Operation anfangen, wird (so scheint mir) der sein, der jene [Handlung] entscheiden wird, zu der sich Eure Majestät entschließen werden; und bis zu diesem Zeitpunkt glaube ich, dass nicht nur keine Rede von einer Kriegserklärung unsererseits an die Türken sein kann; sondern dass uns sogar unendlich viel daran liegen muss, die Erklärung, solange wir können, hinauszuschieben, damit wir sie [die Türken] nicht zwingen, Maßnahmen gegen uns zu ergreifen. Wenn die Umstände von uns Hilfstruppen erfordern, werden wir uns die Kriegserklärung überhaupt ersparen können. Und immer bleibt gewiss, dass solange die Pforte uns den Krieg nicht erklärt hat, wir kein Interesse haben können, ihn ihr zu erklären, bevor der Moment, sie anzugreifen, nicht gekommen sein wird. Ich unterwerfe jedoch diese Art, die Dinge zu betrachten dem höheren Urteil Eurer Majestät in tiefster Unterwürfigkeit – Kaunitz.[43]

Da Joseph auf diesen Rat nicht hörte, kam es zur Erklärung des Krieges: „Eventually, under strong pressure from Kaunitz, Joseph issued a declaration of war against the Turks on 9 February".[44] Nicht Kaunitz setzte Joseph unter Druck, Joseph hatte die Erklärung des Krieges durch seine wiederholten Angriffe auf Belgrad selbst provoziert. Er ignorierte die Klausel des Bündnisses mit Katharina von 1781, das nach einem „concert préalable" gemeinsame Verteidigungsstrategien gegen die Pforte vorsah, brach den Krieg als Eroberungskrieg vorzeitig vom Zaun, indem er ein eigenes Kriegsziel, das mit dem russischen nicht koordiniert war, festsetzte und zwei Angriffe auf Belgrad unternehmen ließ – ohne *concert préalable*.

---

43 Kaunitz' Vortrag vom 8.10.1787 (fol. 22v) „Erachtet, dass es noch nicht an der Zeit sey, der Pforte den Krieg zu erklären, bis nicht über den Operations Plan der Russen etwas Bestimteres [sic] bekannt sey" […] „réponse à Son billet du même jour", in: STK/Vorträge, Karton 144, Konvolut X, fol. 21r: „le moment auquel nous serons certains que les Russes entameront une opération offensive, sera, ce me semble, celui qui devra décider celle, à laquelle V. M. se determinera; et jusque là il me paroit que non seulement il ne peut pas être question d'une déclaration de guerre de notre part; mais qu'il nous importe même infiniement de différer tant que nous pourrons de nous expliquer vis à vis des Turcs pour ne pas les engager à prendre des mesures vis à vis de nous. Si les circonstances l'exigent à titre d'auxiliaires", nous pourrons même nous en dispenser tout à fait; et toujours est-il certain que tant et aussi longtems que la Porte ne nous aura pas declaré la guerre nous ne pouvons avoir aucun intérêt à la lui déclarer avant que le moment de l'attaquer ne soit venu. Je soumets néanmoins cette façon de voir au discernement supérieur de V. M. avec la plus profonde soumission".

44 Beales, Joseph II. Against, S. 563.

12.3.3. Kaunitz' Argumente gegen Josephs Pessimismus

Joseph führte einen Eroberungskrieg mit 360.000 Mann und mit einem eigenen Kriegsziel. Die russische Offensive gegen die Türken blieb aber aus. Angesichts der für ihn ganz unerwarteten Passivität seines russischen Verbündeten glaubte Joseph, die Überquerung der Save und die Belagerung von Belgrad nicht wagen zu dürfen.[45] Er wartete auf die Eröffnung des russischen Angriffs auf Oczakow, der erst nach fast einem Jahr erfolgte. In dieser Zeit drangen die Türken in das Habsburgerreich ein und verwüsteten Teile davon. Das löste im Sommer 1788 bei Joseph einen tiefen Pessimismus aus. Es war dieser Pessimismus, der ihn dazu anhielt, nach Kaunitz' Rat erneut zu begehren und von ihm zu verlangen, sofort erste Schritte zur unmittelbaren Schließung des Friedens zu unternehmen. In seinem Vortrag vom 9.9.1788[46] konnte Kaunitz Josephs Pessimismus mit Kritik an der Führung der vergangenen 8 Monate des Krieges begleiten. Zu Josephs, von Beales hervorgehobener Friedensidee: „Und mit welchem Recht kann ein Souverän seinen Untertanen Leben und Besitz nehmen, die ihn doch dafür bezahlen, sie zu verteidigen?" merkte Kaunitz an:

> Auch hierüber würde das russische Ministerium gegen den Grafen Cobenzl mehr als eine Replique in Bereitschaft haben und unter anderem sonder Zweifel erwidern, dass zwar kein Souverain das Recht habe, seine Unterthanen der Wuth der Feinde zu abandoniren, dass aber, wenn Eure Majestät Belgrad belagert und erobert, oder bloquirt gehalten, den Feind anstatt sich in dero Gebieth von ihm aufsuchen zu lassen, in dem seinigen aufgesucht, geschlagen, oder zurückgedrückt, [und] Conqueten gemacht hätten, die diesseitigen Unterthanen ganz gewiß weit sicherer gedeckt geblieben wären, als sie es jetzt sind, dass übrigens die Betrachtungen über das Missverhältnis der Eroberungen gegen den Werth[47] des Aufwandes und des vergossenen Blutes zwar in den meisten Fällen sehr gegründet seyen, dass jedoch solche nur vor Unternehmung eines Krieges mit wahren Nutzen zu machen, nach einmal unternommen Krieg aber zu spät und fruchtlos wären.[48]

Kaunitz versuchte, Joseph im Hinblick auf dessen schlechte Gesundheit zum Entschluss zu bewegen, die Armee zu verlassen, nach Wien zurückzukehren und sich nicht in die Führung des zweiten Feldzugs einzumischen:

---

45 Wangermann, Waffen, S. 175.

46 Kaunitz' Vortrag vom 9.9.1788 (fol. 42v) „begleitet die Betrachtungen über die von Seiner Majestät bezielte [sic] Wiederherstellung des Friedens mit der Pforte"; in: STK/Vorträge, Karton 145, KV IX–X.

47 Sic: gemeint ist das Missverhältnis zwischen den Kosten des Aufwandes der militärischen Operation und dem Wert des vergossenen Blutes.

48 Kaunitz' Vortrag vom 9.9.1788 in: STK/Vorträge, Karton 145, KV IX–X, fol. 32r.

> Kehren sie hierher [...] sofort zurück mein lieber Meister, nehmen Sie den Erzherzog mit sich und vertrauen Sie, wem immer Sie wollen, das Kommando über Ihre Armee mit der möglichst absoluten Vollmacht an, darüber, wie er es für gut finde, zu verfügen und mit der positivsten Versicherung, dass Sie ihn nicht in dem, was er zu tun für gut finden wird, behelligen werden. Sie werden ihn nicht für die Ereignisse zur Verantwortung ziehen und es ihm an keinem Mittel fehlen lassen [...] ich beschwöre Eure Majestät in dieser Situation dem Rat eines Weltmannes zu folgen, der Ihnen mit ganzem Herzen zugetan ist, dessen Alter, das dazu allein imstand ist, aus ihm einen Weisen gemacht hat. Empfangen Sie diese Ausschüttung meines Herzens, wie sie empfangen zu werden verdient.[49]

Damit hatte Kaunitz seine Bedingungen für seine erneuerte Zusammenarbeit mit Joseph formuliert. Für uns steht fest: hätte Joseph den Krieg nicht vorzeitig begonnen und nur 30.000 Mann seinem russischen Verbündeten zugeführt, um dessen Kriegsziel zu realisieren, hätte er keine Kriegssteuer einführen müssen, womit er alle Klassen gleichmäßig gegen sich aufbrachte.

12.4. Erneuerte Zusammenarbeit Josephs mit Kaunitz

Die Wende im Krieg schien Kaunitz Josephs Entfernung vom Krieg und Loudons Führung des Krieges zu bringen. Als er Joseph vorschlug, den Oberbefehl über die Armee abzugeben, nach Wien zurückzukehren und sich gesund zu pflegen, schlug er gleichzeitig vor, den Oberbefehl an Loudon zu übertragen.[50] Aus Gründen, die mit seiner Opposition gegen die von Joseph und Lacy unter Maria Theresia geforderte Vergrößerung der Armee zusammenhängen,[51] stand Kaunitz Loudon schon in der theresianischen Zeit sehr nahe.

---

49 Ebd.: „Revenez ici [...] incessamment mon cher Maître, ramenez avec vous l'archiduc et confiez à qui vous voudrez le Commandement de Votre Armée avec le plein pouvoir le plus absolu d'en disposer comme il le jugera à propos et l'assurance la plus positive que Vous ne le generez en rien dans tout ce qu'il croira devoir faire que Vous ne le rendrez pas responsable des événemens et que vous ne le laisserez manquer d'aucun moyen possible quelconque [...] Je conjure V. M. de vouloir bien écouter dans cette occasion le Conseil de l'homme du monde (Weltmannes), qui Lui est le plus sincerement attaché et dont la Vieillesse qui seule peut en faire, a fait un sage [...] Daignez accueillir comme mérite de l'être cet épanchement de mon Coeur".

50 Kaunitz an Joseph, 25.8.1788: zitiert nach: Beer (Hg.), JLK, S. 304 (Orig. französisch). Regest G. L.: ‚Graf Lacy werde nicht bei der Armee bleiben wollen, wenn Eure Majestät sie verlassen wird, man müsse das Kommando über die gesamte Armee Loudon übergeben, mit der Vollmacht, das Kommando über die Armeekorps jenen zu übertragen die ihm dazu fähig schienen'.

51 Szabo, Kaunitz, S. 278–295: Kaunitz schlug Maria Theresia vor, das Steuergeld statt für den Ausbau der Armee für die Verbesserung der Landwirtschaft zu verwenden (S. 288).

Joseph verlangte von Kaunitz, dass dieser ihn nach seiner Rückkehr aus dem Feld besuche, um die Organisierung des zweiten Feldzugs durch Loudon und Schließung des Friedens mit ihm zu besprechen.[52] Kaunitz konnte ihm daher zuerst mündlich, dann schriftlich nahe legen, den Oberbefehl über die gesamte Armee, den er an den Grafen Hadik übertragen hatte, in einer Weise an den Freiherrn von Loudon zu übertragen, die den niedrigen gesellschaftlichen Rang Loudons berücksichtigte. Loudon müsse den Oberbefehl erhalten, es gehe darum,

> [...] durch einen *Coup d'éclat* einen raschen Frieden zu erzwingen, wodurch allein zugleich der Gefahr einer preußischen Diversion vorgebogen werden könne, welche auf den Fall immer besorglicher wird, wenn auch die gegenwärtige Campagne wieder fruchtlos ablauffen [...] sollte.[53]

Allein um Preußen zu beeindrucken, mussten mehrere entscheidende Schlachten gegen die Türken geschlagen werden. Daher sollte Graf Hadik dieses Kommando nur formal innehaben, aber alle damit verbundene Macht, einschließlich der Macht, vom Kriegsplan abzuweichen und eigene Entscheidungen zu treffen, wann immer ihm das gut dünke, dem Freiherrn von Loudon, Träger des Maria Theresien-Ordens, übergeben werden, der seine Tüchtigkeit wiederholt in Schlachten bewiesen hatte. Kaunitz bot Joseph sogar an, seinen Freund, den Feldmarschall Hadik, zu einer solchen Demission zu bewegen.[54]

Joseph reagierte prompt: „Wenn ich Ihre freundschaftlichen Bande mit dem Marschall Hadig [sic] geahnt hätte, hätte ich Sie, mein Prinz, gebeten, sich dieses *peinlichen* Auftrags zu unterziehen, den ich selbst vor gerade zwei Tagen [also am 28.7.] ausgeführt habe".[55] Die von Kaunitz ausgeheckte Überwindung der Rangordnung unter den Generälen empfand Joseph als „peinlich"; daraus können wir Kaunitz' damaligen Einfluss auf Joseph klar erkennen. Loudon erhielt das Kommando über die Hauptarmee mit dem Auftrag, die Offensive zur Eroberung der

---

52 Am 4.2.1790 sollte Joseph II. Leopold von Toskana gegenüber behaupten, er habe Kaunitz fast zwei Jahre nicht gesehen, siehe S. 138.

53 Vortrag Kaunitz' vom 25.6.1789 fol 50v „den Abbruch der Friedensunterhandlung mit der Pforte und die Beschleunigung der diesseitigen Kriegsoperationen", in: STK/Vorträge, Karton 146, KV VI–IX, fol. 48r.

54 Kaunitz an Joseph, 31.7.1789, „Du Jardin à Mariahilf le 31 Juillet 1789 Sur l'autorité illimitée des maréchaux dans les operations de la guerre", Billet [...] an Seine Majestät den 31. July 1789 „Uiber die Räthlichkeit den commandirenden Generalen freyere Hände in ihren Operationen, wenn sie auch von dem ersten Operationsplan abweichen sollten, zu gestatten. Anerbieten den Feldmarschall Haddik [sic] zu bewegen, die Demission von seiner Stelle zu begehren, falls S. M. dieses wünschten und dessen Nachfolger bestimmen wollten", in: STK/Vorträge, Karton 146, KV VI–IX, fol. 100v.

55 Joseph an Kaunitz, 31.7.1789, zitiert nach: JLK, S. 340 (Orig. frz.): „[...] je vous aurais prié mon prince de vous charger de cette commission penible que je viens de faire moi meme il y a deux jours".

Festung Belgrad zu beginnen,[56] Joseph hielt also an dem schwierigen Kriegsziel fest, was er seiner Ehre schuldig zu sein glaubte. Kaunitz erinnerte Joseph an die Notwendigkeit, den kommandierenden Marschällen Loudon und Koburg den Operationsplan nicht verpflichtend vorzuschreiben, sie müssten zu seiner Ausführung „freie Hände" haben.[57] Und an Loudon, der wegen der späten Jahreszeit die Belagerung Belgrads nicht gern unternahm, schrieb er:

> Also nur frisch zu, mein liebster Feldmarschall, mit dem Vertrauen, welches Sie ihrer eigenen Person und allen von den türkischen sehr unterschiedenen Eigenschaften unserer Truppen, unserer Kriegswissenschaft und unserer Artillerie schuldig sind. *Audentes fortuna juvat*[58]; im Kriege muss etwas gewagt werden. Sie wissen es besser als ich, mein liebster Herr Feldmarschall. Ich hoffe daher, dass ich über meinen Loudon bald von Jedermann werde complimentirt werden, und in dieser Zuversicht umarme ich Sie auf das Zärtlichste und verbleibe stehts, mein werthester Herr Feldmarschall, Euer Exzellenz ergebenster, wahrer Diener und Freund.[59]

Kaunitz war, als er diese jugendlich beschwingten Zeilen schrieb, 78 Jahre alt. Die Betrauung Loudons mit dem Oberbefehl und der freien Hand in der Erreichung des Kriegsziels ist allein auf seinen Rat zurückzuführen, den er seit 1788 wiederholt erteilte, und der endlich erhört worden war. Es war Kaunitz gelungen, die Dinge so einzurichten, dass er sich einigen Erfolg versprechen konnte. Das führte dann Ende August 1789 dazu, dass die Türken aus dem Banat durch Clerfayt endlich vertrieben wurden. Am 1.10.1789 erfuhr Wien, Coburg und Suwaroff hätten den Grossvezier gemeinsam bei Martinesti in der Nähe von Bukarest geschlagen, Am 4.10. erfuhr Wien, die Vorstädte Belgrads seien nach Loudon-Taktik eingenommen worden. Am 12.10. brachte Loudons Neffe dem Kaiser die Nachricht von der Einnahme Belgrads.[60]

---

56 Augustissimus [an Kaunitz], Laxenburg, den 24.8.1789 „Mittheilung des von Feldmarschall Loudon nach Uibernahme des Commando der Hauptarmee erhaltenen Berichts und des an ihn erlassenen Auftrags, die Offensive und Berennung Belgrads anzufangen", in: STK/Vorträge, Karton 146, KV VI–IX, fol. 129v.

57 Kaunitz an Joseph, 31.7.1789, in: STK/Vorträge, Karton 146, Konvolut VI–IX, fol. 99 r: „J'augure favorablement au demeurant de l'avenir: les Maréchaux commendants ayant les mains libres, ce qui ne seroit pas, s'il ne leur étoit pas permis de s'écarter du plan convenu avant l'ouverture de la campagne quoique son exécution, à la rigueur, fut impossible par le changement des circonstances, ou qu'ils jugeassent sur les lieux pouvoir faire autrement ou mieux." Vgl. dazu JLK, S. 339, mit etwas anderem Wortlaut.

58 Die Mutigen begünstigt das Glück. G. Wolf schreibt: Andentes statt Audentes. Ich danke Herrn Wangermann für die korrekte Übersetzung des von Wolf verballhornten Kaunitz-Diktums.

59 Kaunitz an Loudon, 31.8.1789, zitiert nach: Gerson Wolf, Österreich und Preußen 1780–1790, Wien (Hölder), 1880, S. 193.

60 Ebd.

12.5. Eine mögliche fortschrittliche Entwicklung in Ungarn

Josephs „schlechte Staatskunst" bestand darin, die öffentliche Meinung nach dem Scheitern seiner eigenen Publizitätspolitik zu ignorieren und mit militärischer Macht seine Reformziele durchzusetzen. Er ließ sich nicht zum König der Ungarn krönen, um sich nicht durch Zusagen an die privilegierten Stände binden zu lassen. Es gelang, die Toleranzedikte mit Hilfe der Freimaurer in Ungarn einzubürgern und die Konskription mit Hilfe des Militärs durchzusetzen. Kaunitz hatte dazu geraten, das Militär nur die Dienstleute der Adeligen zählen zu lassen, ihre eigenen Familien sollten sie selbst zählen dürfen.[61] Joseph resolvierte:

> Kann für die Adelichen keine Ausnahme gemacht werden, mithin haben auch die Conscriptores in den adelichen Häusern und Wohnungen die Beschreibung der Menschen und des Viehs selbst vorzunehmen, dann die Namen [auf die Häuser] anzuschreiben, da sonsten dieses Geschäft zu seiner Vollkommenheit nicht gelangen würde.[62]

Er wollte dem Adel zeigen, dass seine Soldaten eine vollkommenere Arbeit leisteten als adelige Verwalter. Der Zensus wurde eingeführt. Im Gegensatz zu den Niederlanden gelang es auch, in Ungarn mit Intendanten oder Bezirkskommissären das theresianische Verwaltungssystem einzuführen,[63] denen die Aufgabe zufiel, die Geschäfte zu leiten und die Leitung durch die Belehrung der Beamten zu kontrollieren.[64] Nach Balázs erhob Joseph das Judicium Septemvirale in denselben Rang wie die ungarische Hofkanzlei, die er mit der siebenbürgischen Kanzlei vereinte. Er behielt die Funktion als Oberster Gerichtshof bei. Mit seinen Intendanten wurde diese Institution zur obersten Instanz über die niederen Justizadministrationen, Gerichtshöfe und Gefängnisse eingesetzt.[65] In ähnlicher Weise wurde die Pfarr-Regulierung, das Armeninstitut, die Schulreform und die Befreiung der Leibeigenen eingeführt.

Der absolutistische Regierungsstil Josephs II. war also in Ungarn zweifellos erfolgreicher, als in den Niederlanden. Der Horia-Aufstand zeigte aber, dass die Abschaffung der Leibeigenschaft in Siebenbürgen nicht ausreichend vorbereitet worden war, weil die Leibeigenen ihre Befreiung selbst in die Hand nahmen.

---

61 Wangermann, Waffen, S. 119.

62 STRP/1784/2555, Resolution vom 10.7.1784.

63 Wangermann, The Habsburg Possessions, S. 289.

64 Szántay, Regionalpolitik, S. 91: „ Ihnen (den Bezirkskommissären) wurde die Leitung, die Belehrung und die Kontrolle [...] der Geschäfte [...] zur Aufgabe gemacht".

65 Balázs, Hungary, S. 233: „By being elevated to the same status as the Hungarian Court Chancellery and retaining its previous function as the country's supreme court of justice, the Judicium septemvirale became the supervisory authority over the administration of justice, courts and prisons throughout Hungary".

Als der Adel zu den Waffen griff und ein Massaker unter den aufständischen Leibeigenen anrichtete,[66] stellte der königliche Kommissar Anatol Jankowitsch im Namen des Kaisers die Ordnung wieder her. Der Adel war empört, denn Jankowitsch verurteilte nur die drei Haupträdelsführer Horia, Kloska und Krisan zum Tod durch das Rad und ließ sie vierteilen, während er die übrigen Bauern, die am Aufstand teilgenommen hatten, begnadigte. Er versprach ihnen feierlich, die Erlässe Maria Theresias und die Dekrete Josephs II. hinsichtlich der Befreiung der Leibeigenen durchführen zu lassen. Er versprach auch, Verzögerung und Obstruktion vonseiten des Adels zu bestrafen.[67] Dazu musste die Adelsopposition in der ungarischen Hofkanzlei gegen die Reformen in den siebenbürgischen Provinzen überwunden werden,[68] was – wie im Fall der Einführung der Toleranz – nur durch eine für die Annahme der Reform vorbereitete öffentliche Meinung gelingen konnte. Erst als Joseph sich dazu gezwungen sah, hinsichtlich der Schwierigkeiten bei der Einführung der Reformen in Siebenbürgen Kaunitz' Rat einzuholen, konnte dieser sich die Freiheit nehmen, Josephs absolutistische Vorgangsweise zu kommentieren, wobei er seinem Sarkasmus freien Lauf ließ: „Weil Eure Majestät [am 18. Juli 1786] die Güte gehabt haben, mich über die Schwierigkeiten bei der Einführung von Reformen in Transylvanien[69] zu informieren", erlaube er sich ihm, seine Gedanken darüber zu eröffnen. Joseph wäre davon ausgegangen, dass seine Beamten die von ihm erhaltenen Befehle ausführen würden. Jetzt müsse er aber in Ungarn und Siebenbürgen eine Lösung für das unangenehme Problem finden, dass seine Befehle von seinen Beamten nicht befolgt werden. Welche Mittel Joseph dazu bisher angewandt habe oder anwende, wisse er, Kaunitz, nicht, könne jedoch durch die Tatsachen erkennen, dass sie ungenügend seien. Daher ersuche er Joseph, ihn darüber genau zu informieren, sobald er dazu die Zeit habe, damit er sich andere Mittel überlegen und sie ihm vorschlagen könne, falls er so glücklich sein sollte, solche in seiner Einbildungskraft ausfindig zu machen: er glaube, dass das nicht ganz unmöglich sein müsse, wer weiß: vielleicht würden Kaiser und Staatskanzler sie gemeinsam entdecken.[70] Bei der

66 Béla Köpeczi (Hg. u. a.) Kurze Geschichte Siebenbürgens, Akadémiaikiadó, Budapest, 1990, S. 435–436.

67 François Fejtö, Un Habsbourg révolutionnaire. Joseph II., Paris, 1953, S. 173 f.

68 Wangermann, The Habsburg Possessions, S. 298, Anm. 3.

69 Transylvanien war Teil des ungarischen Königreichs. Dort wurden alle drei bestehenden Nationen von Joseph gerade zu einer Nation von Siebenbürgern verschmolzen.

70 Kaunitz an Joseph du Jardin de Maria Hilf, 26.7.1786 (sic) in: STK/Vorträge, Karton 141, Konvolut III–V 1785 (sic), fol. 112v: Dank für „gracieux billet du 18", fol 112r: „[...] Car en vérité Ses Sujets en ont grand besoin et pour longtems pour qu'il puisse leur arriver même malgré eux tout le bien que V. M. a en vue dans tout ce qu'Elle fait et qui malheureusement souvent ou ne se fait pas du tout ou au moins ne se fait que beaucoup plus lentement et beaucoup plus imparfaitement qu'il ne pourroit et ne devroit se faire, comme je l'ai vue et avec une vraie peine parce qu'elle a la bonté de me dire au sujet de la Transylvanie. Il est cruel en vérité de se donner moralement et phisiquement toutes les peines que se donne V. M. et de se voir privé de

gemeinsamen Entdeckung der Ursachen der bei der Einführung der Reformpolitik auftretenden Krisen stand für Kaunitz die Rücksichtnahme auf die öffentliche Meinung an erster Stelle. Als die Bastille 1789 durch die Zusammenarbeit des Militärs mit dem Volk erobert wurde, konnte er hoffen, Joseph würde sein Anliegen, der Reformpolitik wie im Fall der Toleranzeinführung die Zustimmung der öffentlichen Meinung zu sichern, endlich akzeptieren.

Alle Minister der vereinigten ungarisch-siebenbürgischen Hofkanzlei und vor allem der Staatsrat v. Izdenczy selbst rieten 1789 zur Einberufung des Krönungslandtags, mit der Implikation der Ablegung des Eides, alle seit 1765 erlassenen Gesetze der Prüfung der Adelsnation zu unterziehen. Kaunitz allein nützte die Situation dazu, Joseph im Einvernehmen mit einigen loyalen Magnaten die Einberufung eines reformierten Krönungslandtages vorzuschlagen. 1764 hatte er die Idee der Einberufung eines Landtags abgelehnt. 1787 war er im Hinblick auf die Niederlande zu der Überzeugung gelangt, dass der Fürst „sich an Formen und Abmachungen halten [müsse], an denen die Nation fast noch mehr als an den Dingen selbst hängt",[71] weil es sich um eine echte Revolution handelte, man ihr also nachgeben müsse. Im Juli 1789, als sich Ähnliches in Frankreich wiederholte, wollte er dieses Ereignis als Gelegenheit nützen, den Prozess, dem gesamten Volk in dem rückständigen Königreich Ungarn ein politisches Mitspracherecht zu gewähren, einzuleiten. Er hielt den Augenblick für gekommen, Maria Theresias und Josephs Gesetzen seit 1765 die Zustimmung einer reformierten Nation verschaffen.

Als Izdency sich im August 1789 der Meinung des siebenbürgischen Kanzlers Banffy und des ungarischen Hofkanzlers Palffy anschloss, für Nachgiebigkeit gegenüber der Partei der Stände votierte, und die Einberufung des Krönungslandtags anriet, ergriff Kaunitz im Staatsrat scheinbar mit ihm die Partei der adeligen Opposition gegen den Absolutismus. Er zitierte eine Passage aus Montesquieus *Esprit des Lois*, mit der ausgedrückt worden war, dass der ungarische Adel das

---

la satisfaction d'en être recompensé par le succès, faute d'intel-ligence ou de [bonne] volonté de la part de ceux qui sont chargés non pas de penser et d'imaginer, mais uniquement d'exécuter; quoique la pure exécution ne soit au fond qu'une espèce de matérialité qui devroit être et seroit certainement chose bien facile à qui ne manqueroit pas de bonne volonté. Il faut cependant absolument trouver un remède au désagrément de n'être pas obéi. J'ignore quels sont les moyens que V. M. employe et a employé jusqu'ici pour cet effet; mais je vois par les faits qu'ils sont insuffisants et moyennant cela je La prie de m'en informer au juste quand Elle en aura le tems; afin que je puisse Lui en chercher et Lui en suggérer d'autres, si je suis assez heureux pour pouvoir en trouver dans mon imagination; et comme je pense que ce ne doit pas être la chose impossible, qui sait: peut être en trouverons nous?" Ich danke Herrn Wangermann für die Interpretation dieses Vortrags.

71 Kaunitz an Ludwig Cobenzl, Wien, 5.7.1787, zitiert nach: Beer A., Fiedler J. (Hg.), Joseph II. und Graf Ludwig Cobenzl, ihr Briefwechsel, in: FRA, II, 2 Bd.(53 u. 54) hier: 2, S. 179: „[...] au lieu de s'entendre avec eux sur ce qu'on vouloit, et de se prêter à des formes et à des dénominations auxquelles la nation tient presqu'encore plus qu'aux choses mêmes".

Land ausmache und seine Interessen daher vom Fürsten respektiert werden müssten. Kaunitz stimmte dieser Idee im Prinzip zu, indem er sich dem Rat Izdenczys, dann des siebenbürgischen Kanzlers Banffy und des ungarischen Hofkanzlers Palffy der Einberufung des Krönungslandtags anschloss, tat es aber auf die folgende Weise:

> Übrigens scheinet meines Erachtens alles darauf anzukommen, ob Seine kaiserliche Majestät von der Wahrheit folgender Sätze [die von Izdenczy, Banffy und Palffy anerkannt werden] überzeugt sind, nämlich:Dass den Ständen ex mutuo pacto oder [...] aus einem mehr als dritthalbhundertjährigen ununterbrochenen Usu, der gleichfalls in die Klasse der Fundamentalgesetze gehöret, die Theilnehmung an der gesetzgebenden Macht gebühret, dass ihnen dieses Vorrecht nicht benommen, folglich auch die Haltung der Landtage facto nicht abgeschafft werden kann.
>
> Sind Seine Majestät hievon überzeugt, so würde anstatt der bisherigen Streitigkeiten eine wahrhaft nützliche, höchst wesentliche Beschäftigung darin bestehen, dass zuerst von der Kanzley und sodann auch wenigstens von den vertrautern Primoribus regni in reiffe unpartheyische Überlegung genommen werde, wie die Ungarischen Landtäge besser zu organisieren, und wie sie insonderheit dem wichtigsten Endzweck gemäß einzurichten wären, dass hiebey das Volk hinlänglich repräsentiert würde? Wie und worin verschiedene hiemit ganz unvereinbarliche, aus dem Feudal Sistem herstammende und auf die heutigen Zeiten völlig unanwendbare Privilegien des Adels zu rectificiren wären?

1764 hatte Kaunitz geraten, die Einberufung des Landtags in Ungarn zu vermeiden. 1789 dachte er unter dem Einfluss der Revolution in Frankreich an die Modernisierung der Landtagsverfassungen, Nicht der Adel mache das Land aus, sondern das Volk. In Ungarn müsse es durch einen reformierten Landtag zu Wort kommen. Wie die ungarischen Landtage besser zu organisieren seien, das sollte der Staatsrath von Izdenczy artikulieren und in mit den Ständen zu verhandelnde Beratungspunkte bringen.[72]

Der ungarische Hofkanzler war mit dem siebenbürgischen Gouverneur und mit dem Staatsrat v. Izdenczy davon überzeugt, dass den Ständen schon aus dem Gewohnheitsrecht, das er als Fundamentalgesetz bezeichnete, „die Theilnehmung an der gesezgebenden Macht gebühret", ein Vorrecht, das „nicht abgeschafft werden kann". Kaunitz zufolge konnte es keinen besseren Weg aus der politischen Krise geben als der Oktroi einer hinlänglichen Vertretung des Volks neben den privilegierten Ständen. Ungarische „Josephiner", wie beispielsweise der bürgerliche Hajnóczy, Sekretär des Grafen Szecheny, schlossen sich der Adelsopposition gegen Joseph an, in der Hoffnung, dass diese der *misera plebs* endlich eine

---

[72] Votum Kaunitz' Nr 31 vom 22.7.1789 zur Staatsratsakte 330 = Vortrag der ungarischen und siebenbürgischen Hofkanzlei vom 26.1.[sic] 1789 „über die anonymische Widerlegung der im Namen der siebenbürgischen Magnaten und des Adels eingereichten Beschwerden", in: Kaunitz-Voten, Karton 5, KV 1787–1790.

politische Existenz im Landtag vergönnen würde,[73] um das zu verhindern, sollte Joseph sich durch den Oktroi einer Bürgerrepräsentanz im ungarischen Landtag an die Spitze dieser bürgerlichen Bewegung stellen und auf diese Weise dem Widerstand der Fronde gegen seine Reformziele nachhaltiger als bisher entgegentreten. Kaunitz wollte den Fortschritt, den Joseph mit seinem despotischen Regierungsstil in Ungarn erreicht hatte, jetzt durch den Oktroi einer bahnbrechenden Reform des Landtags sichern. Er wollte der Opposition in Ungarn nicht, wie in den Niederlanden im Mai/Juni 1787, alle Reformen opfern, er versuchte vielmehr, Josephs Reformen in einer reformierten ungarischen Verfassung zu verankern.

Dieser Reformvorschlag war nach den neuesten Forschungsergebnissen über Ungarn realisierbar. Die Bedeutung der reformbereiten Schichten des ungarischen Adels wird in den neueren Studien Balázs', Szántays und Dicksons hervorgehoben: „Sowohl in Wien als auch im Lande gab es Persönlichkeiten von Einfluss und Ansehen, die die Notwendigkeit vieler Reformen Josephs II. erkannten, und die die Reformziele nicht allein guthießen, sondern sie auch in die Tat umzusetzen bereit waren".[74] Nicht alle Landvermessungs-Akten wurden nach dem Tod Josephs II. vernichtet, mindestens vier Komitate wollten sie aufheben.[75] Die ungarische Hofkanzlei hätte also mit einigen loyalen Magnaten die Reform tatsächlich einleiten können.

Kaunitz schätzte, wie sein Vorschlag von der Erneuerung des ungarischen Landtags erkennen lässt, die Lage in Ungarn für die Habsburgermonarchie viel hoffnungsvoller ein, als die in den Niederlanden. Er dachte, als er die Idee äußerte, dass ein reformierter Landtag im Interesse des ganzen Volkes handeln könnte, nicht an Taktik, sondern an echte Reform, weil der Adel eingebunden werden sollte. Er nützte die Krise, in die die Habsburgermonarchie durch die Reformpolitik geraten war, als Chance, weil er endlich jenen gangbaren Weg zu grundlegenden Reformen im Königreich Ungarn gefunden zu haben glaubte, nach dem er vermutlich seit 1764/5 suchte, als ihm die damalige Einberufung des Landtags nicht zum Ziel der Reform des Königreichs zu führen schien.

Joseph lehnte Kaunitz' Idee nicht ausdrücklich ab. Er resolvierte: „das ist eine bloße Sammlung politisch scholastischer Fragen, über welche man sich krumm schreiben und disputiren kann, ohne dass jemand etwas dabei gewinne, noch verliere", blieb aber dann im Wesentlichen bei seiner absolutistischen Perspektive und bei seiner Geringschätzung der öffentlichen Meinung, das Resultat des Scheiterns seiner eigenen Pressepolitik[76]:

---

73 Ernst Wangermann, Österreichische und ungarische Briefe zum Reformwerk Joseph II. und zur ständisch-adeligen Oppositionsbewegung in Ungarn in: P Hanak, W. Heindl, St. Malfer, E. Somogyi (Hg.), Kultur und Politik in Österreich und Ungarn, Wien, 1994, S. 36.

74 Szántay, Regionalpolitik, S. 95

75 P. G. M. Dickson „Joseph II' Hungarian land Survey", in: English Historical Review (1991) S. 628–629.

76 Wangermann, Waffen, S. 90–94.

> [...] Wann nur das Gute geschieht, so ist an der Form wenig gelegen, und damit das Gute als gut von mit Vorurtheil angefüllten Köpfen erkannt werde, hilft noch Wohlredenheit, noch die sicherste und überzeugendste Logik (hier kam die Enttäuschung über das Scheitern seiner eigenen Pressepolitik zum Ausdruck[77]), sondern Probe, woraus Gewohnheit, und im Anfange Unterwürfigkeit, hernach Überzeugung folget, wonach erst zu Vollbringung des Ganzen die gehörigen Formen, wo sie nöthig sind, zur Erkenntnis der Rechtskräftigkeit mit Vernunft, Erfolg und allgemeiner Zufriedenheit veranlasst und angewendet werden können. [...].[78]

Mit den gehörigen Formen meinte Joseph den Landtag. Seine Perspektive war also, ihn erst nach der Durchführung der Steuerreform einzuberufen und die Reform von ihm bestätigen zu lassen. Adelige und Nicht-Adelige sollten die Reform zuerst aus Unterwürfigkeit über sich ergehen lassen und sich an sie gewöhnen. Während Kaunitz zwischen den Niederlanden und Ungarn sehr wohl unterschied, konnte er ihm in dieser Differenzierung nicht folgen. Er wollte keine „revolutionäre", d.h. staatsbürgerfreundliche öffentliche Meinung in Ungarn schaffen, daher wollte er auch Kaunitz' Oktroi-Vorschlag nicht in Erwägung ziehen. So blieb für Ungarn nur der belgische Weg übrig: Widerstand bis zum bewaffneten Aufstand gegen den König.

12.6. Bevorstehende allgemeine Revolution im Habsburgerreich

Rousseaus Sicht des Menschen als einer den Frieden mit den Nachbarn liebenden Kreatur eines gütigen Gottes wurde in Broschürenform verbreitet.[79] Öffentlich verlangte man nach der Transparenz der inneren Staatsgeschäfte. Aber erst als der Türkenkrieg und die Einführung der Kriegssteuer alle Volksklassen gleichmäßig gegen Joseph aufbrachte und die politische Krise zeitlich mit einer wirtschaftlichen zusammenfiel, entstand eine revolutionäre Situation. Die Aufregung über die Kriegssteuer kam 1789 in einem Theaterstück mit dem Titel: Die Kriegssteuer zum Ausdruck auf eine Art, die Wangermann mit der Satire von Karl Kraus in den Letzten Tage der Menschheit verglichen hat:[80] Ende 1788, als Joseph von der Front nach Wien zurückkehrte, fand er in der Residenzstadt eine kühle, fast feindliche Stimmung vor, die Stände sämtlicher österreichischer Provinzen traten in ihren Ausschüssen zusammen, um gegen die willkürliche Erhebung der Kriegssteuer zu protestieren.[81]

---

77 So sieht es jedenfalls Wangermann.

78 STRP/1789/330 = Resolution vom 20.8.1789 zum Vortrag der ungarisch-siebenbürgischen Hofkanzlei vom 26.1.1789 „über die anonymische Widerlegung der im Namen der siebenbürgischen Magnaten und des Adels eingereichten Beschwerden".

79 Wangermann, The Austrian Achievement, S. 145.

80 Wangermann, Waffen, S. 179–180.

81 Wangermann, From Joseph II, ²1969, S. 42.

Im Februar 1789 wurde Josephs Steuerreform publiziert. Die Gleichheit der Grundsteuer war das Mittel zur Herstellung von „Billigkeit". Die Grundsteuer trat in Kraft, wenige Wochen nachdem die Nachricht von der Einnahme Belgrads Wien erreicht hatte: Ab dem 1.11.1789 bekamen die Pächter mit Ausnahme Ungarns und Galiziens mehr von ihrem Einkommen als vorher. Inleute und Häusler gingen jedoch leer aus. Die „Prästationen" wurden nicht abgeschafft, aber in weiten Teilen der Habsburgermonarchie wesentlich reduziert.

An der Reform als solcher konnte es keine Kritik vom wirtschaftsliberalen Standpunkt geben, weil der Wirtschaftsliberalismus die gleiche Behandlung von Bauern- und Herrenland implizierte, und deren Einführung *jure regio* nicht prinzipiell ablehnte. So urteilte der Universitätsprofessor Johann Georg Meusel über die Reform: der Untertan gewinne durch die Reform sehr vieles, in einigen Provinzen verlöre auch die Grundherrschaft „nichts; aber in andern, wo die Unterthanen bisher sehr übersetzt waren, leiden die Herrschaften einen starken Abbruch an ihren Einkünften",[82] was er als gerecht bewertete, weil sie die Bauern **vor** der Reform zu sehr belastet hätten. Ansatzweise wurde eine emotional geführte Diskussion über die Steuerreform wie 1781–83 über die Toleranz angeregt, wofür Wangermann die Meinung des Diurnisten bei der niederösterreichischen Landesbuchhalterei Sigmund Michel anführt. Ihm zufolge rührten die Steuern **vor** der Reform „meistentheils [...] von dem Faustrechte" her, „wo der Adel den Bauern bey dem Schopfe nahm und ihm auf der Stelle bewies, dass er so viel geben sollte" (196–7). Joseph selbst wollte aber eine derartige klare Sprache über die von ihm allein initiierte Reform nicht führen lassen: Um den aristokratischen Standpunkt einer Broschüre, in der behauptet wurde, die Reform sei unnötig, kostspielig und fördere die Faulheit der Bauern, zu entkräften, befahl er, sie ohne *den mindesten beissenden Ton*, ja sogar mit *Lob über die freymüthigen Gedanken des Verfassers* zu widerlegen (194–5). Der Verfasser der Broschüre, Ignaz Benedikt Heßl, war Verfechter der klassischen These vom Ruin der Herrengüter durch Josephs Reform und der nicht minder klassischen These von der Faulheit der Bauern, die nur durch ihre Versklavung zum Arbeiten anzuhalten wären. Neben anderen *Freimüthigkeiten* besaß er die, im Krieg, wo Not und Teuerung herrschte, öffentlich zu behaupten, dass die Urbarialschuldigkeiten nicht an das Einkommen der Bauern angepasst werden dürften, weil in der Habsburgermonarchie keine „dringende Not" herrsche, die „eine so heftige Erschütterung des ganzen Staatskörpers erforderte".[83] Jahre der Dürre und der Krieg hatten den wirtschaftlichen Fortschritt, der unter Josephs Regierung tatsächlich erzielt worden war, aufgezehrt. Diese bittere Realität konnte durch die Steuerreform teilweise etwas gemildert werden. Dagegen

82 Zitiert nach Wangermann, Waffen, S. 209.

83 Ignaz Benedikt Heßl, Freimüthige Gedanken über das neue Grundsteuer-Rektifikationsgeschäft. Nach den zwei Hauptgesetzen vom 20ten April 1785 und 10ten Hornung 1780, Wien, 1789, S. 78. Ich danke Herrn Wangermann für die Mitteilung der Kopie dieser Broschüre.

behauptete Heßl, dass in der Habsburgermonarchie keine dringende Not herrsche, weshalb die Reform nicht eingeführt werden sollte. Als über den Parteien stehender Landesvater hätte Joseph u. E. diese Behauptung entschieden zurückweisen müssen. Er empfing stattdessen Heßl in der Audienz, ließ sich von dessen Argumenten beeindrucken[84] und ergriff damit die Partei der Reformgegner.

Ab August 1789 entstand im gesamten Habsburgerreich eine Situation, die Kaunitz im Staatsrat am 15.8.1790 rückblickend als revolutionäre Situation oder „imminente Umsturz"gefahr beschrieb.[85] Ausgelöst wurde sie an der Peripherie: durch die Aufhebung des Steuerbewilligungsrechts der niederländischen Stände anlässlich deren Steuerstreiks am 28.6.1789. Ab Juli 1789 regierte Joseph die Niederlande als militärischer Diktator.[86] Die Armee war aber wegen des Türkenkriegs reduziert worden. Nur die belgischen Aufklärer waren hinsichtlich der dem Führer der konservativen Statistenpartei van der Noot zugesagten Hilfe von Seiten der drei miteinander verbündeten Staaten England-Preußen-Holland skeptisch. Die nicht ständisch organisierten Elemente der niederländischen Bourgeoisie, Bankiers, Unternehmer usw. und ihre „Freiwilligen", die die Revolution in Brabant von 1787 getragen hatten, bildeten jetzt den Kern einer Aufklärungs-Partei, die es in Ungarn noch nicht gab. Sie gründeten eine geheime Gesellschaft *pro aris et focis*, sammelten Geld und rekrutierten tausende Freiwillige.[87] Diese geheime Gesellschaft organisierte den Massenwiderstand, was ab Oktober 1789 zum Kräftemessen mit der durch den Türkenkrieg reduzierten kaiserlichen Armee führte. Die Revolutionsarmee drängte die Reste der in den Niederlanden stationierten österreichischen Truppen im Laufe der Monate November und Dezember 1789 aus Brabant, Geldern, Mecheln und noch einigen anderen Provinzen nach Luxemburg zurück.[88] Im Dezember 1789 wurde, was Kaunitz 1787 prophezeit hatte, Realität: Die ungeheuren Vorräte an Lebensmittel, die Kassen, der Troß, die Artillerie und der Schatz sind verloren, die Garnisonen von Malines und Löwen haben alles aufgegeben und sind geflohen.[89]

---

84 „Sa Majesté a parû ébranlée [...]": Zinzendorfs Tagebuch Eintragung vom 25.10.1789, zitiert nach: Wangermann, Waffen, S. 199.

85 Votum Kaunitz' Nr. 48 vom 15.8.1790 zur Staatsratsakte 2434 Vortrag der ungarisch-siebenbürgischen Hofkanzlei, „womit auf die weitere Hinausschiebung des auf den 30 August ausgeschriebenen Landtags in Siebenbürgen und zwar bis nach erfolgter Krönung in Hungarn angetragen wird" in: Kaunitz-Voten, Karton 5, KV 1787–1790. Wörtlich: „Die äußerste Verlegenheit in welcher sich der Staat von allen Seiten befunden und welche nichts weniger als den imminenten Umsturz der Monarchie gedrohet hat, ist nun vorbey".

86 Politisches Journal, Jg 1789, Bd. 2, S. 823.

87 Hervé Hasquin, Joseph II, catholique anticlérical et reformateur impatient; 1741–1790, Brüssel, 2007, S. 290.

88 Benedikt, Belgien, S. 232–234.

89 Ferdinand Graf von Trauttmansdorff, bevollmächtigter Minister der österreichischen Niederlande an Joseph II., Herve, le 15 decembre 1788, in: Schlitter, Geheime Correspondenz, S. 531 (Orig. frz.).

Während in Frankreich das feudale System abgeschafft wurde, erkannte das belgische Volk nach der gewaltsamen Entfernung seiner führenden Aufklärerim geistlichen Stand seine ausschließliche Vertretung. In dem Augenblick, in dem das belgische Volk das „fremde Joch“ abgeschüttelt hat, bemächtigten sich die privilegierten Stände und die Mönche der belgischen Revolution.[90] Jene Staatsbürger, die den Kampf gegen Joseph organisiert und sich auf der Grundlage des Manifests ein Mitspracherecht in den ständischen Gremien erwartet hatten, wurden jetzt von den drei Ständen als Staatsbürger ausgeschlossen. Die Adeligen von Flandern verlangten, im Namen der Verteidigung der „heiligen Rechte der Menschen und Staatsbürger“ ausschließlich zu Rate gezogen zu werden.[91] Der Kardinal Franckenberg warf sich jetzt zum unbestrittenen geistigen Führer der Revolution auf und erklärte alle Versuche der Aufklärer, die Konstitution von Brabant zu reformieren, als Werk des Teufels,[92] daher dürfe man sie von den belgischen Aufklärern nicht verändern lassen, hieß es. Die erste gesetzgebende Handlung des neuen Belgien war die Abschaffung von Josephs Toleranzedikt.[93] Als der souveräne Kongress in Brüssel zusammentrat, war er aus den reaktionärsten ständischen und klerikalen Elementen zusammengesetzt.[94] Dieser Conseil von Brabant verfügte am 16.3.1790 sogar die Auflösung der von Edouard Walckier gebildeten Freiwilligen-Corps,[95] jener Elitetruppe, die bis dahin für den Fortschritt der Revolution und gleichzeitig für Recht und Ordnung in der Revolution gesorgt hatte. Nun wurden die Häuser jener Bürger, die die Mitsprache in der Politik verlangt hatten, mit Plünderung bedroht.[96] Das Volk hörte auf den Kardinal und folgte seinem Aufruf zur Vernichtung des politischen Gegners in dessen Fastenbrief.[97]

---

90 Wangermann, From Joseph II, ²1969, S. 71, mit Berufung auf Suzanne Tassier.

91 Hasquin, Joseph II., S. 278.

92 Polasky, Revolution, S. 138: „The Brabant Constitution […] had been written by God himself“.

93 Hasquin, Joseph II, S. 292: „Joseph II. avant de mourir avait appris que le premier acte législatif du Congrès souverain de Bruxelles embrigadé par le clergé et les éléments les plus réactionnaires avait consisté en l'abolition de l'édit de Tolérance“.

94 Suzanne Tassier, Les Démocrates Belges de 1789, étude sur le Vonckisme et la Révolution Brabanconne“, in: Académie Royale de Belgique (Hg.), Classe des Lettres, Mémoires, deuxième série, Brüssel, Bd. 28, 1932, S. 210–211, im weiteren: Tassier, Les Démocrates Belges.

95 Tassier, Les Démocrates Belges, S. 342.

96 Louis Lax, Der Abfall der Belgischen Provinzen von Oesterreich, Aachen und Leipzig, 1836, S. 204. Im weiteren: Lax, Der Abfall, Tassier, Les Démocrates Belges, S. 338.

97 Fastenbrief des Kardinal Frankenberg, 31.1.1790, zitiert nach Lax, Der Abfall, S. 197–198: „[…] Betrachtet […] alle die[jenigen] als Feinde der Religion und des Staates, welche durch ebenso gottlose als sophistische Trugschlüsse, die nach der Philosophie dieses Jahrhunderts schmecken, ein Glück stören wollen, dessen Genuß uns nahe bevorsteht, und das nur aus dieser ersehnten Vereinigung […] hervorgehen kann“. Die französische Fassung mit etwas anderem Wortlaut in: Tassier, Les Démocrates Belges, S. 288 f. Bei der oben erwähnten „ersehnten Vereinigung“ handelte es sich um die unter Ausschluss der Öffentlichkeit stattfindende Versammlung der traditionellen Stände.

Die Vorstellung der belgischen Revolutionäre auf der Weltbühne war alles andere als eine Vorstellung im Sinne des Fortschritts, das Verlangen der Aufklärer nach Partizipation an der Verfassung wurde gewaltsam unterdrückt.

Hasquin verweist in seiner Joseph-Biographie wiederholt auf den Exjesuiten Franz Xaver Feller als Hauptsprachrohr des klerikalen Lagers. Er verfügte über ein publizistisches Netzwerk und gute Verbindungen zu den Vertretern der Kurie.[98] Das kann durch eine archivalische Quelle aus dem Familienarchiv der Kounitze in Brno belegt werden. Als Joseph sich selbst in eine aussichtslose Situation hineinmanövriert hatte, die alle Errungenschaften seiner Innenpolitik in Frage stellte, gab Migazzi ihm gegenüber seine Kontakte zur belgischen Revolution offen zu. Er schickte an Kaunitz den Entwurf seines Schreibens an den Kardinal und Erzbischof von Mecheln mit der Bitte um seine Zustimmung. Kaunitz antwortete, er könne lediglich diese Mitteilung „nach ihrem vollen Werth […] beloben und deren bald möglichste Erlassung […] wünschen",[99] weil der Kompromiss mit der geistlichen Fronde – im Fall der militärischen Wiedergewinnung Belgiens – geschlossen werden musste. Gleichzeitig wollte Kaunitz jedoch, die Aufklärer unter der Hand unterstützen.

Joseph reagierte auf Trautmansdorffs Berichte, die ihm den bevorstehenden Abfall der Niederlande ankündigten, mit dem für ihn charakteristischen Ausruf: diese unkalkulierbaren Folgen habe man nicht vorhersehen, geschweige denn sie sich vorstellen können.[100] Kaunitz wies ihn aber auf seine Note vom 20.6.1787 hin:

> Euer Majestät belieben sich zu erinnern, dass Sie Ihre Niederlande bereits verlohren haben, vielleicht unwiderruflich verlohren haben, einzig und allein, weilen Sie meine wohlüberlegte Vorstellung von 20ten Junii 1787 nicht nur übel aufgenommen, sondern vielmehr seitdem in allen Stücken das gerade Gegentheil zu verfügen für gut befunden haben.[101]

Zusätzlich zu den, dem Verhältnis Aufklärung-Absolutismus innewohnenden grundsätzlichen Widersprüchen hatte Joseph durch seine hartnäckige Haltung gegenüber Kaunitz' Rat (ou me soumettre ou périr) die Existenz der Monarchie aus Kaunitz' Sicht unnötigerweise aufs Spiel gesetzt.

---

98 Hasquin, Joseph II, S. 176, 227, 282.

99 Kaunitz „An seine Eminenz Herrn Kardinal Migazzi", Wien, 30.12.1789 in: MZA, G 436 Karton 446, Inventarnummer 4323, fol. 1r: „ bleibt mir nichts anders übrig, als die gefällige Mitteilung [des Entwurfs eines Schreibens an den Kardinal] nach ihrem vollen Werth zu beloben und deren bald möglichste Erlassung zu wünschen mit angefügter Wiederholung meiner ganz ausnehmenden Hochachtung und Ergebenheit „

100 Joseph II. an Trautmansdorff, Wien, 28.11.1789, in: Schlitter, Geheime Correspondenz, S. 508–9.

101 Vortrag Kaunitz' an Joseph vom 28.1.1790 in: STK/Vorträge, Karton 147, KV I–III, fol. 32r.

Belgien musste zurückgewonnen werden. Aus diesem Grund wurde im siegreichen Feldzug gegen die Türken ein Waffenstillstand mit der Pforte geschlossen. Frankreich war wegen der Revolution dazu nicht in der Lage, ihn zu garantieren, also musste mit England alles unternommen werden, was zur Anbahnung eines *vertraulichen Concerts* mit Österreich zwecks Garantie des Waffenstillstands zwischen Österreich und der Pforte und Eindämmung der Gärung in Europa führen könne. Am 6.12.1789 erhielt der österreichische Botschafter in England, Graf Rewicki, von Kaunitz die Weisung, dem Londoner Ministerium den Antrag einer Defensivallianz zu machen.[102] England, das seinerseits mit demokratischen Forderungen und mit der konkreten Forderung nach Abschaffung des Sklavenhandels konfrontiert war, war zu Verhandlungen mit Österreich bereit. Und Friedrich Wilhelm II. musste bald erfahren, dass seine Praxis der Anstiftung von Rebellionen unter den Untertanen des österreichischen Rivalen für seinen Verbündeten England, des mächtigsten Partners im Dreibund, nicht mehr akzeptabel war. Als Preußen Anfang 1790 die „Vereinigten Staaten von Belgien" als Mitglied des Fürstenbundes dem Reich wiedergewinnen wollte, versagte ihm Pitt seine Unterstützung und forderte als Repräsentant der Vermittlermacht England die belgische Regierung auf, sich ihrem rechtmäßigen Herrscher zu unterwerfen.[103]

Eine neue Politik der Restauration als Bündnis aller europäischen Mächte zur Abwehr der revolutionären Kräfte bahnte sich in dem Augenblick an, als die Revolution in Frankreich siegreich war und die öffentliche Meinung in England immer stürmischer nach Partizipation breiterer Bürgerschichten an den Entscheidungen des Parlaments und nach der Abschaffung des Sklavenhandels verlangte. Weil aber die Abschaffung des feudalen Systems in Frankreich durch Dekrete der Nationalversammlung sanktioniert und durch den Canossagang Ludwigs XVI. von Versailles nach Paris befestigt wurde, war der größte Enthusiasmus der aufgeklärten Journalisten ‚der Tatsache vorbehalten, dass die französischen Dekrete nicht durch die willkürliche Macht eines absoluten Fürsten zustande gekommen waren, sondern durch die Mehrheit der Repräsentanten des Volkes', was sie privat so zum Ausdruck brachten: Ludwigs XVI. Verzicht auf den Thron des Despotismus und der Willkürjustiz wäre ein „beispielloses Beispiel", das früher oder später von anderen absolut regierenden Fürsten befolgt werden müsse.[104]

---

102 Beer (Hg.), Leopold II., Franz II. und Katharina: Ihre Correspondenz nebst einer Einleitung zur Geschichte der Politik Leopold II., Leipzig, 1874, S. 14.

103 Ernst Wangermann, Preußen und die revolutionären Bewegungen in Ungarn und den österreichischen Niederlanden zur Zeit der Französischen Revolution, in: O. Büsch u. M. Neugebauer-Wölk (Hg.), Veröffentlichungen der Historischen Kommission zu Berlin, Bd. 78, 1991, S. 84. Im weiteren: Wangermann, Preußen.

104 Bartsch an Hajnoczy, 12.5.1789, zitiert nach: Erst Wangermann, Von Joseph II. zu den Jakobinerprozessen, Wien, 1966 = deutsche Übersetzung der ersten Ausgabe des Werks mit den Originalzitaten, S. 37. Im weiteren: Wangermann, Von Joseph II.

Joseph reagierte auf die französische Revolution mit dem Drängen zur Schließung eines bilateralen Friedens zwischen Russland-Österreich und den Türken gegenüber Katharina II.: „Dieser Friede wird um desto mehr wünschenswert als […] eine Art Delirium beinahe alle Köpfe und die Bewohner Europas ergriffen hat, gewöhnt die französischen Moden anzunehmen und geblendet durch ihre schönen Sätze über die Freiheiten (der Menschen) scheinen (diese Sätze) tatsächlich zu erfordern und sehr wünschenswert zu machen, dass zwei Mächte wie unsere, sich im Frieden wiederfänden, um alle Gärungen, die daraus entstehen können, einzudämmen" (Orig. frz.).[105]

Joseph selbst ergriff Maßnahmen gegen die Verbreitung der Aufklärung in seinen Ländern als Ursache für die allgemeine Begeisterung für die Mitspracheforderung. Anstatt Kritik an seinem eigenen Krisenmanagement zu üben, verschärfte er die Zensurbestimmungen mit der Übertragung der Zensur der Zeitungen an seinen Polizeiminister und mit scharfem Tadel an der damaligen Gepflogenheit, allgemein anerkannte staatsrechtliche Thesen, die das Widerstandsrecht des Volkes nach Martini gegen ungerechte Fürsten öffentlich verteidigten, in Prüfungsdisputationen zu publizieren. Er ordnete gegen den Protest van Swietens und Kaunitz' an, dass derartige Sätze, deren Publikation van Swieten in Brüssel selbstverständlich verboten hatte, auch in Wien nicht mehr publiziert werden durften. Als Heinke van Swietens Vorschlag, das Kirchenrecht als Teil des Staatsrechts zu unterrichten, mit den Worten desavouierte: Der Lehrer der juristischen Studenten habe „blos das Sprachrohr des Staats an dessen sich bildende Bürger" zu sein, stimmte Joseph ihm zu. Van Swietens Ziel, angehende Beamte zu mündigen Staatsbürgern zu erziehen, fand in Heinke eine neue Auslegung in einer „servilen" Absolutismus-Verteidigung, die zwischen Absolutismus und Aufklärung einen unüberbrückbaren Gegensatz konstruierte. Wangermann kommentiert das folgendermaßen: „Hier trennten sich die Wege der gemäßigten Aufklärung, die sich auf die Kritik der katholischen Kirche und der römischen Kurie beschränkte, und der eigentlichen politischen Aufklärung. Und es ist sicher kein Zufall, dass die Auseinandersetzung zwischen diesen zwei Richtungen in Österreich im Jahre des Bastillensturms stattfand".[106]

Am 9.2.1790 kehrte sich Joseph demonstrativ von der Aufklärung ab, mit einer umfassenden Kritik an den Grundlinien und Ergebnissen der Studienleitung van Swietens (96). „Die Bildungsanstalten lieferten laut Josephs Kritik weder tüchtige Beamte noch redliche Bürger. Zu viel Zeit würde mit „oberflächlichen Kenntnissen und witzigen Gedanken" zum Schaden der höchst wichtigen Berufsstudien verschwendet. Religion und Moral würden „viel zu leichtsinnig" behandelt".[107] Diesen Generalangriff auf die Aufklärung ergänzte Joseph durch

---

105 Joseph an Katharina, 2.10.1789, zitiert nach: Arneth, Joseph II und Katharina, S. 339.

106 Wangermann, Aufklärung, S. 77 f.

107 Wangermann, Wandlungen, S. 45.

die Anordnung einer Zusammentretung einer eigenen Konferenz bei der Hofkanzlei mit Heinke und mit dem aus den Niederlanden vertriebenen Brüsseler Direktor der philosophischen Studien Mayer. Er schuf „faktisch eine neue Studienhofkommission oder, wie sie später genannt wurde, die Studieneinrichtungskommission".[108] Heinke wurde Josephs neuer Mann im Studienwesen.

12.7. Kaunitz' letzter Rat

Der letzte Rat, den Kaunitz seinem Freund gab, betraf das Königreich Ungarn. Dort hatte Joseph die Einführung seiner Steuerreform in Ungarn bereits ausgesetzt, dort hatten die Stände die Zustimmung der Nichtprivilegierten im Hinblick auf die Hoffnung der Gewährung eines politischen Mitspracherechts im Landtag bereits gewonnen. Am 18.12.1789 hatte Joseph durch ein zweisprachiges Reskript in deutscher und magyarischer Sprache bereits die Einberufung eines Landtags versprochen, aber das Datum noch nicht bestimmt. Er stellte den Landtag nach Kriegsende und Wiederherstellung seiner Gesundheit in Aussicht. Seine weiteren Entschlüsse wolle er mit seinen Ministern, Kaunitz, der ungarischen Hofkanzlei und dem Polizeiminister Graf Pergen, beraten. Kaunitz, der jede Hoffnung begraben hatte, Joseph für seinen Rat des Oktrois einer Volksrepräsentanz im ungarischen Landtag zu gewinnen, verbündete sich mit Pergen, der den Widerruf der Steuerreform in allen Provinzen vorbereitete. Er verlangte ultimativ von dem sterbenden Kaiser die Festsetzung des Datums für den Landtag auf den 1.6.1790 und die Annahme eines von ihm und Pergen ausgearbeiteten Restaurationsprogramms, „widrigen Falls sehe ich diese Concertation [zwischen der ungarischen Hofkanzlei und der Staatskanzlei] für ganz fruchtlos an und wünsche sehnlichst von aller Theilnehmung hieran dispensirt zu werden".[109]

Joseph war aber auch jetzt nicht bereit, einen Termin für die Einberufung des ungarischen Landtags zu nennen. Er ging über die von der Ministerkonferenz vorgeschlagenen Konzessionen an die Stände weit hinaus, womit er hoffte, der Forderung nach Festsetzung eines Termins für die Einberufung des Landtags auszuweichen. Er beging seinen letzten gravierenden Fehler in seinen Entscheidungen und opferte – gegen Kaunitz' Rat – die Schulreform, das Armeninstitut, die Justizreform und hielt nur an der Abschaffung der Leibeigenschaft, an der Toleranz und an der Pfarr-Regulierung fest. Das Resultat dieses Reskripts war aber nicht, wie von Joseph erwartet, die Beruhigung, sondern die Beschleunigung der revolutionären Situation – die Komitate verlangten umso energischer die

108 Wangermann, Aufklärung, S. 97.

109 Vortrag Kaunitz' vom 25.1.1790, in: STK, Vorträge, Karton 147, KV I–II, fol. 29. Wangermann, From Joseph II, zitiert nach [2]1969, S. 52.

Festsetzung des Datums der Landtag-Eröffnung.[110] Joseph hatte also mit seiner Entscheidung gegen Kaunitz' Rat die Entstehung einer revolutionären Situation analog zu den Niederlanden selbst eingeleitet.

12.8. Letzte Nadelstiche Josephs gegen Kaunitz

Am 29.1.1790 regelte Joseph die Zeit nach seinem Tod durch die Aktivierung einer, seit den 60er Jahren eingeschlafenen Staatskonferenz[111] mit dem Oberstkämmerer Franz Graf (1790: Fürst) Orsini-Rosenberg, Obersthofmeister Adam Georg Fürst Starhemberg und Feldmarschall Franz M. Graf Lacy als Konferenzminister, die er durch Kaunitz in den *filum negociationis* setzen ließ. Joseph machte Kaunitz' Stellvertreter Philipp Cobenzl aber nicht zum Konferenzminister, was Kaunitz von ihm wiederholt verlangte. Seinem Bruder Leopold gegenüber begründete er diese Regelung damit, dass Kaunitz' Gedächtnis nachlasse, und er fügte hinzu, dass Kaunitz ihn aus Furcht, angesteckt zu werden, seit zwei Jahren nicht besucht hätte, weshalb es keinen Weg gebe, mit ihm Wichtiges zu besprechen.[112] Zwei Jahre lang, seit Februar 1788, hätte Joseph Kaunitz nicht gesehen und gesprochen? Er selbst hatte an Kaunitz von Adoing am 24.11.1788 geschrieben, „Adieu j'espère de vous revoir dans une dizaine de jours",[113] also noch im Dezember 1788, was zu der erfolgreichen Organisierung des zweiten Feldzugs durch Kaunitz führen konnte. Josephs Gedächtnis ließ nach und dürfte seine Fehlinformation für Leopold eher eine Ausflucht gewesen sein, um nicht seinen eigentlichen Konflikt mit Kaunitz über die Einberufung eines Landtags mit einer Vertretung der Bürger und Bauern besprechen zu müssen.

Joseph vergaß auch geflissentlich, den Referenten der Staatskanzlei Spielmann mit Binders Gehalt zu bezahlen. In dem für Beamte der Staatskanzlei von ihm anno 1781 festgesetzten Gehaltsschema war Binder als Referendar der Staatskanzlei mit seinem Staatsratsgehalt, das er seit 1766 auch noch nach seinem Ausschei-

---

[110] Horst Haselsteiner, Joseph II. und die Komitate Ungarns. Herrscherrecht und ständischer Konstitutionalismus, Bd. 11 der Veröffentlichungen des österreichischen Ost- und Südosteuropa-Instituts, Wien, 1983, S. 215: „Es war ihm [Joseph] nicht gelungen, die Komitatsstände durch sein Entgegenkommen davon abzuhalten, neuerlich und diesmal mit größerer Lautstärke und in breiterer Formation die Forderung nach Einberufung des Landtages zu erheben".

[111] Wangermann, The Austrian Achievement, S. 169: „[...] re-activate the defunct Conference of State (Staatskonferenz) under the presidency of Kaunitz".

[112] Joseph an Leopold, 4.2.1790, zitiert nach: Arneth (Hg.), Joseph II. und Leopold von Toscana, 2 Bd. hier: 2, S. 314f.

[113] Joseph an Kaunitz, Adoing, 24.11.1788, fol. 90v: „begleitet ein Schreiben an die russische Kaiserin über die Wiederherstellung des Friedens", in: STK/Vorträge, Karton 145, KV XI–XII, fol. 83r.

den aus dem Staatsrat 1771 bezog, festgestellt worden. Joseph verfügte jedoch, Spielmann solle der Referendarstitel „mit dem Gehalt, den Baron Binder, bevor er Staatsrath geworden, als Referendar genossen hat", der wesentlich niedriger war, verliehen werden. Kaunitz remonstrierte dagegen[114] und bat darum, das am 22.10.1781 von Joseph eingeführte Gehaltsschema zu respektieren. Spielmann erhielt den Gehalt eines Staatsratsreferendars. Josephs Abschied von Kaunitz verdeckte die Kluft, die ihn von Kaunitz trennte, nur oberflächlich:[115] „Mon cher Ami, [...] croyez qu'il me coute de devoir penser à ne plus jouir de Vos lumières."

Dass Joseph zu Lebzeiten die Einsichten Kaunitz' selten „genoss", haben wir aus den Akten zur Genüge beweisen können.

12.9. Versuch einer Bewertung von Josephs Regierung

Die erfolgreiche Einbürgerung der Toleranz im Habsburgerreich sicherte Joseph unsterblichen Ruhm, den er sich u. E. eigentlich mit Kaunitz und Gottfried van Swieten teilen müsste. Den Grund, warum das Toleranzedikt im restlichen Teil der Habsburgermonarchie mit der alleinigen Ausnahme „Belgien" nicht zurückgenommen werden konnte, hat Franz Joseph Mumelter von Sebernthal auf den Punkt gebracht. Er rühmte Maria Theresias Leistungen für die bessere Erziehung ihrer Untertanen, er stellte aber auch fest, dass Joseph für Künste und Wissenschaften mehr tat, „als die meisten hochgepriesenen Mäcenaten, wie der Besoldungsstand der Studien und Normalschulen sonnenklar beweiset, er zerstörte durch philosophische Vorlesungen in deutscher Sprache alte Vorurtheile und ergänzte den Volksunterricht durch einige tausend neue Kirchen und Schulhäuser".[116] Dieses Lob gebührt in erster Linie Gottfried van Swieten, dessen Studienplan *alte Vorurtheile* tatsächlich korrigierte und dessen Durchführung dafür verantwortlich war, dass die Toleranzedikte in der Habsburgermonarchie nicht wie in „Belgien" rückgängig gemacht wurden.

Josephs Wunsch, dass die Steuerreform überall gleichzeitig in Kraft treten sollte, erwies sich als undurchführbar: in Ungarn wurde sie nicht eingeführt, in Galizien wurde sie nur verkündet, ihre Durchführung wurde auf zwei Jahre ausgesetzt. Kaunitz' Meinung aus den frühen 1780er-Jahren, dass man in wirtschaftlich fortgeschrittenen, wie in den österreichischen Provinzen und in wirtschaftlich

[114] Vortrag Kaunitz' vom 2.2.1790, fol 60v „betreffend die Erhebung des Frh. von Spielmann zum StaatsReferendar mit Staatsrath-Besoldung", in: STK/Vorträge, Karton 147, KV I–III, fol 59–60.

[115] Apostille des Kaisers zu Kaunitz an Joseph, 16.2.1790, zitiert nach: JLK, S. 358.

[116] Franz Joseph Mumelter von Sebernthal, ordentlicher Lehrer der allgemeinen Weltgeschichte auf der hohen Schule Wien, Ueber die Verdienste Oesterreichischer Regenten um das Deutsche Reich, Wien, 1790, S. 696–697, Anm. 5.

zurückgebliebenen Provinzen wie in Galizien nicht gleichzeitig *alles unter und ober sich kehren* könne, wurde bestätigt. Die Reform war, weil zu spät und tendentiell überall gleichzeitig eingeführt, nicht zu halten.

Man kann Joseph nicht für irgendeine gängige theoretische oder ideologische Strömung seiner Zeit reklamieren. Joseph bezeichnete sich bekanntlich selbst in Sachen ökonomischer Theorie als „Atheist". Es wäre aber vielleicht nicht abwegig, ihn als Reformkatholiken zu beschreiben, wegen seiner Übereinstimmung mit Kaunitz, die darin bestand, die Provinzen der Habsburgermonarchie durch Toleranzedikte zu einer Einheit zusammenzufügen. Seine „konservative Wende" von 1786/87 wäre insofern konsequent, als sie vermutlich von vielen Reformkatholiken gutgeheißen wurde, die hinsichtlich der Neigung der *philosophes* zur theologischen Toleranz, zur Vertragstheorie und zum *rule of law* Zweifel und Befürchtungen hegten.

Joseph war so wenig „*philosophe*" wie Maria Theresia, aber viel weniger als sie bereit, die öffentliche Meinung bei seinen Entscheidungen zu berücksichtigen. Die Spannung zwischen ihm und Kaunitz konnte daher immer nur vorübergehend überbrückt werden, blieb aber im Wesentlichen von Anfang an bestehen und gipfelte darin, dass Joseph sich aus Empörung über Kaunitz' Vorgehen in den Niederlanden dem Rat seines Polizeiministers anvertraute, der ihn in seinem Hang Willkürjustiz zu üben, unterstützte. Wangermann resumiert: „Er [Joseph] hat jedenfalls nie zu erkennen gegeben, dass die Lektüre einer kritischen Schrift in ihm Zweifel an der Richtigkeit seiner eigenen Politik erregt und ihn von einem gefassten Entschluss abgebracht hätte".[117] Das lag nicht an den Schwächen der kritischen Autoren, sondern daran, dass Joseph Kritik an seinen Handlungen zu wenig berücksichtigte. Josephs despotische und gewaltsame Vorgangsweise bei ungenügender Vorbereitung der öffentlichen Meinung, sein Ertragen von Kritik, ohne aus ihr zu lernen, sind die Hauptquellen seines Scheiterns beim Reformieren seiner Staaten.

Dass Joseph seit 1785 in der Arena der politischen Öffentlichkeit den Kürzeren zog, weil eine von ihm unabhängige Meinung in Broschüren seinen autoritären Regierungsstil kritisierte, empfand Kaunitz noch zu Josephs Lebzeiten als Trost. Zu Beginn von Josephs Regierung hatte er sich gegenüber Mercy noch der Illusion hingegeben, den absolut regierenden Fürsten durch seinen Rat führen zu können, jetzt stellte er demselben Briefpartner gegenüber fest: „Es ist schrecklich, dass die despotische Hartnäckigkeit diese schöne Monarchie in den Zustand versetzt hat, in den sie sich derzeit befindet. Ich bin darüber sehr betrübt, wie Sie sich vorstellen können, und es ist für mich bedauerlich, mich vor dem Richterstuhl der öffentlichen Meinung nicht rechtfertigen zu können; indessen ist es für mich bis zu einem gewissen Punkt tröstlich, dass das ganze Publikum davon überzeugt ist: alles, was passiert ist, kann dem Umstand zugeschrieben werden,

---

117 Wangermann, Waffen, S. 215.

dass man während dieser Regierung zu wenig auf meinen Rat und auf meine, bei allen möglichen Gelegenheiten geäußerten mutigen Proteste gehört hat".[118] Mit anderen Worten: da er für seine Positionen nicht öffentlich hatte eintreten können, tröstete sich Kaunitz damit, dass die von Joseph unabhängige kritische öffentliche Meinung deren Berechtigung sehr wohl verstand.

Aus Kaunitz' Sicht, die er im Staatsrat im Juli 1791 zum Ausdruck brachte, waren die Hauptursachen der Schwäche der Monarchie unter Josephs Regierung „größtentheils nur zufällig und so beschaffen, dass sie leicht würden zu vermeiden gewesen seyn, wenn man nur gewollt hätte". Er charakterisierte Josephs Politik als „falsche Staatskunst" und unterzog sie im Staatsrat einer öffentlichen Kritik: Zweifellos habe Joseph den Krieg gegen die Türken

> zu hastig und zu frühzeitig angefangen, [...] wobey demohngeachtet das ganze erste Jahr mit unermeßlichen Aufwand in einer totalen Unthätigkeit versplittert wurde; ein Krieg, während dessen man in den Niederlanden eine offenbare Rebellion wahrhaft erzwungen, dadurch die österreichische Hauptgold- und Kredits Grube verloren, in Galizien der imminenten, in Hungarn einer großen Gefahr eines ähnlichen Unglücks sich ausgesetzt und mittels aller dieser und mehrerer anderer Umstände, deren Entwicklung hier viel zu weitläufig wäre, dem preußischen Hofe das Messer selbst in die Hände gegeben hat, welches er uns dergestallt [sic] auf die Brust setzte, dass man sich noch glücklich schätzen musste, nur bloß gegen Aufopferung unserer, obgleich theuer genug errungenen Vortheile, aus der Presse zu kommen.[119]

Diesem Urteil über Josephs „falsche Staatskunst" ist unseres Erachtens wenig hinzuzufügen: *Carte blanche* gab Joseph seinem Freund nur für die Toleranz-Dekretierung, was zu der Übertragung der Leitung des Studien- und Zensurwesens an Gottfried van Swieten führte. Danach ließ er ihn in erster Linie nur den

---

118 Kaunitz an Mercy 6.1.1790: „Il est affreux que l'obstination despotique ait mis cette belle monarchie dans l'état où elle est. J'en suis bien affligé comme bien vous l'imaginez, et il est fâcheux pour moi de n'être pas dans le cas de pouvoir rendre *publici juris* ma justification consolant cependant jusqu'à un certain point que tout le public est persuadé que tout ce qui est arrivé n'est dû qu'au peu de cas que l'on a fait pendant ce règne de mes avis et de mes courageuses remontrances dans toutes les occasions", in: Alfred von Arneth, Jules Flammermont (Hg.), Correspondance secrète du Comte de Mercy-Argenteau avec l'Empereur Joseph II et le Prince de Kaunitz, Paris, 2 Bd., hier: 2 (1891), S. 291–2. Ich bin Herrn Wangermann für den Hinweis auf dieses wichtige Dokument zu besonderem Dank verpflichtet.

119 Votum Kaunitz' Nr. 43 vom 10.7.1791 zur Staatsratsakte 1662 Note des Generalen der Cavallerie Grafen von Tige vom 12.4.1791 „die Festsetzung des Armeefriedensstand[es], die Berichtigung der hierzu nöthigen Gelder, die Rechtfertigung des Hofkriegsraths in Ansehung der von ihm geführten Administration, die Auseinander-setzung, sowohl der Kriegsgelder von den zurückgelegten 3 Jahren, als der noch fortdauernden Bestreitung vieler außerordentlichen Kriegsobjecten, die Hindanhaltung der Unwirthschaft, und die Bewirkung einer nutzbaren Oekonomie, die Bestimmung der heurigen Extraordinari Militärobjekten und der hierzu erforderlichen außerordentlichen Geldzuschüss[e] betreffend", in: Kaunitz-Voten, Karton 6, KV 1791–1792.

Schaden, den er selbst mit seinen Entscheidungen ohne Kaunitz' Rat angerichtet hatte, reparieren. Die Führung des Türkenkrieges als Eroberungskrieg und die Niederlagen im ersten Kriegsjahr, die auf die Befolgung des Rates von Ludwig Cobenzl zurückgehen, erhöhte Josephs Abhängigkeit von den Ständen, die ihrerseits die Allianz mit Preußen gegen ihn schmiedeten. Die aus den schlechten Erntejahren entstandenen Probleme wurden durch den Krieg, der eine Preissteigerung der Lebensmittel verursachte, potenziert. Aus dem widersprüchlichen Kräfteverhältnis von Aufklärung und Absolutismus resultierte aber eine kritische öffentliche Meinung als erfreulichstes Resultat der Reformpolitik, ein im ganzen deutschsprachigen Raum im 18. Jahrhundert einmaliges Phänomen. Joseph entschied „durch Machtsprüche! Und das, meine Herrn, ist selten gut! Nicht der Monarch, die Gesetze sollen richten!"[120] Dieses Urteil in dem Nachruf eines Universitätsprofessors auf Joseph bezeugt die Existenz eines kritischen Patriotismus' auf einer kaiserlichen Provinz-Universität. Diese öffentliche Absolutismus-Kritik gehört zusammen mit Mozarts Reformopern, der Einführung der theologischen Toleranz in den hohen Schulen im philosophischen Pflichtstudium und der dadurch bewirkten Bildung eines toleranten Klerus zweifellos zu den erfreulichen Erscheinungen der österreichischen Mentalitätsgeschichte.

---

120 Wangermann, Waffen, S. 213, Zitat aus: Franz Cajetan Reisinger, Joseph der Zweite, kein Gemälde ohne Schatten. Eine Vorlesung gehalten den 10. April 1790, Olmütz.

13. Schlussfolgerung über Josephs Regierung

Aufbauend auf den Forschungen Wangermanns konnten wir zeigen, dass Josephs Reformpolitik eine Bewegung stärkte, die die Stellung der Aristokratie in der Gesellschaft erschütterte, die aber gleichzeitig auch den Fürsten unter das Gesetz beugen wollte. Neu ist die Erkenntnis, dass Kaunitz Joseph riet, diese Bewegung zu unterstützen und sie für seine Reformen einzusetzen. Der Unterschied zwischen den Perspektiven Josephs und denen von Kaunitz, bzw. van Swieten reflektiert das Spannungsfeld zwischen Absolutismus und Aufklärung. Eine Folge davon war, dass viele Aufklärer – nicht jedoch Kaunitz, nicht jedoch Gottfried van Swieten – zu Sympathisanten und Anhängern der Revolution wurden. Die belgische Revolution enttäuschte die Aufklärer tief. War doch das neue Belgien zur Schaffung der Einheit im Respekt der Vielfalt viel weniger imstande, als der von den Niederländern als „Tyrann" angeprangerte Joseph II. Um desto mehr setzten die Aufklärer ihre Hoffnungen auf einen Fürsten, der das Mitspracherecht für nicht-privilegierte Schichten in den Landtagen oktroyiere.

14. *La Clemenza di Tito*: Das Ideal eines aufgeklärten Fürsten in Leopolds Regierung

Kaiser Leopold II. trat seine Regierung erst einen Monat nach Josephs Tod an. „Ich bin dermalen noch nicht zu beurtheilen imstande, wie weit man, ohne zu mißfallen, sich gegen Euer Majestät zu äußern die Freyheit nehmen kann",[1] schrieb Kaunitz an ihn bei dieser Gelegenheit. Er erhielt die Freiheit, sich offen zu äußern.

Die Abfalltendenz der Adelsgesellschaften vom Hause Habsburg setzte sich in Leopolds Regierung fort: Das „Manifest des Brabantischen Volks" vom Jahre 1789 war ins Ungarische übersetzt und Anfang 1790 verbreitet worden.[2] Es ermunterte den Adel zum Widerstand. Bewaffnete „Banden" wurden vom Adel zu Empfang der Stephanskrone nach Pressburg geschickt, die Joseph aus Wien dorthin hatte überstellen lassen. Der Adel machte Stimmung gegen die Krönung Leopolds zu den von Maria Theresia angenommenen Bedingungen. Damit zeichnete sich in Ungarn eine der belgischen ähnliche Entwicklung ab, mit dem alleinigen Unterschied, dass es im Osten noch keine bürgerliche Verfassungsbewegung gab. Es hätte vielleicht eine bürgerliche Bewegung, zumindest im Ansatz gegeben, wenn Kaunitz' Vorschlag einer echten Reform des Landtags mit Einbeziehung von Volksrepräsentanten und Herstellung des Einvernehmens mit einigen Adeligen von Joseph 1789 realisiert worden wäre. Sie hätte sich mit dem reformierenden Fürsten gegen die Fronde verbündet. Anzeichen dafür gab es: viele, nicht alle Ausmessungsakten der Regierung Josephs II. wurden vernichtet, Pergens Polizeibeamte wurden aus dem Land gejagt. Dieser Hinweis auf die Entstehung einer bürgerlichen Verfassungsbewegung konnte den überragenden Einfluss der Fronde auf die öffentliche Meinung nicht aufwiegen: jeder von Joseph angestellte bürgerliche Beamte ungarischer Herkunft wurde unter Druck gesetzt, auf seinen Posten zu resignieren: „Du musst heucheln" schrieb der Hauskaplan des Grafen Széchenyi an seinen Freund József Hajnoczy, den Joseph angestellt hatte, „bey Gott ist Gnade – lass deine deutsche[n] Kleider unter dem Galgen verbrennen",[3] dir einen Schnurrbart wachsen und gebärde dich als Magyar, widrigenfalls er seine Stelle verliere. Leopold war im Begriff, Ungarn dank Josephs „falscher Staatskunst" zu verlieren.

---

1 Note Kaunitz' an Leopold (Entwurf) undatiert, in: STK/Vorträge, Karton 147, KV IV–V, Aktaufschrift: „Wien, 17. März 1790 = fol. 143r.

2 Leopold an Grafen Palffy, ungarischen Hofkanzler, 24.3.1790 in: HSS, Autographen, 13/79–1.

3 József Kiblin an József Hajnóczy, 13.3.1790, zitiert bei: K. Benda, A Magyar Jakobinusok Iratai, Bd. 1 (1. Teil), Budapest, 1957, S. 43.

14.1. Das Opfer zur Entschärfung der revolutionären Situation

Wenn es dem Adel und Klerus gelang, die nicht-adeligen Schichten der Bevölkerung auf ihre Seite zu bringen, was sie durch Geltendmachung nationaler, verfassungsrechtlicher und religiöser Anliegen taten, war die Opposition überwindlich. Um das zu verhindern, wurde Pergens Rat als erstes Zeichen der Versöhnung mit den privilegieren Ständen unter Leopolds Regierung befolgt. Die Steuerregulierungskommission wurde aufgehoben, ihre Mitglieder wurden entlassen. Mit dieser Maßnahme war klar gestellt, es gebe keine Rückkehr mehr zu den Steuerbescheiden des letzten halben Jahres.

Die Aufhebung der Steuerregulierungskommission verursachte in vielen Provinzen des Habsburgerreichs einen Ausbruch von bäuerlicher Opposition gegen die Rückgängigmachung der Reform, der von Gelehrten und Beamten unterstützt wurde. In jenen Provinzen, wo die Steuerreform verkündet worden war, bewaffneten sich in einigen Gegenden Bauern notdürftig, zogen gegen die Herren zu Felde, und zwangen sie, bzw. deren Gutsverwalter dazu, die von Joseph erlassenen Dekrete zu bestätigen. Entlassene Beamte der Steuerregulierungskommission verfassten „Klagen der Unterthanen der österreichischen Monarchie wegen Aufhebung des neuen Steuersystems“, und es gelang Josephs Polizeiminister Graf Pergen trotz großer Anstrengungen nicht, den Verfasser dieser im geheimen gedruckten Schrift auszuforschen.[4] Ausbrüche von bäuerlicher Opposition in Form von Aufständen sind für die Steiermark, Kärnten und Böhmen erforscht. In seiner Diplomarbeit hat Kurt Vösenhuber die Situation für Niederösterreich, wo im Gegensatz zu den oben genannten Ländern keine Aufstände ausbrachen, untersucht und eine ausgedehnte, teilweise friedliche Petitionsbewegung für die Wiedereinführung der vom Staat geregelten Robotablöse festgestellt. In einem für die niederösterreichischen Bauern bestimmten Kettenbrief aus dem niederösterreichischen Landesarchiv wird auf einen Professor der Wiener Realhandlungsakademie als Unterstützer des bäuerlichen Widerstands hingewiesen: die Bauern sollten sich an einen gelehrten Mann, namens „Brand“ wenden, hieß es dort. Bei „Brand“ handelte „es sich mit aller Wahrscheinlichkeit um Johann Gottfried Brand [...] Er war k.k. Rechnungsrath und lehrte Staatsrechnungswissenschaft, sowie kaufmännische Buchhaltung“.[5] Er ist unser Zeuge für die Anteilnahme der höher Gebildeten an dem Anliegen der Bauern, die Steuer- und Urbarialreform Josephs II., in deren Genuss sie gerade gekommen waren, wieder zu erhalten.

[4] Wangermann, From Joseph II, [2]1969, S. 70.

[5] Kurt Vösenhuber, Die Folgen der Aufhebung der josephinischen Steuer- und Agrarreform in Niederösterreich, Diplomarbeit an der Universität Salzburg, 1992, S. 67.

Die Reform war in Ungarn nicht verkündet worden, das Volk erhob sich daher dort nicht zur Unterstützung der Reform. Auf Kaunitz' Rat schrieb Leopold am 26.3.1790 einen freundschaftlichen Brief an Friedrich Wilhelm II., der ihm seit einigen Monaten mit Krieg drohte. Gleichfalls auf Anraten Kaunitz' beschloss er, sich auf keine Verhandlungen mit dem ungarischen Reichstag einzulassen, „bis sich näher aufklärt, ob mit Preußen eine gütliche Übereinkunft statthaben wird".[6] Leopold brauchte eine Art Übereinkunft mit Preußen, um das politische Programm der Fronde für ein Inauguraldiplom zu verhindern, das weit über das von Maria Theresia beschworene, die königliche Macht einschränken sollte. Das Datum des Krönungslandtags wurde jetzt auf den 1.6.1790 bestimmt, was Joseph durch seine großzügigen Zugeständnisse hatte vermeiden wollen. Die mit Preußen in Verbindung stehende extreme national-ständische Partei gewann den gesamten Landtag bei seinem ersten Zusammentreten für sich und setzte auf ihm ihre Sicht durch: Joseph habe durch seine Weigerung, sich krönen zu lassen, das *filum successionis* zerrissen. Während der Landtag den Aufstand gegen Leopold beschloss, wurde Österreichs Übereinkunft mit Preußen am 27.7.1790 in Reichenbach erzielt. Nun erst konnte Leopold hoffen, der Landtag werde ihn zu jenen Bedingungen krönen, die er annehmen konnte. Von der Übereinkunft mit Preußen hoffte Kaunitz, sie mit der Zeit entschärfen und zugunsten der österreichischen Interessen abändern zu können.

Auf das gesamte Habsburgerreich bezogen, bestand das Opfer, das Leopold der Ungarn wegen bringen musste – außer der Rückgängigmachung der Steuerreform, die in Ungarn nicht in Kraft getreten war – in der Opferung des Untertanadvokaten als der *cheville ouvrière* des josephinischen Bauernschutzes, dann in der Aufgabe der Kontrolle der Klöster durch die Kommendataräbte, sowie in der Aufhebung der Generalseminare, schließlich in der Abschaffung der interkonfessionellen Schulen und in der Schwächung der Position Gottfried van Swietens.

14.2. Der Fortschritt in Leopolds Politik

Unter Leopold II. lockerte sich das Bündnis von Absolutismus und Aufklärung, die Spannungen verschärften sich ganz allgemein, was Leopold mit Zugeständnissen an die Fronde einerseits und durch die Stärkung der Zivilgesellschaft mittels verdeckter Unterstützung von Ansuchen Nichtprivilegierter um eine Repräsentanz in den Landtagen andererseits, zu kompensieren suchte.

---

6 Wangermann, Preußen, S. 82, mit Berufung auf: Sigmund Adler, Ungarn nach dem Tode Josefs II., in: FS zum 100jährigen Jubiläum des Schottengymnasiums, Wien, 1907.

14.2.1. Gottfried van Swieten

Als sich das Verhältnis zwischen dem Fürsten, den Aufklärern und den privilegierten Ständen zugunsten der letzeren verschob, wurde Gottfried van Swieten, dessen Entlassung Joseph bereits durch die Einsetzung einer Studienhofkommission mit Heinke vorbereitet hatte, zum Sprachrohr des Fortschritts in Leopolds Politik. Er stand im Ruf, die restaurativen Züge in Leopolds Politik im Interesse der „Volksfreunde“ begrenzen zu wollen, weshalb alles, was in der Bürokratie Fortschritte der Aufklärung wünschte, sich ihm anschloss.[7] Leopold setzte ihm nicht Heinke, aber Martini als Präses der Studieneinrichtungskommission zur Seite. Er brauchte aber Gottfried van Swieten in führender Position, weil die Hofkanzlei mit Martini ihre Position zur Verstärkung der Anliegen der Fronde gründlich ausnützte. So traf sie z. B. in Tirol Einleitungen dazu, dass 400 Landtagsdeputierte von einer kleinen Gruppe ständischer Beamter gegen die von van Swieten angestellten Lehrer aufgebracht werden konnten. Er könne sich in keiner Angelegenheit des Tiroler Landtags an die Hofkanzlei mehr wenden, schrieb der Landeschef von Tirol Graf Wenzel Sauer von Innsbruck aus an Gottfried van Swieten, die Hofkanzlei habe „verkehrte Maßregeln ergriffen [... ich also] befürchten muss, dass meine Vorstellungen [...] nicht mit der gehörigen Prüfung von ihr in Betrachtung gezogen werden“.[8]

Van Swieten bewies also Festigkeit gegenüber den von der Hofkanzlei unterstützten Umtrieben der Fronde auf dem Landtag. Auch als die Hofkanzlei sich mit Martini und dem hohen Klerus zur Annullierung von Josephs Judenpolitik vereinigte, nahm er entschieden dagegen Stellung. Auf Verlangen des Prager Erzbischofs hatte die Hofkanzlei den Juden das ihnen von Joseph gewährte Recht zur Promotion zum Kirchenrecht weggenommen, sogar „das bloße Hören der Vorlesungen über das Kirchenrecht“ wollte sie jetzt den Juden verbieten,[9] was Martini vorschlug und die Hofkanzlei mit dem Argument unterstützte: Juden sollten als Advokaten ausschließlich Juden vertreten, zum Besuch der Vorlesungen über das Kirchenrecht wären sie nicht zuzulassen, was sie mit eventuellen „Anständen“ von Theologiestudenten,[10] deren Intoleranz sie als selbstverständlich voraussetzte, begründete. Van Swieten lehnte ihre Sicht entschieden und mit Gründen ab. Im Staatsrat stimmten nur Eger und Izdency mit ihm gegen diesen

[7] Gerda Lettner, Das Rückzugsgefecht der Aufklärung in Wien 1790–1792, Campus Forschung, Bd. 558 (1988), S. 35–36, mit Bezug auf Watteroths Bericht an die Kabinettskanzlei.

[8] Sauer an Gottfried van Swieten, Innsbruck 8.8.1790, ÖNB, HSS, C 9719, fol. 49r. Die Unterschrift auf dem Dokument ist „S“. Ich danke Herrn Wangermann für die Mitteilung: „S“ stehe für „Sauer“.

[9] Vortrag SHK vom 30.7.1790, in: ÖNB, HSS, C 9719, fol. 45 r

[10] Note Kolowrats vom 7.8.1790 auf den Vortrag der SHK vom 20.7.1790, in: Pribram, Juden, 2, S. 4–5.

Rückschritt, Hatzfeld und der Erzherzog Franz stimmten mit der Hofkanzlei.[11] Leopold hatte van Swietens Vorgehen gegen die Fronde in Tirol unterstützt und resolvierte auch jetzt in van Swietens Sinn: „[...] Juden [...] können [...] *doctores iuris civilis* und zugleich Advokaten werden und in dieser Eigenschaft Juden und Christen vertreten",[12] weshalb sie auch das österreichische Kirchenrecht hören durften.

Van Swieten war also, wie diese Beispiele zeigen, unentbehrlich, weil er der Reform eine sehr beredte Stimme verlieh. Auf sein Verbleiben in Leopolds Regierung ist wohl auch der Entschluss Leopolds zurückzuführen, ein wichtiges Element der von ihm aufgehobenen Generalseminare in die bischöflichen Seminare zu übernehmen.[13] Die „erzbischöfliche Parthey" klagte, man könne – trotz Martinis Beförderung – nichts machen, van Swieten werde „niemahl" freiwillig zurücktreten.[14] Dass Leopold ihn entlassen könnte, auf diese Idee kamen nicht einmal seine ärgsten Feinde.

14.2.2. Verfassungsdiskusssion: „Volksfreunde"

Leopold war seit seiner langen Regierung in der Toskana daran gewöhnt, einen Minister ohne Portefeuille, den Senator Gianni, für heikle Fragen der Finanzierung der Toskana heranzuziehen. Gianni stellte einen Verfassungsentwurf her, von dem die Forschung noch immer nicht genau geklärt hat, wofür ihn Leopold hätte verwenden wollen. Geklärt ist lediglich, dass er ihn nicht zum Oktroi einer Verfassung verwendete. Gianni legte ihm vor seiner Abreise nach Wien nahe, durch den Oktroi seines Verfassungsentwurfes am 24.2.1790 die Regentschaft zu stärken.[15] Leopold folgte dem Rat aber nicht,[16] er sah in Giannis Anhang in der toskanischen Bürokratie staatsgefährliche „Kreaturen" und warnte seinen Nachfolger in einem eigenhändigen Schreiben vor deren Beförderung.

Als Leopold seine Regierung in Wien antrat, verlangte die Reaktion von ihm größeren Einfluss an der Gesetzgebung im Wege ihrer Landtage. Leopold berücksichtigte Kaunitz' Antrag von 1789 der Aufnahme von Bürgern und Bauern in sie, und ließ Deputierte der Städte in die Beschwerdekommissionen aufnehmen.

---

11 Ebd., S. 6–7

12 Leopolds Resolution auf Kolowrats Note vom 7.8.1790, ebd., S. 7–8.

13 Kristöfl, Katholischer Pöbel, S. 97.

14 „Gestern noch erfuhr ich von sicherer Hand, dass die Erzbischöfliche Parthey allgemein klaget, „man könne nichts machen, so lang Swieten an seinem Platze steht, es sey ihm auch nicht beyzukommen: wenn er doch niemahl resignierte"!" = Josef Spendou Oberaufseher der deutschen Schulen an Gottfried van Swieten, Wien, 16.8.1790, in: ÖNB, HSS, Codex 9719, fol. 61.

15 Gianni an Leopold 24.2.1790, Memorandum: „La Toscana non può divenire una Provincia della Monarchia Austriaca", Wandruszka, Leopold II., Bd. 2, S. 418, Anm. 25.

16 Ebd., S. 297–298.

Dadurch ermutigte er die Bürger und Bauern dazu, ihm Bittschriften um eine angemessene Repräsentanz in den Landtagen einzureichen.[17] Gottfried van Swieten entwarf die diesen Handlungen entsprechenden Grundsätze: jeder Staat brauche eine Verfassung, deren Vor- und Nachteile jedem einleuchten, und deren Gesetze sowohl dem Juristen und Beamten als auch dem einfachen Bürger bekannt sind. Die Anhänglichkeit des Bürgers an sein Vaterland bestehe in dem erkannten und empfundenen Wert der Pflichten und Rechte eines jeden Bürgers:

> Es gehört unter die unbezweifelten und vollkommen erwiesenen Sätze, daß sich eine bürgerliche Gesellschaft von einer Horde wilder Menschen nur durch die Grundsätze ihrer Verbindung, die aller anderen Ausbildung vorhergehen, unterscheidet: daß es kein Recht ohne Verbindlichkeit, und keine Verbindlichkeit ohne Recht gibt; daß sich ein polizirter Staat ohne Verfassung nicht denken läßt, und daher jede gebildete Nation ihr besonderes Staatsrecht haben muß,[18]

also eine besondere Verfassung brauche. Kritik an den bestehenden Gesetzen und ihre Verbesserung müsse Gegenstand gemeinsamen Nachdenkens werden.

Mit „Verfassung" meinte Gottfried van Swieten nicht die ständischen Verfassungen, die Leopold gerade wiederherstellte, sondern nach dem besonderen Staatsrecht jeder Provinz reformierte ständische Verfassungen. Als Leopold mit seiner Publizitätspolitik die Fronde in Ungarn verunsicherte, beispielsweise die schon unter Joseph existierende Schrift „Babel" mit eindeutigen Anspielungen auf das verräterische Benehmen des preußischen Hofes bei der Unterstützung der aufrührerischen Ungarn auf den neuesten Stand bringen ließ,[19] unterstützte ihn Gottfried van Swieten mit der Publikation einer Schrift, die anonym die in „Babel" enthaltenen Grundsätze negativ beurteilte.[20] „Babels" Angriffe auf die ungarische Adelsopposition wurde in dieser Schrift mit Lob für diese Adelsopposition aufgewogen, mit der Begründung, sie lasse sich das Wohl ihres Vaterlandes angelegen sein[21]. Wie diese Opposition im Sinn der Aufklärung besser als durch Attacken auf sie entschärft werden könne, wurde mit der Idee ausgeführt: „wenn […] der größte Theil des Volkes eine gerechte Aenderung in der Staatsverfassung forderte", könne der Fürst die ständische Verfassung zu Gunsten des Volkes ändern, „denn zu was ungerechten (sic) kann sich der Regent durch keine

---

17 Wangermann, The Habsburg Possessions, S. 304: „He admitted representatives of the cities to the Commission on Grievances, and he encouraged their and the peasants' campaign for real representation in the diets".

18 Vortrag van Swietens, 15.5.1790, zitiert nach: Wangermann, Aufklärung, S. 79. Van Swieten wiederholt hier die Gedanken über die politische Bedeutung des Unterrichts bei Untertanen gerechter Fürsten, die er Kaunitz schon 1774 eröffnet hatte.

19 Wangermann, From Joseph II., ^{2}1969, S. 86.

20 [Anonym] Beurtheilung der Fragmente über die jetzigen politischen Angelegenheiten in Ungarn, Babel genannt, Deutschland, 1790.

21 Wangermann, Joseph II. – Fortschritt und Reaktion, in: ÖEA, 1, S. 42, mit Bezug auf: die „Beurtheilung Babels."

Eidesformel verbinden". Daher sei dessen Eid auf die ständische Verfassung „gewiss nicht verbindlich" (S. 56–7). Diese bürgerlich-demokratische Forderung stärkte Kaunitz' Antrag an Joseph 1789 zur besseren Vertretung der Bürger und Bauern in den Landtagen. Ob sie 1790 im Sinne Leopolds war, ist eine offene Frage. Als er seine Regierung antrat, machte er aber eine Publizitätspolitik, die ihn als Verfassungsoktroierer anpries, mit der Folge, dass Gottfried van Swieten ihn beim Wort nahm und 1790 die Möglichkeit der Reformierung der Landtage öffentlich erwägen ließ. Diese Stärkung der Zivilgesellschaft trug Früchte. Schon im August 1790 war Kaunitz zuversichtlich:

> Die äußerste Verlegenheit in welcher sich der Staat von allen Seiten befunden und welche nichts weniger als den imminenten Umsturz der Monarchie gedrohet hat, ist nun vorbey. Das Opfer, welches man der Conversation des Ganzen nothgedrungen darbringen musste, ist geschehen.[22]

Das Opfer bestand in der Aufgabe der Steuerreform in Verbindung mit der Stärkung der Zivilgesellschaft, um durch sie die Steuerreform einführen zu können. Diese von Kaunitz angeregte Taktik führte dazu, dass Leopold noch 1790 zu den für ihn akzeptablen Bedingungen zum König der Ungarn gekrönt wurde, das ist zu der Leistung eines dem von Maria Theresia abgelegten, ähnlichen Krönungseides. Aber als die österreichischen Truppen am 21.11.1790 in Belgien einmarschierten, geschah das zu den von Leopold den Ständen versprochenen Bedingungen der Respektierung der ständischen Verfassung von Brabant aus dem Mittelalter. Als Gegengewicht musste die Zivilgesellschaft durch die Zusammenarbeit mit den Aufklärern gestärkt werden.

14.2.3. Sonnenfels

Als die Fronde von ihm größeren Einfluss an der Gesetzgebung im Wege ihrer Landtage verlangte, traf Leopold Maßnahmen für die im Entstehen begriffene Zivilgesellschaft zu ihrer Stärkung. Er reaktivierte die von Maria Theresia ins Leben gerufene, von Joseph außer Funktion gesetzte *politische Gesetzgebungskommission* mit Sonnenfels als Referenten.[23] Er nährte damit die bürgerliche Hoffnung auf Inangriffnahme einer umfassenden Landtagsreform und bewilligte als ersten Schritt in diese Richtung in der Steiermark die Petitionen der Städte und Märkte um eine bessere Vertretung im Landtag und gewährte ihnen zwei Vertreter pro Kreis im Landtag und einen Vertreter im Kollegium der Verordneten, also in

[22] Votum Kaunitz' Nr. 48 vom 15.8.1790 zur Staatsratsakte 2434, Vortrag der ungarischen siebenbürgischen Hofkanzlei vom 2.8.1790 „die von dem siebenbürgischen Gouverneur gebettene [sic] Aufschiebung des siebenbürgischen Landtags bis nach der Krönung in Hungarn betreffend", in: KA, Kaunitz-Voten, Karton 5, KV 1787–1790.

[23] Wangermann, From Joseph II., [2]1969, S. 100.

der Ständevertretung bei der Regierung. Diese Bewilligung stärkte Sonnenfels als Referent der Kommission für politische Gesetze den Rücken: „[...] vermutlich unter dem Einfluss der Französischen Revolution [vertrat Sonnenfels] den Standpunkt, dass die Länder der Monarchie das Recht hatten, mittels wirklich repräsentativer Landtage über die jeweilige „Anwendbarkeit" [...] [allgemein gültiger] Grundsätze gehört zu werden",[24] was gegen die Stimmen der konservativen Staatsräte am 3.8.1791 von Leopold angenommen wurde.[25]

Es war den Bürgern der Steiermark nicht möglich, ihre Vertreter selbst zu bestimmen: Als ihre Deputierten um 9 Uhr vormittags zum Wahllandtag kamen, behinderten sie die privilegierten Stände an der Ausübung ihres Wahlrechts. Sie ließen sie in dem Vorsaal warten, während sie im Landtagssaal die Wahl aller Verordneten, einschließlich der städtischen, durch die Mehrheit ihrer Stimmen bestimmten. Im Staatsrat bewertete Kaunitz diese Vorgehensweise als „unanständige" Handlung: „In Ansehung der [Wahl] und Publication der Verordneten der 3 ersten Stände" hätte „gegen die städtischen Deputierten das gleiche Reciprocum beobachtet" werden müssen, meinte er: „Dass dieses [gleiche Reciprocum] in Zukunft geschehen soll, wäre zu verordnen, weil hierdurch nur die billige reciproque Anständigkeit aufrecht erhalten wird".[26] Diesem Rat folgte Leopold. Er trug der Kanzlei auf, dafür zu sorgen, dass die Deputation der landesfürstlichen Städte und Märkte zu allen Landtagsverhandlungen zugelassen werde[27], also auch zu der Wahl ihrer Verordneten. Das hatte zur Folge, dass die steirischen Bauern, die im Landtag wegen des unanständigen Betragens der oberen Stände ihre Bitte um eine Repräsentanz in den ständischen Gremien nicht hatten anbringen können, ihn jetzt im Wege eines Majestätsgesuchs mit gestempelten Gesuchen und Unterschriften um ihre Standesfähigkeit baten, was Leopold vielleicht indirekt unterstützt hatte. Dort war zu lesen:

> Stände sind Repräsentanten des Volkes [...] [der Stand], der zu den Lasten des Staates das meiste beyträgt, der soll auch bey den Berathschlagungen über die Landesangelegenheiten eine Stimme zu geben befugt seyn. Der Bauer trägt diese Lasten, wird am meisten gedrücket und gibt überdieß seine ihm hilfreichen Söhne zur Vertheidigung des Vaterlandes her,[28]

also sei es gerecht, wenn er nach dem Beispiel Tirols wie die landesfürstlichen Städte und Märkte im Verordnetenkollegium mit einem eigenen Vertreter re-

---

24 Wangermann, Von Joseph II., S. 115.

25 Wangermann, Ansätze des demokratischen Denkens [...], in: BBLI/61, S. 14.

26 Votum Kaunitz' Nr 147 vom Oktober 1791 zu Circ. Nr 4555 Vortrag der Hofkanzlei vom 30.9.1791 „über das Gesuch der Steyr. landesfürstlichen Städte und Märkte, dass sie in künftig durch ihre Deputierten der vollen LandtagsHandlung beygezogen werden möchten", in: Kaunitz-Voten Karton 6, KV 1791–1792.

27 Resolution vom 11.10.1791, STRP/1791/4555.

28 Majestätsgesuch der steirischen Bauern, in: Wangermann, Von Joseph II., 1966, S. 93.

präsentiert wäre. Diese Bitte, nahm Leopold entgegen und leitete sie an die Hofkanzlei mit dem ungewöhnlichen Befehl weiter, dass jeder Hofrat einzeln darüber votieren solle.

Weil Leopold den Antrag auf Diskussion seiner philosophischen Grundsätze in der Präambel des geplanten politischen Kodex' im August 1791 angenommen hatte, „beantragte Sonnenfels [...] dass die vier Klassen der Gesellschaft, Geistlichkeit, adelige Gutsbesitzer, Industrialstand (Fabrikanten, Kaufleute, Hausbesitzer) und Bauern durch vier gleich große und gleichberechtigte Kurien von gewählten Abgeordneten im Landtag vertreten sein und dass die Abstimmung nach Kurien erfolgen sollten".[29] Aus den Akten ist ersichtlich, dass Leopold von Sonnenfels Vorschläge für diese, den Bittschriften der Bürger und Bauern entsprechende Landtagsreform entgegennahm, die die drei grundbesitzenden Stände in einen Stand zusammenfassten und die Schaffung von neuen Ständen aus dem Bürger- und Bauernstand anregten, die ihnen, falls die Reform oktroyiert worden wäre, die Mehrheit in den Landtagen gesichert hätte. Stephan Wagners Aufbereitung des gesamten noch vorhandenen Quellenmaterials über die Kodifikationsarbeiten zu der Sammlung der politischen Gesetze[30] hat nichts zutage gefördert, was als Hinweis auf eine Diskussion im Staatsrat über Sonnenfels' Vorschlag bewertet werden könnte. Aber wir wissen aus den von Wangermann präsentierten Quellen: Die Mehrzahl der Hofräte sprach sich im Staatsrat für die Vertretung der Bauern im steirischen Landtag aus. Der englische Botschafter berichtete, allgemein herrsche die Meinung vor, Leopold beabsichtige die Vertretung der Bauern zu gewähren.[31] Daraus können wir schließen, dass Sonnenfels' und van Swietens Idee der Einsetzung reformierter Landtage Einfluss über die regierenden Eliten gewann. Einen neuen Vorschlag, der die Entwicklung in Frankreich berücksichtigte, unterbreitete Baron Andreas Riedel, Lehrer des Thronfolgers. Er hatte direkten Zugang zu Leopold und legte ihm den Oktroi eines multi-ethnischen, länderübergreifenden Volksrates nahe, als das geeignetere Mittel für den Fürsten, die Steuerreform durchzusetzen.

Leopolds Stärkung der Zivilgesellschaft durch die Verwendung Sonnenfels' für die Propagierung einer Reform der Landtage war taktischer Natur mit dem Ziel, den Adel zur freiwilligen Annahme der Steuerreform Josephs II. zu bewegen. Kaunitz' Idee der Schaffung einer Volksrepräsentanz im ungarischen Landtag griff Leopold erst wenige Wochen vor seinem Tod auf, indem er durch seinen vertrauten Mitarbeiter Ignaz von Martinovics für die Vorbereitung einer der steirischen entsprechenden Landtagsreform in Ungarn sorgte. Kálmán Benda hat

29 Wangermann, Ansätze des demokratischen Denkens ..., in: BBLI/61, S. 14.

30 Stephan Wagner, Der politische Kodex. Die Kodifikationsarbeiten auf dem Gebiet des öffentlichen Rechts in Österreich 1780–1818 in: Schriften zur Verfassungsgeschichte Bd. 70, 2004.

31 Wangermann, From Joseph II, [2]1969, S. 105.

Martinovics' Vorschlag bezüglich der zur Reformierung des ungarischen Reichstags durch den Oktroi einer Bürgerrepräsentanz einzusetzenden Leute in seiner Dokumentensammlung veröffentlicht.[32] Leopold hat die beiden Männer ‚in conseguenza delle propositioni di Martinovics' tatsächlich angestellt und besoldet.[33] Das zeigt, dass er die von Franz Xaver Neupauer begonnene Aktion für die Vertretung der königlichen Städte in der Steiermark auf Ungarn ausdehnen wollte. Unter der neuen Konstitution sollte es – im Gegensatz zu Kaunitz' Vorschlag von 1789 – nur zwei Stände, Adel und Nicht-Adelige, geben. Der Klerus sollte nicht das Privileg einer eigenen Standschaft haben. Ein adeliger Kleriker sollte zum Adel, ein nicht Adeliger zu den „commoners", den Nicht-Adeligen, gehören. Die finanziellen und anderen Belohnungen, die Martinovics während der letzten Wochen vor Leopolds Tod erhielt, lassen darauf schließen, dass Leopold mit dessen Ausarbeitungen zufrieden war.[34]

Die Zivilgesellschaft wurde von Leopold nur in jenen Provinzen unterstützt, wo die Neigung zum Anschluss an den frondierenden Adel nicht bestand. Dass er die Mitspracheforderung der öffentlichen Meinung unterstützte und berücksichtigte, war wirkungsvolle Taktik, mit der er die Absichten des gegen ihn frondierenden Adels tatsächlich entschärfte. In einer Note an Leopold II. vom 12.2.1792 bezog sich Sonnenfels auf ein Dekret vom 4.11.1791, das die böhmischen Stände von Leopolds Willen informierte, ihre Verfassung zugunsten der Nicht-Privilegierten zu reformieren. Diese Note ist kein Beweis dafür, dass Leopold mit Sonnenfels' Vorschlägen „über die Grundsätze, welche man den [böhmischen] Ständen im Namen S.M. vorlegen sollte" vollkommen übereinstimmte, was Wandruszka gegen Wangermanns Forschungen behauptete.[35] Leopold ermutigte die Aufklärungspartei, um sie als Waffe gegen die Ansprüche der privilegierten Stände einsetzen zu können, nur solange sie die politische Initiative ausschließlich der monarchischen Regierung zu überlassen bereit war.[36] Das war weder in

32 Martinovics an Leopold, s. d. (Februar 1792), in: K. Benda (Hg.), A Magyar Jakobinusok iratai, Budapest, 1952–1957, 3 Bd., hier: Bd. 1, S. 640–2.

33 Wangermann, From Joseph II, zitiert nach der ersten Auflage von 1959, S. 103: „Two men whom he wanted to see appointed in counties where opposition to such a reform was expected to be strong, were in fact appointed in these counties on 15 February 1792 – ‚in conseguenza delle propositioni di Martinovics' – as a cabinet official noted". Dieser Passus mit den dazu gehörigen Fußnoten fehlt in der 2. Auflage von 1969, weil Wangermann in der zweiten Auflage (S. 106, Anmerkung 4) Silagi zitiert, obwohl dieser Wangermanns Forschungen weitgehend ignoriert.

34 Wangermann, From Joseph II, ²1969, S. 106.

35 Wandruszka, Leopold II., 2, S. 377. „Leopold hat diesen Vorschlag über den Obersten Kanzler Kollowrat an den Oberstburggrafen des Königreichs Böhmen Graf Heinrich Rottenhan gesandt und dabei die Hoffnung ausgesprochen, dass dieser ‚das gegenwärtige, in seinen Folgen so wichtige Geschäft nach meinem bloß auf das gemeinschaftliche Wohl des Landes abgehenden Wunsche zu einem glücklichen Ausschlage leiten werde'". Das Zitat stammt aus einem Akt mit der Aufschrift: „Vorschlag des Hofraths Sonnenfels über die Grundsätze, welche man den Ständen im Namen S.M. vorlegen sollte", ebd., S. 437 Anm. 8.

36 Wangermann, From Joseph II, ²1969, S. 83f.

den österreichischen Niederlanden der Fall, noch in Böhmen, für diese Provinz war das Dekret vom 4.11.1791 konzipiert worden. Die Schaffung einer modernen Verfassung um den Preis der Erweiterung der bürgerlichen Repräsentanz, wie das der Führer der Aufkläer-Partei in den österreichischen Niederlanden François Vonck betrieb, wurde zwar nach dem Rat Kaunitz' und Marie Christines versucht, aber von Leopold nicht aufgegriffen, weil die Ereignisse im benachbarten Frankreich ihn die „Aufklärer-Partei" nicht mehr als verlässliche Verbündete der Monarchie betrachten ließen. Voncks Massenpetition war eher eine Forderung nach Partizipation, keine untertänige Bitte (103–4). Ähnliches kann auch von der Forderung der böhmischen Bauern gelten, die in den Landtag in Prag ohne gestempeltes Bittgesuch eindringen wollten und sich von dieser Idee nur schwer abbringen ließen. Also gehörte das nicht publizierte Dekret vom November 1791 zu Leopolds Taktik, es kann nicht als Beweis für die Realisierung seiner Drohung der Erweiterung der Landtage verwendet werden.

Nur in der Steiermark, wo die Forderungen nach Partizipation vorschriftsmäßig vorgebracht wurden, kam Leopold den Bürgern entgegen. Er setzte den steirischen Landeshauptmann ab, ersetzte ihn durch einen „Volksfreund", Graf Welsperg, und befahl allen vier steirischen Ständen, ihm Vorschläge zur besseren Integration des vierten Standes in den ständischen Körper zu unterbreiten (104). Graf Welsperg wurde Anfang 1792 von den Grazer Bürgern mit großem Jubel empfangen (81). Auf diese Weise verschaffte sich Leopold jenen Handlungsspielraum, den er für die Zähmung des Adels im Interesse der Bauern brauchte.

Wangermann schätzt Leopolds Taktik als sehr erfolgreich ein: „Am Ende seiner Regierung hatte der ungarische Landtag die theresianischen Dekrete über die Begrenzung der Robotdienste, die Abschaffung der Leibeigenschaft und das Prinzip der freien Religions-ausübung für Protestanten angenommen. Die böhmischen Stände waren bereit, den josephinischen Kataster als Basis für die Bestimmung der Grundsteuer und das Prinzip der gleichen Besteuerung von Herren- und Bauernland anzunehmen. Pläne für die Umwandlung der Robot in eine vom Staat zu bestimmende Geldablöse waren für Steiermark, Böhmen und Niederösterreich fertig".[37] Der steirische Landtag akzeptierte schließlich den von den landesfürstlichen Städten und Märkten selbst gewählten Verordneten und legte, wie der niederösterreichische, Vorschläge zur Erleichterung des Loses der Bauern vor. Hätte Leopold den Staatsrat von der bereits mit den Ständen vereinbarten Erleichterung der böhmischen, steirischen und niederösterreichischen Bauern informiert, hätte dieser nach Leopolds Tod – Franzens Einverständnis vorausgesetzt – dessen erfolgreiche Taktik fortsetzen können. Das geschah nicht, weil Leopold genauso wenig wie Joseph II. den Staatsrat in seine Entscheidungen einbinden wollte, obwohl Kaunitz ihm das wiederholt dringend nahelegte.

[37] Wangermann, The Habsburg Possessions, S. 304.

14.2.4. Stärkung der rechts- und wohlfahrtstaatlichen Elemente

Leopold stellte die geheime Polizei Josephs II. unter die Kontrolle der Justiz, was den Rücktritt des Polizeiministers Graf Pergen zur Folge hatte, der nach Friedrich Walter (1927) „ziemlich unvermittelt", nach Wangermann jedoch als Reaktion auf Leopolds Unterstellung der Polizei unter die Justiz erfolgte. Leopold schützte a priori jeden Staatsbürger vor Willkürjustiz durch den Oktroi des Rechts auf Anspruch auf Entschädigung für von der Polizei verursachte Übergriffe auf die Individualrechte eines Bürgers. Seine Begründung für diesen Schutz ist modern: der Schutz gegen Willkür und Missbrauch sei ein Recht, keine Gnade. Sie findet sich auf der Resolution auf dem einschlägigen Vortrag der Obersten Justizstelle vom 28.2.1791, die teilweise sogar als Hofdekret publiziert wurde und lautete: „Und da ich auch den Unglücklichen [von der Polizei eines Verbrechens Verdächtigten, aber Unschuldigen] allen thunlichen Schutz schuldig bin"[38] – thunlich im Sinn von: allen erdenklichen Schutz. Das Recht auf Wiedergutmachung für die Opfer des Missbrauchs und der Willkür der Polizei wurde mit öffentlicher Kundmachung garantiert. Sonnenfels' Sätze in den politischen Wissenschaften, dass die Unschuldsvermutung für die eines Verbrechens Verdächtigten zu gelten habe, waren hier berücksichtigt worden. Pergen wollte eine Entschädigung für von der Polizei verursachte Rechtsverletzungen lediglich als von Fall zu Fall zu gewährenden Gnadenakt zulassen.[39] Er wurde mit seiner wiederholten Vorstellung nicht beachtet. Nach mehrmaligen vergeblichen Versuchen, Einfluss auf die Resolution vom 28.2. auf den Vortrag der Obersten Justiz vom 21.2.179, die die Polizei der Kontrolle der Justiz unterstellte, zu erhalten, trat Pergen zurück – zweifellos ein Sieg der Rechtsstaatlichkeit über die von Joseph II. eingeführt Willkürjustiz.

Leopolds Resolution vom 28.2.1791 ist ein Meilenstein in der österreichischen Rechtsgeschichte.[40] Kein Untersuchungshäftling durfte länger als 3 Tage festgehalten werden, wenn die Indizien für die Überstellung an ein Kriminalgericht nicht ausreichten. Jedem Verhör der Polizei mussten von nun ab zwei Justizmänner beiwohnen. Willkürliche Verhaftungen ohne Prozess schienen damit „für ewige Zeiten" ausgeschlossen zu sein. Die Aufklärer hatten Grund, mit dieser Reform Leopolds, die etwas vom Prinzip der *Habeas Copus Akte* einführten, zufrieden zu sein,[41] weil sie ein wesentliches Element des Rechtsstaates stärkte. Alxinger, der

---

38 Kropatschek, Gesetzesammlung, in: Wangermann, Von Joseph II, S. 107.

39 „Pergen insisted that any financial compensation must be awarded as a matter of grace and not of right" (Wangermann, From Joseph II, [2]1969, S. 92–3).

40 Die Tatsache, dass Leopolds Resolution vom 28.2.1791 seit Wangermanns Publikation in der österreichischen historischen Literatur überhaupt nicht erwähnt worden ist, kennzeichnet das Echo auf Wangermanns Studie.

41 Wangermann, From Joseph II, [2]1969, S. 94. Diese Akte war in England seit 1679 in Kraft. Sie wurde durch die Bill of Rights 1689 lediglich befestigt.

hinsichtlich der von ihm begehrten Professur für Ästhetik an der Universität Wien tief enttäuscht worden war,[42] würdigte diese positive Seite von Leopolds Politik in seiner Schrift „Ueber Leopold den Zweyten" mit den Worten: „Er herrschte durch die Gesetze"[43]. Leopold eröffnete der Mittelklasse die Möglichkeit der Schlichtung ihrer Prozesse durch ein billiges Schlichtungsverfahren, das die Polizei gleichfalls besorgte. Er sorgte für die persönliche Sicherheit der Bürger durch eine Zivil-Polizeiwache. Gerechtigkeit ist die erste Stütze der Staaten – diese Regierungsmaxime war unter seiner Alleinherrschaft keine leere Phrase. Er hielt sich allerdings seine eigene geheime Polizei, was ihm von Alxinger nach seinem Tod mit folgenden Worten in einem in Berlin veröffentlichten Nachruf angekreidet wurde:

> [...] Wer wird zugleich das Protokoll
> Geheimer Polizey und einen Scepter führen;
> Man muss nicht alles sehn, und nicht zu viel regieren.[44]

Es war demzufolge ein offenes Geheimnis, dass Leopold geheime Informationen über seine Beamten sammelte. Es war bekannt, dass er sie nach diesen Informationen beförderte oder ihren Einflussbereich – ganz nach dem toskanischen Vorbild – begrenzte.

Nach Pergens Rücktritt konnte Sonnenfels die Polizei zu einer Wohlfahrtspolizei umgestalten. Leopold vertraute durch ihn bei der Einführung eines unentgeltlichen Gesundheitsdienstes für Wiens Arme – tendentiell für die Armen aller größeren Städte der Habsburgermonarchie – der Polizei soziale Agenden an, wobei er dem toskanischen Vorbild folgte. Im Dezember 1791 begann der Gesundheitsdienst, der unentgeltliche Hebammendienste und Krankenbesuche inkludierte, zu arbeiten. Zweifellos war damit eine wichtige soziale Forderung der Zivilgesellschaft nach der allgemeinen Wohlfahrt erfüllt. Durch diesen von Sonnenfels gestalteten unentgeltlichen Gesundheitsdienst für die Armen der Städte (kostenloser Spitalsaufenthalt und unentgeltlicher Hausbesuch von Hebammen und Ärzten) versicherte sich Leopold der Loyalität der Staatsbürger. Seine bahnbrechende Gesundheits- und Rechtsreformen waren solide Anzeichen dafür, dass er dem aufgeklärten Ideal des Rechtsstaates, dem Kaiser Joseph II. wenig abgewinnen konnte, nahekommen wollte.

---

42 „Ein elender Versifex wurde mir vorgezogen" = Alxinger an Wieland, 28.9.1794, zitiert nach: Norbert Egger, Aufklärung, Herrschaftskritik, Zensur. Zu Leben und Werk des österreichischen Dichters Johann Baptist von Alxinger (1755–1797), im gesellschaftlichen und politischen Kontext, Diplomarbeit der Universität Salzburg, 1998, S. 126, im weiteren: Egger, Aufklärung.

43 J. B. v. Alxinger, Ueber Leopold den Zweyten, Berlin, 1792, S. 15.

44 Ebd., S. 29. Nach Egger, Aufklärung, S. 150 übersetzt Alxinger hier die Leopold II. betreffenden Zeilen aus A. Marquis de Cubières Gedicht: Les états generaux de l'Europe [...] „in welchem der Dichter von einer Versammlung aller Europäischen Fürsten unter dem Vorsitz von St. Pierre träumt. In den Versen, die Alxinger sowohl im französischen Original, als auch in seiner eigenen Übersetzung abdruckt, sagt St. Pierre Leopold, was er von dessen Regierung hält. Wie in Alxingers Schrift ist auch hier das Lob Leopolds II. mit Tadel gepaart".

Weil Gottfried van Swieten Oberster Zensor war und blieb, folgte Leopold der Zensurpolitik seines Vorgängers, obwohl ein Hofdekret Kritik an den Handlungen des Landesfürsten eher verbot als erlaubte. Solange aber van Swieten die Zensur leitete, konnte alles beim Alten, also bei der josephinischen Pressefreiheit bleiben. Kaunitz beschwichtigte z. B. die Empörung des preußischen Königs über Hinweise auf die verräterischen Handlungen eines fremden Hofes in „Babel“ mit dem Hinweis auf die gegen Joseph gerichteten, von Preußen inspirierten Schriften während des Fürstenbundes und entschuldigte sie mit der Mitteilung, es herrsche noch dieselbe Lockerung der Zensur wie unter Joseph II.

Die Anträge Kardinal Migazzis, Schriften im Geiste der katholischen Aufklärung zu verbieten, schlug Leopold im Einklang mit Kaunitz' Gutachten ab.[45] In der Zulassung einer Kritik an der römischen Inquisition und ihres Prozesses gegen den Grafen Cagliostro folgte er dem Vorschlag Gottfried van Swietens, den Druck „mit k.k. Zensurfreyheit“ zu erlauben. Einen solchen Zusatz hatte zuletzt die „Staatsschrift“ *Was ist der Pabst?* erhalten, was den offiziösen Charakter der Schrift unterstrichen hatte.[46] Die Kritik an der römischen Inquisition stand in der Tradition der Predigerkritik, mit der sich Leopold II. offensichtlich identifiziert sehen wollte.[47] Die zwei Schritte vorwärts in Leopolds Politik bestanden in der Wiederherstellung und Stärkung der österreichischen Rechtsstaatlichkeit und in der Einführung und Stärkung wohlfahrtstaatlicher Elemente, sowie in einer fortschrittlichen Publizitätspolitik.

14.3. Der „Schritt zurück“ in Leopolds Politik

Bei völlig konträrer Befindlichkeit der beiden fürstlichen Brüder kann eine Gemeinsamkeit zwischen ihnen festgestellt werden: Beide regierten wie Maria Theresia mit Kaunitz, wenn auch weniger kollegial mit ihm als sie. Als Absolutist handelte Joseph nach der brabantischen Revolution bewusst gegen Kaunitz' Entscheidungen und Rat, was zum Nachteil des österreichischen Staates war. Er konnte davon nur etwas abgebracht werden, wenn ihm durch die Ereignisse bewiesen wurde, dass er die falschen Entscheidungen getroffen hatte. Kaunitz konnte die revolutionäre Situation, die Joseph selbst provoziert hatte, erst nach dessen Tod entschärfen. Aber schon im August 1790 – ein halbes Jahr nach Josephs Tod – konnte er im Staatsrat die erfolgreiche Bewältigung der revolutionären Situation verkünden – so groß war das allgemeine Vertrauen in die Reformpolitik. Im Folgenden verschärften sich die Spannungen zwischen Aufklärung, Absolutis-

45 Sashegyi, Zensur, S. 235.

46 Der Verfasser der Kritik war Cajetan Tschink, ein Mitglied jener Gesellschaft Gelehrter, die die Fortsetzung der Predigerkritik herausgab.

47 Edith Rosenstrauch-Königsberg, Cagliostro und Wien – Das letzte Opfer der päpstlichen Inquisition, in: FSEW, S. 147–154.

mus und Fronde allgemein, aber brüchig wurde das Bündnis zwischen dem Absolutismus und der Aufklärung erst mit dem Alleingang Leopolds in der Frankreichpolitik – ohne Kaunitz. Bis zur Flucht Ludwigs XVI. arbeitete Leopold mit seinem Verbündeten in der Nationalversammlung zusammen und empfing dessen Botschafter bei sich. Als aber Ludwig XVI. signalisierte, dass er – ungeachtet seiner äußerlichen Bereitschaft zur Kooperation mit der Nationalversammlung – mit ihr nicht übereinstimme, ließ Leopold es zu, dass der Graf von Artois bei der Konferenz mit dem König von Preußen in Pillnitz mit seinem Berater Calonne persönlich erschien, um über die Art, wie in Frankreich militärisch interveniert werden sollte, zu beraten. Gegen Kaunitz' Rat, der wiederholt gegen die Schritte, die dazu führten, remonstrierte, rief er alle europäischen Fürsten zur militärischen Intervention in Frankreich auf.

14.3.1. Pillnitz und das Bündnis zwischen Österreich und Preußen

Wandruszka behauptete, Leopold konnte dem emigrierten Grafen von Artois nicht verbieten, nach Pillnitz zu kommen, und er behauptete zusätzlich, Leopold habe die Deklaration von Pillnitz, wo über Maßnahmen gegen das revolutionäre Frankreich beraten wurde, nicht als Kriegsdrohung beabsichtigt.[48] Wangermann betont dagegen, dass Pillnitz allgemein als Drohung mit der militärischen Intervention in Frankreich zwecks Restauration der alten Ordnung interpretiert wurde.[49] Auf der Kaunitz-Tagung von 1994 erörterte er diese Auffassung mit der Präsentation einer bisher unbekannten archivalischen – aus Hochedlingers Sicht – „nicht lupenreinen Quelle". In seinen Unterhaltungen mit seinem Freund, dem Grafen Ayala, während seiner letzten Krankheit kritisierte Kaunitz das Exklusivbündnis zwischen Preußen und Österreich und machte dafür Leopold allein verantwortlich.[50] Mit Ayalas Protokoll seiner Unterhaltungen mit Kaunitz widerlegt Wangermann Aretins Behauptung, die Schließung des Bündnisses mit Preußen habe Österreich nicht in die Abhängigkeit von Preußen hineinmanövriert. Das Gegenteil treffe zu:

---

48 Wandruszka, Leopold II., Bd. 2, S. 366–368.

49 Wangermann, From Joseph II, ²1969, S. 67: „The Declaration was enthusiastically received by the French nobility but it alarmed the non-privileged classes in France and Austria. They all assumed that it was the prelude to a counter-revolutionary war of intervention in which the armies of the Habsburg Empire would fight for the restauration of lost feudal rights and privileges to the French aristocracy and to the feudal lords of Alsace and Lorraine".

50 Kaunitz nach dem Gesprächsprotokoll Ayalas, zitiert nach: Wangermann, Kaunitz und der Krieg gegen das revolutionäre Frankreich, in: G. Klingenstein, F. A. J. Szábo (Hg.), Staatskanzler Wenzel Anton von Kaunitz-Rietberg 1711–1794, 1996, im weiteren: Wangermann, Kaunitz, S. 132. Wörtlich: Leopold hatte „Schwächen, die den Interessen seines Staates schaden mussten. Meinen Rat [bei der Schließung des Bündnisses mit Preußen] hat er nur hinsichtlich der Form eingeholt, nachdem er alles Inhaltliche mit jämmerlichen Handlangern, die für die Durchführung von Bündnisverhandlungen nicht geeignet waren, festgelegt hatte".

Leopold habe mit dem Bündnis mit Preußen den Weg in die Abhängigkeit Österreichs von Preußen geöffnet. Er habe Kaunitz erst nach der Festlegung des Inhaltlichen mit seinen Untergebenen Spielmann und Johann Cobenzl zur Schließung des exklusiven Bündnisses mit Preußen herangezogen. Aus Kaunitz' Sicht waren die beiden zu *jämmerlichen Handlangern* des preußischen Sonderbeauftragten geworden, weil sie alles im preußischen Interesse erledigten.

Aretins Schüler, Karl Härter, behauptet, Kaunitz habe das exklusive Bündnis zwischen Preußen und Österreich aktiv betrieben. Er stützt seine Meinung mit Anführung eines Doppelvortrags von Kaunitz, den er mit folgenden Worten inhaltlich wiedergibt: „Ein wesentlicher zu erwartender Vorteil des Bündnisses [zwischen Österreich und Preußen] konstatierte er [= Kaunitz] „betrifft die französischen Angelegenheiten, welchen es am Ende nötig werden dürfte Ziel und Maß zu setzen“[51]: Den französischen Angelegenheiten Ziel und Maß setzen wollte Kaunitz aber nicht durch das zweifache Bündnis zwischen Österreich und Preußen, sondern durch das *vierfache* Bündnis zwischen Österreich, England, Russland und Preußen. England trat im Gegensatz zu Preußen für die Bewahrung der konstitutionellen Monarchie in Frankreich ein. Aus diesem Grund wollte Kaunitz dieser Macht die Entscheidung überlassen, ob und wann alle Mächte militärisch in Frankreich intervenieren sollten. Russland, das mit Österreich gegen die Türken verbündet war und nach Kaunitz verbündet bleiben müsse, sollte sich an England, mit dem Österreich seit Joseph II. das feste Bündnis anstrebe, anschließen, Preußen könne als Juniorpartner dazutreten: „[...] (fol 78r) gleich wie *die vierfache Verbindung* (Österreich-England-Russland-Preußen) auch dann auf gut Art Rath schaffen würde, wenn Russland die hiesige Freundschaft zu einseitig missbrauchen wollte. Auf solche Art ließe sich die Zustandebringung einer dauerhaften Ruhe unter allen Alliirten [sic] und wahrscheinlich für ganz Europa versprechen. Ein zweyter daraus *(= aus der vierfachen Verbindung)*[52] zu erwartender Vortheil betrift [sic] die französischen Angelegenheiten, welchen es am Ende nöthig werden dürfte, Ziel und Maß zu setzen“. England werde „eher einem aufrichtigen Concert zur Abhelfung des französischen Unwesens die Hände biethen“ (fol. 79r) als Preußen.[53]

Härters Behauptung über Kaunitz' Doppelvortrag entspricht nicht dessen Inhalt, zum ersten wegen Härters willkürlicher Umgestaltung der von Kaunitz geplanten vierfachen Verbindung zu einer zweifachen, zum zweiten aber auch, weil Kaunitz nicht, wie Härter behauptet, „abschließend (= am Ende des Doppelvortrags) für ein Treffen mit dem König in Preußen und dem Kurfürsten von

51 Karl Härter, Reichstag und Revolution 1789–1806, in: Schriftenreihe der Historischen Kommission bei der Bayerischen Akademie der Wissenschaften, Bd. 46 = 1992, S. 151. Im weiteren: Härter, Reichstag.

52 Härter hat vierfach zu zweifach umgestaltet.

53 Vortrag vom 21.6.1791 in: STK/Vorträge, Karton 149, Konvolut VI[b.], fol 78–79.

Sachsen" riet[54]: weder hat Kaunitz das österreichisch-preußische Bündnis als großen Vorteil dargestellt, noch hat er zu dem Treffen in Pillnitz geraten. Nicht Kaunitz vereinbarte als Ideologe der Gegenrevolution ein informelles Treffen mit dem preußischen König in Pillnitz, es war Leopold selbst, der nach der Gefangennahme der königlichen Familie in Varennes befürchtete, dass eine Schwächung aller gekrönten Häupter Europas die Folge sein könnte. Gegen Kaunitz' wiederholten Rat stellte er bewusst Österreich in die erste Linie der gegenrevolutionären Front und teilte Kaunitz auf seinen Doppelvortrag mit: „Quant à mon entrevue avec le Roi de Prusse chez l'Electeur de Saxe à Pillnitz [...] elle est convenue et aura lieu à la fin du mois d'août".[55] Dieser Entschluss ist auf den Einfluss der Exilbourbonen auf Leopold zurückzuführen. Kaunitz remonstrierte dagegegen: ihm zufolge hätte Leopold dem Grafen von Artois verbieten müssen, dass er bei der Konferenz mit dem König von Preußen in Pillnitz mit seinem Berater Calonne persönlich erschien, um über die militärische Intervention in Frankreich zu beraten. Leopold sollte dem Grafen von Artois, als er in Wien eintraf, begreiflich machen, dass er (Leopold) sich privat mit Friedrich Wilhelm II. in Pillnitz treffe, um vertraulich miteinander zu reden, und dabei nicht gestört werden wolle. Der französische König habe sich zur neuen Verfassung ja noch nicht geäußert,[56] weshalb nichts Definitives unternommen werden solle. Kaunitz' Remonstrationen gegen das Treffen in Pillnitz haben vielleicht einen Kriegsausbruch schon 1791 verhindert, worauf der Graf Artois und Calonne in Pillnitz heftig gedrungen hatten.[57]

Wandruszka behauptete, Leopold hätte die Wirkung der Pillnitzer Deklaration mit ihrer Drohung einer Intervention in Frankreich auf die öffentliche Meinung nicht voraussehen können.[58] Tatsächlich gab sich Leopold gegenüber dem Grafen von Artois, der ihm nach Pillnitz für seine Bereitschaft zur militärischen Intervention dankte, verärgert und überrascht. Er bitte ihn, nichts zu unternehmen, was über das in Pillnitz Beschlossene hinausgehe, widrigenfalls er öffentlich Äußerungen, die den Krieg provozierten, als *infructueuses et dangereuses* bewerten müsse.[59] Ungeachtet dieses Versuchs einer Klarstellung des eigentlichen

54 Härter, Reichstag, S. 169.

55 Leopold an Kaunitz, Mailand, 27.6.1791, zitiert nach: JLK, S. 415.

56 Hanns Schlitter (Hg.), Briefe der Erzherzogin Marie Christine, Statthalterin der Niederlande an Leopold II. nebst einer Einleitung: Zur Geschichte der französischen Politik Leopolds II. in: FRA, II., Bd. 48, 1. Hälfte, 1896, S. LXII. Original in: STK, Vorträge, Karton 149, KV VII–X, fol 95–96: „Fürst Kaunitz an Seine Majestät über die dem Grafen von Artois zu gebende Antwort und dessen Absicht, sich nach Pillnitz zu begeben".

57 Spielmann an Kaunitz, 31. Aug. 1791, zitiert nach: Ernst Wangermann, Kaunitz und der Krieg gegen das revolutionäre Frankreich, in: Kaunitz, S 130.

58 Wandruszka, Leopold II.,Bd. 2, S. 367–368.

59 Leopold an den Grafen von Artois, Prag, 5.9.1791, in: Alfred von Vivenot, H. von Zeissberg (Hg.), Quellen zur Geschichte der deutschen Kaiserpolitik Österreichs während der französischen Revolutionskriege 1790–1801, 4 Bd., Wien, 1873ff, hier: Bd. 1, S. 252. Im weiteren: Vivenot, Quellen.

Sinns der Pillnitzer Deklaration durch Leopold selbst, kann dessen Politik, in Pillnitz die Exilbourbonen zuzulassen und gemeinsam mit dem König von Preußen die Drohung mit dem Krieg zu unterschreiben, als „Schritt zurück" bewertet werden, weil nicht zählte, was Leopold mit der Deklaration erreichen wollte, sondern: wie sie damals von den Zeitzeugen interpretiert wurde. Die öffentliche Meinung interpretierte die Drohung mit dem Krieg durch die Pillnitzer Deklaration und die Anwesenheit des Grafen von Artois in Pillnitz als Kriegserklärung Leopolds II. an Frankreich.

Leopold II. wollte zwar den Krieg nicht mit Preußen alleine als Angriffskrieg führen, aber seine Vorbereitung des Krieges trug viel zum Erfolg der Kriegspartei in der französischen Nationalversammlung bei, wodurch er sich von den österreichischen Staatsinteressen, die Kaunitz in dieser Zeit allein vor dem Thron wahrte, weit entfernte. Josephs schlechte Staatskunst ohne Kaunitz hatte ihm die Niederlande und beinahe Ungarn gekostet. Sie hatte die Reformpolitik durch den Eroberungskrieg gegen die Türken gefährdet. Leopolds schlechte Staatskunst ohne Kaunitz provozierte Frankreichs Kriegserklärung an seinen Nachfolger.

Die Verantwortung für die Politik, die der Kriegspartei in der Nationalversammlung Auftrieb gab, trug Leopold allein. Aber die Verantwortung für die Erklärung des Krieges – darin sind sich Wangermann und Wandruszka einig – trug Frankreich. Es gab in der konstitutionellen Monarchie Frankreichs eine Partei der Feuillants, die um jeden Preis an der konstitutionellen Monarchie festhalten und mehrheitlich einen Krieg vermeiden wollte. Sie behauptete daher, der König sei entführt worden, um ihm nach seiner Gefangennahme auf der Flucht die Rückkehr auf den Thron zu ermöglichen. Sie hatte den Jakobinerklub verlassen. Die dort verbleibenden Mitglieder der Gesellschaft der Freunde „der" Konstitution sahen in Ludwig XVI. aber nicht mehr einen unverzichtbaren Garanten für Stabilität und Ordnung, wollten die Republik herbeiführen und verbündeten sich zu diesem Zweck mit jener Minderheit der Monarchisten, die die Position des Königs durch so einen Krieg zu festigen hofften, zu einer Kriegspartei, die die Mehrheit in der Nationalversammlung ausmachte, und die am 20. April 1792 dem Nachfolger des am 1. März verstorbenen Kaisers Leopold, Franz II. den Krieg tatsächlich erklären sollte.

14.4. Staatsbürgerlicher Protest gegen den drohenden Krieg

Ausdruck des staatsbürgerlichen Protests gegen die als Kriegserklärung Leopolds an Frankreich interpretierte Pillnitzer Deklaration war eine am 18.6.1791 in Straßburg anonym publizierte Schrift mit dem Titel: „Der Kreuzzug gegen die Franken, eine patriotische Rede, welche in der deutschen Reichs-Versammlung gehalten – werden könnte", die der aus Preußen nach Straßburg geflohene Untertan Friedrich Wilhelms II. und Jurist Karl (Gottlieb Daniel) von Clauer verfasst hatte. Sie zirkulierte trotz Verbots in der Monarchie[60] und wurde von Abgeordneten der Bürger im steirischen Landtag, die später in die Jakobinerprozesse verwickelt wurden, begierig gelesen (155). Mit Ayalas Aufzeichnungen über seine Gespräche mit Kaunitz in dessen letzten Lebensjahr konnte Wangermann zeigen, dass Kaunitz die allgemeine Empörung über Pillnitz teilte. So kann erklärt werden, warum Kaunitz die verbotene Schrift an seinen Untergebenen Spielmann schickte mit dem Auftrag, sie zu lesen, denn die dort enthaltenen Auffassungen entsprächen ganz seinen Gesinnungen.[61] Spielmann war aus Kaunitz' Sicht einer der beiden *jämmerlichen Handlanger*, mit denen Leopold alles Inhaltliche hinsichtlich der Schließung des exklusiven Bündnisses mit Preußen im preußischen Interesse erledigte. Er sollte wissen, dass Kaunitz sich hinter jene stellte, die die Deklaration von Pillnitz als Erklärung des Krieges kritisierten und erfahren, Kaunitz halte Leopolds Rüstungen zum Krieg für gefährlich, überflüssig und politisch bedenklich. Kaunitz' Schreiben an Spielmann vom 16.9. ist die logische Folge seines Engagements im Doppelvortrag vom 21.6.1791 für Leopold. Mit seinen Initiativen kam er dem in *La Clemenza di Tito* vorgestellten Fürstenideal nahe, dass der Fürst als Freund und Diener des Volkes handeln müsse.

Mozart komponierte die Oper *La Clemenza di Tito* – eine Auftragsarbeit der böhmischen Stände für Leopolds Krönung zum König von Böhmen – vor, während und nach der Flucht nach Varennes. Er brachte mit dem Bild des gütigen Titus sein Missfallen über den Rückschritt in Leopolds Politik zum Ausdruck. Er hatte Leopolds Aufruf an alle europäischen Mächte zur militärischen Intervention in das revolutionäre Frankreich vor Augen, als er die Musik auf das Wesentliche: auf den Entschluss zu verzeihen, anstatt Rache nach dem alten Gesetz zu üben, konzentrierte.[62] Die Oper war vom Hof Karls VI. gut aufgenommen worden. Sie wurde wenige Tage nach Pillnitz in Prag uraufgeführt und fiel durch, wegen Mozarts Absicht, mit der Oper an Leopold zu appellieren, seine Politik an der Meinung der Gegner einer militärischen Intervention in Frankreich zu orientieren. Die Tugendbotschaft der Aufklärung auf die Situation von 1791 anzuwenden, bedeutete: Listen von „Verdächtigen", die Leopold als real existierende Listen von Freunden und Anhängern Gottfried van Swietens übermittelt wurden,

60 Wangermann, From Joseph II, zweite Auflage von 1969, S. 75.

61 Kaunitz an Spielmann, 16.9.1791, zitiert nach: Vivenot, Quellen 1, S. 252. Aus Vivenots Wiedergabe ist nicht zu ersehen, dass es sich bei der darin erwähnten Schrift um die Broschüre *Der Kreuzzug wider die Franken* handelte. Dieses Faktum enthüllt das Original in: HHSTA, STK, Friedensacten, Karton 75, Konvolut: Bischoffwerder-Mission, Betreff auf fol. 354v: „Angelegenheiten mit Beyschlusse einiger dahin abzielenden Communicaten und der Broschüre: Kreutzzug wieder [sic] die Franken".

62 Ernst Wangermann, The Austrian Enlightenment and the French Revolution in: K. Brauer, W. E. Wright (ed.), Austria in the Age of the French Revolution 1789–1815, Center for Austrian Studies University of Minnesota, 1990, S. 4.

zu zerreißen.[63] Ein Fürst, der derartige Listen zerriss, entsprach den Erwartungen, die Kaunitz, van Swieten, Mozart und die Illuminaten in Leopold II. setzten. Diesen kritischen Kommentar zu Leopolds Rückschritt in der Politik lehnte der Hof ab: Leopold hatte von seinen Agenten vernommen, dass Mozart den Text auf eine Kritik an seiner Frankreichpolitik zuspitzte, daher seine bekannte „vorgefasste Abneigung" gegen sie.[64] Er bewies sie mit der Verzögerung der Uraufführung um zweieinhalb Stunden, wodurch er den Adel, der die Oper bei Mozart in Auftrag gegeben und der Feste in seinen Palais zu Ehren der Krönung organisiert hatte, von dem Besuch der Oper abhielt. Auf diese Weise fiel die Oper durch. Der Hof sah in der Forderung nach Güte gegenüber den zahlreichen Kriegsgegnern *una porqueria tedesca*, also ein Werk der erlaubten politischen Opposition gegen den Krieg.

Die öffentliche Meinung war entschieden gegen den Krieg, also erkannte Leopold nach der Annahme der Konstitution durch Ludwig XVI. die konstitutionelle französische Monarchie zusammen mit Preußen rasch an. Er entfernte die Exilbourbonen, die seit Varennes seine Politik weitgehend bestimmt hatten, von seinem Hof, nahm diplomatische Verbindung mit der konstitutionellen französischen Monarchie auf, empfing den Botschafter des konstitutionellen Königs bei sich und übte Druck auf den Kurfürsten von Trier aus, damit er die bewaffneten Kontingente der Emigranten aus seinen Ländern entfernte. Seine falsche, wenig durchdachte Staatskunst bestand aus der Vernachlässigung des angebahnten Bündnisses mit England, sowie aus der Aufgabe des Ziels der Schließung des bilateralen Friedens mit der Pforte, schließlich aus übertriebenen Zugeständnissen an ein unzuverlässiges Preußen, das von Russland bereits im geheimen für die zweite Teilung Polens mit Ausschließung Österreichs im Fall des Beginns des Krieges gegen Frankreich gewonnen war. Zu diesen Zugeständnissen gehörte auch Leopolds Zustimmung zu Preußens Erwerbung von Ansbach und Bayreuth, was die öffentliche Meinung kritisch kommentierte:

> Ein Reisender von Prag kann nicht beschreiben, welch großen Eindruck daselbst die Neuigkeit von der preußischen Besitznehmung der beiden Fürstentümer in Franken gemacht hat; alles war unwillig, denn Preußen vermehrt immer seine Länder, sagte man, und die unsrigen werden verringert. Preußen bekommt 2 neue Fürstentümer, ohne einen Mann aufzuopfern, und wir haben 200.000 Mann schlachten

63 Leopold Alois Hoffmann stellte solche Listen für Leopold II. als Illuminatenlisten tatsächlich her.

64 Tomislav Volek, Ivan Bittner (Hg.), Mozartischen [sic] Spuren in böhmischen und mährischen Archiven, Einführung T. Volek, Übersetzung: Dr. A. Hubala, Prag 1991, S. 9, im weiteren: Volek, Spuren. Auf S. 36 findet sich das Faksimile des Originals der Rottenhan-Äußerung zum Ansuchen des Theater Entrepreneurs Guardasoni, das Rottenhan u. a. mit dem Argument unterstütze: „... zeigte sich auch bey[m] Hof wider Mozarts Composition *eine vorgefasste Abneigung* [...]".

> lassen, ohne einen Fuß breit Land zu gewinnen [...] der Leitmerizer Kreis soll seine Kriegssteuer wieder heraus haben wollen, weil der Kaiser alle Eroberungen wieder herausgegeben habe.[65]

So sehr sich die Bevölkerung über den Friedensschluss mit der Pforte freute, so sehr missbilligte sie die Politik, die Leopold danach verfolgte: die Schließung des Bündnisses mit Preußen, die Erwerbung von Ansbach und Bayreuth durch Preußen und die Rückgabe aller eroberten Gebiete an die Türken. Man begann das Bündnis Österreichs mit Preußen als außenpolitischen Missgriff zu begreifen. Die Unzufriedenheit in der Bevölkerung Böhmens war dafür symptomatisch.

Revolutionärer Patriotismus entsteht, nach dem Theoretiker der englischen Opposition des 18. Jahrhunderts, Lord Bolingbroke, wenn das Volk selbst als politischer Faktor mobilisiert werden kann, um seine Repräsentanten im Parlament zu kontrollieren. Im Einklang mit Shaftesburys Konzept einer verbesserungsfähigen menschlichen Natur, glaubte Bolingbroke, dass das Volk für den moralischen Appell des Patriotismus' empfänglich sei.[66] Seine Theorie gilt *mutatis mutandis* auch für die Habsburgermonarchie und für die deutschen Nationen im römisch-deutschen Reich. Dort bestimmte zwar kein Parlament das Budget und damit die Politik, aber ein Gefühl der Verantwortung für das öffentliche Wohl war in der öffentlichen Meinung der absolut regierten Monarchie Maria Theresias, Josephs und Leopolds tatsächlich entstanden. Im Spannungsfeld zwischen Aufklärung und Absolutismus waren die *Waffen der Publizität* eine Art Parlamentsersatz, und Schriftsteller wurden zu Lehrmeistern eines Fürsten,[67] der zwar die Aufklärung für seine Reformpolitik brauchte, aber zugleich aus Furcht vor der Revolution die Fronde stärkte.

Die Fronde gegen die Reform oder Revolution warb für den Krieg, der sich in den Zeitungen bereits ankündigte. In Koblenzer Emigrantenkreisen hatte man nach dem Vorbild des Instituts der *propaganda fidei* in Rom die Idee einer Verschwörung von Freimaurern ausgedacht: die Pariser Konstitutionsgesellschaft schicke deutsche Freimaurer, die sie besuchten, als Emissäre ins Reich, um dort für die Erklärung der Menschenrechte und für den Umsturz der Fürsten zu werben. Die Gegenposition bezog Mozart mit seinem Konzept der Erziehung des Fürsten bzw. des Volks zu Menschen, die die Interessen aller Menschen wahrnehmen konnten.

---

65 [Friedrich Cotta, „Bürger von Frankreich"], Strasburgisches politisches Journal, eine Zeitschrift für Aufklärung und Freiheit, Bd. 1 =1792, S. 200. Artikel: Unzufriedenheit in Böhmen. Auszug eines Schreibens aus Gotha vom 12. Februar. Ich danke Herrn Wangermann für den Hinweis auf diese Quelle.

66 Ernst Wangermann, The Conditions of National Consciousness in the Epoch of Enlightenment in: ISECS (Hg.) Studies on Voltaire and the Eighteenth Century, Bd. 264 (1989), S. 248: „[...] the people itself had to be mobilised as a political factor to control their representatives. In line with the new Shaftesburyan conception of regenerative human nature, Bolingbroke envisaged a popular spirit susceptible to the moral appeal of patriotism".

67 Wangermann, Waffen, S. 136–184.

Über die „Zauberflöte" ist schon viel geschrieben worden. Sie wurde Ende 1791 in einer Wiener Vorstadt aufgeführt. Mozart wurde mit dieser Oper seiner Pflicht, den Menschen die harmonische Schönheit der Schöpfung zu vermitteln und sie zu analog harmonischen Handlungen zu verlocken, gerecht. Mozart und Schikaneder erzählten eine Geschichte, „in der politische Hoffnungen mit Forderungen nach Menschlichkeit mit dem erzieherischen Impetus der Illuminaten-Freimaurerei zu einer Einheit verschmolzen".[68] Dem Mensch-Sein gaben sie demonstrativ den Vorrang vor dem Fürst-Sein mit der Erziehung der Tochter der Königin der Nacht und eines Prinzen zu empfindsamen, im Unglück standhaften Menschen, die als Fürsten gemeinsam die Herrschaft über den Sonnenkreis antreten. Ihrer Erziehung zu reflektierten tugendhaften Fürsten entspricht das Leid des Papageno, der seine Papagena nach qualvollen Prüfungen bekommt, wozu das Ritual einer ägyptischen Freimaurerei und ein Flugwerk von drei singenden Knaben den feierlichen Rahmen bietet. Die Oper feierte in der Vorstadt Wiens wahre Triumphe, was der Pagageno-Figur geschuldet war, mit der Mozart dem Bedürfnis des Publikums nach Unterhaltung weit entgegenkam, ohne das Ziel, es zu bilden, aus den Augen zu verlieren. Er war fähig, seine Ideale auf verschiedenen Ebenen auszudrücken und auf diese Weise ihre universelle Gültigkeit zu demonstrieren.[69]

Ein Kernstück der Oper bildet der folgende sokratische Dialog zwischen einem Priester des Weisheitstempels und Tamino: „[...] Sarastro hasset du? – Ich hass ihn ewig! Ja! – So gib mir deine Gründe an. – Er ist ein Unmensch, ein Tyrann. – Ist das, was du gesagt, erwiesen? [...]".[70] Mit der Komposition dieses Dialogs würdigte Mozart die Leistung Gottfried van Swietens in der Bildung des Herzens und des Verstandes durch die Einführung des sokratischen Dialogs in allen Schulen. Er hat seinem Freund als Unterrichtsreformer hiemit ein unsterbliches Denkmal gesetzt.

14.5. Staatsbürgerlicher Protest gegen die Entlassung van Swietens

Dem „Schritt zurück" in Leopolds Politik: der Öffnung des Weges in die Abhängigkeit Österreichs von Preußen, entsprach in der Innenpolitik die Entlassung Gottfried van Swietens am 5.12.1791, dem Todestag Mozarts. Gottfried van Swieten hatte gegen die pro-preußische Publizitäts- und Personalpolitik Leopolds II. systematisch obstruiert und sein Verbleiben im Amt davon abhängig

---

68 Wangermann, The Austrian Achievement, S. 153.

69 Ebd: „Mozart was able to express his ideals at a variety of levels, and to assert their universality".

70 Die Zauberflöte, 1. Aufzug, 15. Auftritt.

gemacht, ob die „Wiener Zeitschrift" erscheinen würde. Ihre Herausgeber bzw. Zensoren waren von Leopold zu Sonnenfels' Nachfolgern auf den Lehrkanzeln der politischen Wissenschaften und der Anleitung zum Geschäftsstil ernannt worden. Van Swietens Obstruktion gegen ihre Anstellungsdekrete,[71] die er als willkürliche Einmischung in seine Kompetenzen betrachtete, zeigt, dass er sich bewusst zum Mittelpunkt der anti-preußischen Friedenspartei machte.

Die Wende vom aufgeklärten zum unaufgeklärten Absolutismus wurde mit der Marginalisierung Kaunitz' bei der Schließung des Bündnisses mit Preußen und mit der Entlassung Gottfried van Swietens vom Präsidium der Studien- und Zensurkommission eingeleitet, wofür das erste Heft der „Wiener Zeitschrift", das am 10.12.1791 ausgegeben wurde, das publizistische Signal war. Friedrich Wilhelm II. schrieb zum Dank für die Denunziationen der Aufklärer als „Revolutionsapostel" zwei schmeichelhafte Briefe an Hoffmann mit der Aufforderung, auch die in seinen Staaten lebenden Aufklärer zu denunzieren. Hoffmann publizierte die Briefe in ausländischen Zeitungen und – mit Leopolds ausdrücklicher Billigung – in der „Wiener Zeitschrift", was als Lob und Zustimmung beider Fürsten für die von Hoffmann vertretene Verschwörungstheorie aufgefasst werden musste.

Obwohl Hoffmann unter dem Schutz des mit Leopold verbündeten preußischen Königs schrieb, wehrten sich die Aufklärer in Österreich entschieden gegen die Denunziationen der „Wiener Zeitschrift": ungeachtet der Entlassung Gottfried van Swietens kam es nicht zu einer Wende in der Zensurpolitik. Daher konnte in Wien sogar eine aufeinander abgestimmte Kampagne als Gegenmaßnahme gegen die Protektion Hoffmanns durch Leopold und Friedrich Wilhelm II. geplant und durchgeführt werden. Die Organisation des Kampfes unternahmen die geheimen Gesellschaften, andere Organisationsformen gab es damals nicht. Österreichische Illuminaten koordinierten den Kampf, wovon die Agitation an der Universität in Wien gegen Hoffmann ein Teil war. Sonnenfels und der Journalist und Schriftsteller Franz Xaver Huber stellten in einem von Leopold II. privilegierten Tagblatt „Das Politische Sieb" Hoffmann als ehemaligen Illuminaten, als „Rauchverkäufer" und Betrüger vor, der nun einem anderen Herren (= dem Kaiser) diene. Sie organisierten die Erklärung ihrer verschlüsselten Angriffe, die sich auch gegen den Kaiser richteten, genau in der Art, wie unter Joseph geistliche „Kommentatoren" die in Predigten enthaltenen verschlüsselten Angriffe auf den reformierenden Kaiser erläuterten, indem sie die Häuser der Gläubigen besuchten und dort die nötigen Auslegungen anbrachten.[72] In einer öffentlichen Antwort auf die Behauptung des Herausgebers des französischen Straßburger *Couriers*, dass Leopold II. und Friedrich Wilhelm II. beide an

---

71 Wangermann, Aufklärung, S. 111.

72 Lettner, Rückzugsgefecht, S. 136–7. Über die geistlichen Kommentatoren verschlüsselter Angriffe, siehe Wangermann, Waffen, S. 83.

Hoffmanns Zeitschrift mitarbeiteten, wies Franz Xaver Huber öffentlich nach: Hoffmann könne nicht den Schutz der beiden Monarchen genießen: er könne weder richtig deutsch schreiben[73] noch richtig denken, habe falsche Begriffe von „der Freiheit" (26 und 31), und beanspruche für seinen Patriotismus exklusiven landesfürstlichen Schutz (41). Das war eine deutliche Anspielung darauf, dass das *Politische Sieb* nur am Beginn seines Erscheinens Handbillette und Befehle Leopolds publizieren durfte, dass ihm diese Vergünstigung sehr rasch entzogen wurde, während die „Wiener Zeitschrift" sich ihrer weiterhin erfreuen durfte. In Übereinstimmung mit dem Ideal eines aufgeklärten Fürsten in Leopolds Regierung, das Mozart soeben auf die Bühne gebracht hatte, stellte Huber fest: Leopold meine, „daß aufgeklärte, veredelte Völker leichter zu regieren und zu beglücken sind" als unaufgeklärte, er habe sich für „die Liebe" entschieden (43). Leopold regiere mit der Aufklärung und nicht mit der Dummheit der „Wiener Zeitschrift", die die Verschwörungstheorie vertrat. Der beste Beweis dafür sei, dass die Zensur seine Schrift mit dem „admittitur" erlaubt habe.

Hubers Schrift erschien tatsächlich mit dem *admittitur* der Zensur, was durch das *Politische Sieb* öffentlich mitgeteilt wurde. Das *admittitur* war eine an keine Beschränkungen gebundene Druck- und Verbreitungserlaubnis. Gleichzeitig verantwortete der von seinem Nachfolger auf der Lehrkanzel der politischen Wissenschaften in der „Wiener Zeitschrift" als Befehlsverdreher[74] denunzierte Sonnenfels die Publikation eines verdeckten Angriffs auf den Verordneten des steirischen Herrenstandes, Graf Attems, im *Politischen Sieb*. Damit stießen er und Huber gegen die ihnen von Leopold bestimmten Grenzen.[75] Huber wurde von der Audienz, in der er mit Leopold die nächsten, gegen den Adel gerichteten Artikel des „Politischen Siebes" besprechen sollte, „abgeschafft". Leopold teilte ausgerechnet durch Johann Rautenstrauch die Nachricht den Zeitungen mit: er empfange den [von Sonnenfels] *gemietheten Pasquillanten* F. X. Huber nicht. Die Publikation dieser schweren Beleidigung veranlasste Huber, Wien nach einer Woche zu verlassen.

Das Netzwerk der Illuminaten ermöglichte jetzt die Inszenierung einer öffentlichen Demonstration gegen Hoffmann, der unter dem Schutz der beiden alliierten Fürsten, Kaiser und preußischer König stand. Am Tag, als Huber sich im „Politischen Sieb" von seinen Lesern verabschiedete, weil er Wien verlassen

73 Franz Xaver Huber, Kann ein Schriftsteller wie Herr Professor Hoffmann, Einfluß auf die Stimmung der deutschen Völker, und auf die Denkart ihrer Fürsten haben? An Herrn La Veaux, Verfassers [sic] des Strasburger[sic] französischen Couriers. Von -- Verfasser des Schlendrian, Wien, 1792, S. 14, 21.

74 Es handelte sich um die Watteroth erteilte Erlaubnis, bezahlte Reisen in die Provinzen zur Kontrolle der Durchführung der kaiserlichen Befehle bewilligt zu bekommen.

75 Ernst Wangermann, Josephiner, Leopoldiner und Jakobiner, in: Einzelveröffentlichungen der Historischen Kommission zu Berlin, Bd. 29, 1980, S. 100–101, im weiteren: Wangermann, Josephiner.

müsse, behinderten Wiener Studenten Hoffmann am Vortragen durch Schreien und Lärmen. Es kam tags darauf zu einem in Gegenwart des Rektors wiederholten noch größeren Universitätsaufruhr. Der Rektor unterstützte die Studenten in ihrem Ungehorsam. Leopold befahl Hoffmann, der davon überzeugt war, dass Sonnenfels „an allem schuld" sei, keine weiteren Vorlesungen mehr zu halten. Sonnenfels war nämlich als Hoffmanns Gegenspieler nicht isoliert: Johann Baptist von Alxinger, der vor Jahren mit Sonnenfels eine gelehrte Fehde ausgetragen hatte, hatte eine Schrift: „Anti-Hoffmann" – zwei Teile verfasst. Ihr erster Teil erschien unmittelbar nach der Publikation der Nachricht von Hubers Abschaffung von der Audienz. Die Fortsetzung des zweiten Teils wurde am Ende des ersten angekündigt.

Im „Anti-Hoffmann" empörte sich Alxinger öffentlich über die Art, „wie man in einigen Gegenden Deutschlands gegen die Illuminaten verfahren ist", unter denen es doch sehr verdienstvolle Männer in hohen Positionen gab. Er verteidigte die Illuminaten gegen Hoffmanns Tiraden, indem er Hoffmann ein weiteres Mal als Illuminat entlarvte, der als Haupt der *Deutschen Union* in Ungarn vorgesehen war. Er führte mit dem Hinweis auf Sonnenfels als Haupt der Wiener Illuminaten die These ad absurdum, dass die Illuminaten eine Revolution im Schilde führten, was man ihnen böswillig unterstelle.[76] In Flugschriften, Zeitungsartikeln und Broschüren, die in Wien, Braunschweig und Salzburg publiziert wurden, wurde Leopold auf seine Verpflichtungen gegenüber diesen Ideen der Aufklärung hingewiesen und allen voran für die Pressefreiheit und implizit für die Erhaltung des Friedens mit Frankreich reklamiert (123–134).

Leopold gab dem politischen Wirbel, der durch die öffentliche Meinung unterstützt wurde, nach und schickte Hoffmann in Pension. Als er vom Obersten Kanzler wissen wollte, wer die gegen Hoffmann gerichteten Schriften zensuriert habe, stellte sich der Hofkanzler Kreßl mit einem eigenen Vortrag schützend vor den von Gottfried van Swieten beauftragten Zensor Joseph Retzer. Auf der einen Seite dürfe ein Hoffmann in seiner Zeitschrift den verdienstvollen Beamten Sonnenfels angreifen, auf der anderen Seite solle ein Huber nicht einmal Sprachschnitzer Hoffmanns öffentlich korrigieren dürfen? „Er gab Leopold [...] den Rat, die Pflege der öffentlichen Meinung berufeneren Leuten zu überlassen",[77] Leuten wie Gottfried van Swieten, der wiedereingestellt werden sollte. Leopolds Kommentar auf den Vortrag des Hofkanzlers, mit dem dieser das Erscheinen aller gegen Hoffmann gerichteten Schriften verantwortete,[78] zeigt, dass er tatsächlich die Unterdrückung der gegen Hoffmann gerichteten Schriften erwartet hatte.

---

[76] Alxinger, Anti-Hoffmann, 1. Teil, S. 50–1, „Zweytes und, Gott gebe! Letztes Stück", beide Wien 1792, S. 28, 46–7, zitiert nach: Egger, Aufklärung, S. 134–139.

[77] Lettner, Rückzugsgefecht, S. 157.

[78] „Retzer wäre wohl nicht als zweiter Zensor in diesem Geschäfte zu wählen gewesen"...= Leopolds Resolution vom 18.2.1792 auf den Vortrag Kreßls vom 18.2.1782, in: ebd.

Und Kreßls Originalvortrag ließ er in seinem Kabinett *zu Meinem diesfälligen Gebrauch* aufbewahren.[79] Uns zeigt der politische Wirbel, zusammen mit Retzers „admittitur auf Alxingers und Hubers Schriften, die Stärke der Reformpartei in der Bürokratie und das Ausmaß der Empörung unter den Aufklärern über Gottfried van Swietens Entlassung und über den drohenden Krieg.

Publizistisch gleichzeitig die Opposition gegen die Vorbereitung des Krieges mit Frankreich und die Opposition gegen seine Reformpolitik zu bekämpfen, war für Leopold II. nicht einfach. Immerhin verdeutlicht seine Resolution auf den Vortrag des Grafen Clary, den er zum Justizminister ernannt hatte, auf dessen Beschwerde über die Publikation landesfürstlicher Kritik an der Handhabung der Justiz, seinen Willen zur Wahrung einer überparteilichen Position in der Publizitätspolitik noch wenige Tage vor seinem Tod: „Ich will meine Staatsdiener durch die Publikation meiner Kritik an ihren Handlungen durch ein paar Beispiele warnen, ‚mich nicht leicht mehr in die unangenehme Lage versetzen werden, dem Publikum Bürgschaft zu leisten [dafür], dass die in der Staatsverwaltung unterlaufenden Fehler und Gebrechen Meiner Aufmerksamkeit nicht entgehen‘ und daher ‚jene, die Ich meines landesfürstlichen Vertrauens würdige, öffentlich‘ zur Verantwortung ziehen“.[80] Diese Resolution könnte man als Bekenntnis Leopolds zu einer fortschrittlichen Publizitätspolitik interpretieren. In diesem Sinne dachte er fortschrittsfreundlicher als Joseph II.

14.6. Versuch einer Beurteilung von Leopolds Politik

Im Spannungsfeld zwischen der sich radikalisierenden Aufklärung und den reaktionären Bestrebungen der Fronde führte Leopold einen Kampf auf zwei Fronten, die er miteinander dadurch vereinbaren wollte, dass er den Krieg gegen das revolutionäre Frankreich zwar anzündete, ihn aber nicht im Alleingang mit Preußen führen lassen wollte. Meine damalige Auffassung im „Rückzugsgefecht“ von Leopold II. als ein Reaktionär auf dem Thron und der beste Mitarbeiter der „Wiener Zeitschrift“, der deren aggressive Rhetorik bestimmte, halte ich daher für übertrieben und neige jetzt zu Wangermanns Darstellung der Politik Leopolds II. als einer Kombination von Fortschritt und Rückschritt, wobei die Fortschrittlichkeit wegen der bahnbrechenden Gesundheits- und Rechtsreform bei weitem überwog. Bei einer Betrachtung der Herrscherpersönlichkeit Leopolds sollte von folgenden Prämissen ausgegangen werden: er hatte – im Gegensatz zu Ma-

79 Ebd., S. 162, in einem Bogen mit der Aufschrift, Kreßls „Votum“ zeige, *wie sehr er in Verbindungen stekt.*

80 Resolution Nr. 452 vom 27.2.1792, zitiert nach Lettner, Rückzugsgefecht, S. 92 und 95 (Anm. 47). Die Einleitung dazu, S. 92: „Leopold […] bemerkte am 32.1.1792“ ist falsch, es muss heißen: 27.2.

ria Theresia – zu jenen, die seine Reformpolitik durchführten, kein Vertrauen: In dem Senator Gianni, der für ihn einen Verfassungsentwurf für die Toskana ausarbeitete, sah er einen Mann, den man um seinen Rat in allen Angelegenheiten fragen müsse, aber seine Vorschläge nur nach Überprüfung durch andere anordnen dürfe. Niemals dürfe man ihm die Leitung eines Ministeriums anvertrauen.[81] Dementsprechend sah er in Sonnenfels „einen Mann von großem Talent, Tätigkeit, sehr fähig und einen großen Arbeiter, aber voll Anmaßung und Eitelkeit, lobt sich immer selbst, äußerst fanatisch, macht alle Sachen mit dem größten Aufsehen und Publizität, spricht zu viel und rühmt sich zu viel, übernimmt viele Verpflichtungen, die er dann nicht erfüllen kann und er macht sich dann lächerlich" (325) – in den Augen der Aristokratie. Leopold suchte einen geeigneten Überwachungsapparat aufzubauen, nicht nur, um die Obstruktion seiner von konservativen Grafen präsidierten Exekutive zu überwinden,[82] er ließ auch die Illuminaten ausforschen. Seine Überparteilichkeit in der Publizitätspolitik demonstrierte er dadurch, dass er beide, von ihm geförderte Zeitungen die „Wiener Zeitschrift" und „Das Politische Sieb" benützte, um „Fehler" seiner Beamten öffentlich zu ahnden. Er ließ beide Zeitschriften in ihrer von ihm begünstigten Form bestehen, entzog zwar dem „Politischen Sieb" das der „Wiener Zeitschrift" im dritten Heft noch verliehene Privileg der Publikation seiner Befehle, ließ ihm aber die Befreiung vom Zeitungsstempel. Er ließ Hoffmann für die Linie der „Wiener Zeitschrift" (also für die Schmähung der Illuminaten) selbst einstehen, während er Franz Xaver Huber für die Linie des „Politischen Siebes", für die Sonnenfels verantwortlich war, allein zur Verantwortung zog.

Zu den größten Leistungen der Regierungszeit Leopolds II. rechnen wir Mozarts Reformopern, die publizistische Anti-Hoffmann-Kampagne und den politischen Wirbel in Wien als Ausdruck eines politischen Protests gegen den Krieg gegen das revolutionäre Frankreich, an dem sich auch Schriftsteller aus dem Reich beteiligten. Das deutsch lesende Publikum wurde im Sinne der Theorie von Bolingbroke als politischer Faktor tatsächlich gegen den Krieg mobilisiert. Man schätzte Campes mutige Selbstverteidigung, die er als Emigrant in Altona publizierte, bewertete Hoffmanns Entfernung von der Universität Wien, seine Pensionierung und das Ausbleiben von Mitteilungen über Befehle im vierten Heft der „Wiener Zeitschrift" als Erfolg, den man mit weiteren Angriffen gegen die „Wiener Zeitschrift", die auch in Salzburg erschienen, verstärkte. Die Liebe zum Frieden mit dem revolutionären Frankreich, das Widerstands- und Selbstverteidigungsrecht galten auf diese Weise weiterhin als positive Werte.

Der Kampf zwischen der Friedens- und Kriegspartei war entbrannt – analog zu dem Kampf zwischen Reformpartei und Antireformpartei in den letzten Regierungsjahren Maria Theresias. Über seinen möglichen Ausgang unter Leopold II.

81 Wandruzska, Leopold II., Bd. 2, S. 421, Anm. 16.

82 Wangermann, From Joseph II, [2]1969, S. 107.

kann man nur spekulieren, weil Leopold bald nach seinem Ausbruch starb. Gesichert ist: Leopold machte der Kriegspartei durch die Marginalisierung Kaunitz' bei der Schließung des Bündnisses mit Preußen und durch die Entlassung Gottfried van Swietens Zugeständnisse. Gesichert ist aber auch: das Gefecht der Zivilgesellschaft gegen den drohenden Krieg und gegen die Entlassung Gottfried van Swietens ist erlaubte politische Opposition. Es illustriert Wangermanns These von der Entstehung eines politischen Bewusstseins in der Habsburgermonarchie. „Die politische Initiative war nicht mehr ausschließlich aufseiten der Krone",[83] sondern auch aufseiten der von Teilen der Bürokratie (Kanitz, van Swieten, Sonnenfels, Kreßl, Retzer) unterstützten Zivilgesellschaft. Das deutsch lesende Publikum wurde im Sinne der Theorie von Bolingbroke als politischer Faktor tatsächlich gegen den Krieg mobilisiert.

83 Wangermann, Josephiner, S. 102.

15. Kaunitz' Rat im Krieg gegen das revolutionäre Frankreich

So vielschichtig der aufgeklärte Absolutismus als Phänomen unter Leopold II. war, so eindimensional ist der unaufgeklärte Absolutismus unter Leopolds Nachfolger auf dem Thron. In Kaunitz, der den Krieg ernstlich zu verhindern, und als Frankreich dem König von Ungarn den Krieg erklärte, zu begrenzen suchte, sah der kaum erst großjährig gewordene Franz einen ehrwürdigen Greis, dessen Rat nicht mehr ernst genommen werden müsse.[1]

15.1. Kaunitz' Rücktritt als Staatskanzler

Kaunitz wollte den Krieg, den Frankreich Franz am 20.4.1792 erklärte, erstens nicht im Alleingang mit Preußen und zweitens nur defensiv führen. Franz emanzipierte sich vollständig von Kaunitz' Rat, um dem Rat Spielmanns und Cobenzls zu folgen, die mit Bischoffwerder gemeine Sache machten. Zusammen mit Spielmann und Philipp Cobenzl bildete Colloredo, dessen Rat Franz befolgte, eine mächtige Clique gegen Kaunitz. Dessen Befürchtung vom Juni 1791, dass sich das Spiel der Interessen der europäischen Mächte, das bis dahin zu Österreichs Gunsten ablief, *verkehret* würde, begann sich als Realität abzuzeichnen. Unmittelbar nach der Kriegserklärung Frankreichs an Österreich überfiel Russland Polen und begann, die zweite Teilung mit Preußen und Ausschließung Österreichs vorzubereiten.

Die Ursachen von Kaunitz' Rücktritt hat Wangermann auf der Grundlage jenes aus Hochedlinger Sicht „nicht lupenreinen" Dokuments[2] aus dem österreichischen Staatsarchiv ausführlich erörtert. Der Krieg wurde als militärische Intervention Österreichs und Preußens im Alleingang geführt, wobei Österreich Preußen den Oberbefehl überlassen hatte. Der unmittelbare Anlass für Kaunitz' Rücktritt waren die zwischen Spielmann und dem preußischen Diplomaten Schulenburg ausgemachten Kompensationen: Preußen sollte einen weiteren Teil Polens annektieren und würde dem Tausch Bayerns gegen die Niederlande zustimmen, während Österreich zusätzlich nicht näher spezifizierte territoriale

---

[1] Bischoffwerder au ministère prussien, Vienne 6 Mars (1792), zitiert nach: Wangermann, Kaunitz, S. 138, mit Berufung auf Leopold von Ranke: Zwar arbeite Kaunitz an einem Mémoire gegen die Führung des Krieges als offensiven Feldzug, aber alles, was dieser ihm sage, könne er, so Bischoffwerder mit Berufung auf Spielmann, als „Träumereien eines ehrwürdigen alten Mannes betrachten".

[2] Siehe S. 17.

Kompensation irgendwo im Westen erhalten sollte.[3] Kaunitz hatte unter Joseph den Tausch Bayerns gegen die Niederlande mit russischer Unterstützung durchsetzen wollen, meinte aber jetzt: das Tauschprojekt sei eine „Chimäre", Preußen sei viel zu schwach, es durchzusetzen, weshalb es kein Kompensationsgegenstand in dem Vertrag zwischen Österreich und Preußen sein könne: „Nach meinem Begriffen sollte man also den ganzen Vorschlag fallen zu machen, sich bestreben, weil nimmermehr aus einer schlechten Sache was Gutes werden kann".[4] Franz wollte auf Kaunitz' Rat nicht gänzlich verzichten, er verlangte von ihm die Ausarbeitung eines Plans zur Erleichterung seiner Arbeit.[5]

Kaunitz stellte eine einzige letzte Bedingung für sein Verbleiben im Amt: Österreich müsse von Preußen Ansbach und Bayreuth als Pfand für ordentliche Kriegsführung verlangen, die Verbindung der militärischen Intervention mit dem Tauschprojekt müsse sofort aufgegeben werden. Kaunitz konnte nicht voraussehen, wie ahnungslos sich Franz über diesen Rat, den Graf Lacy im Rat des Kaisers unterstützte, hinwegsetzen würde. Als Friedrich Wilhelm II. die Abschließung eines Kompensationsvertrages mittels des Einsatzes seiner neuen Provinzen Ansbach und Bayreuth ablehnte, rieten Spielmann und Cobenzl Franz in dieser Situation, mit der Intervention, ohne Schließung eines festen Kompensationsvertrages zu beginnen, und nur das allgemeine Prinzip der Reziprozität der Entschädigungen festzuhalten. Franz stimmte zu. Cobenzl teilte Kaunitz am 31.7.1792 mit, über das „wie" der Entschädigung seien Anträge bloß *ad referendum* genommen worden, man habe sich „lediglich in generalibus beschränkt".[6] Nachdem Franz nach diesem Rat vorzugehen beschloss, musste er den Rücktritt Kaunitz' in Kauf nehmen.

Zinzendorf hielt in seinem Tagebuch fest, Franz habe Kaunitz nicht zurücktreten lassen wollen, weshalb er ihm jede Vergünstigung, die er für sich verlange, eingeräumt habe, um ihn zum Bleiben in der Staatskanzlei zu bewegen. Er sollte seine Subalternen wie früher verwenden. Das habe zur Folge gehabt, dass Cobenzl und Spielmann, die sich über ihn aufgeregt und ihn beleidigt hatten, ihm nun die unterwürfigsten Briefe schrieben. „Die Jugend dieses Prinzen hat ihn gerührt, er hat nicht gewagt, sich ganz zurückzuziehen weil dieser ihn so inständig zu bleiben gebeten hat",[7] und weiters: „le soir chez le Prince Kaunitz.

3 Wangermann, From Joseph II, ²1969, S. 113.

4 Vortrag Kaunitz', 25.6.1792, in: Vivenot, Quellen, Bd. 2, S. 115.

5 Franz an Kaunitz, Prag, 6.8.1791, in: ebd., S. 159: „pour vous conserver et vous soulager, je veux tout employer pour vous rendre votre place aussi commode que possible, je vous charge d'en faire un plan et de me le remettre à mon retour".

6 Cobenzl an Kaunitz, Prag, 31.7.1792, in: ebd., S. 156.

7 „Il est ministre retiré occupant toujours la chancellerie, se servant des subalternes qu'il voudra pour faire son rapport à l'empereur. La jeunesse de ce Prince l'a touché, il n'a pas osé se retirer entièrement puisque celui-ci l'a tant pressé de rester [...] Cobenzl et Spielmann qui l'avaient offensé et un peu vilipendé lui ont écrit les lettres les plus soumises", in: TBZ, 1792, fol. 283r, v.

Il paraissait pourtant abattu".[8] Den Krieg gegen ein Land, in dem viele Anliegen der Aufklärung durch die Gesetzgebung der ersten Nationalversammlung konsequent verwirklicht worden waren, musste jeder für ein Unglück halten,[9] so auch Kaunitz. Seine durch Menschlichkeit geprägte Vernunft hatte ihn dazu bestimmt, seinen Rat nach dieser Erkenntnis auszurichten.

Der Krieg verlief schlecht; Eine Armee von je 50.000 Preußen und Österreichern marschierte in Frankreich ein. Die Kampagne wurde am 25.7.1792 mit einem Manifest eröffnet, das Anfang August 1792 in Paris bekannt wurde. Das Manifest drohte mit der Zerstörung von Paris, falls der königlichen Familie die geringste Gewalt angetan würde. Unbegreiflicherweise erwähnt Karl Härter in seiner Darstellung der von ihm als „eine Art ‚Polizeiaktion'"[10] bezeichneten militärischen Intervention nicht die Existenz dieses Manifests, das den Aufstand vom 10. August, die Ausrufung der Republik und Ausschreibung von Neuwahlen provozierte. Die französischen militärischen Misserfolge erhärteten den Verdacht der Republikaner über die Verräterei des Königs. Das Manifest des Herzogs verschaffte ihnen die Kontrolle in der Nationalversammlung. Die Macht fiel nun jenen zu, die den Krieg als Mittel zur Errichtung der Republik betrachteten. Dem Sturz der Monarchie folgte ein Blutbad, weil das Volk, durch die Einnahme Longwys und der Festung Verdun in Panik versetzt, die Gefängnisse stürmte und die verhafteten eidverweigernden Priester und andere Gegner der Verfassung ermordete. Aber schon die Kanonade und Schlacht von Valmy am 20.9.1792 sicherte das Überleben der Republik. Was nun folgte, war die Eroberung der vor kurzem für Österreich zurückgewonnenen Niederlande und die Öffnung der Schelde, womit die Republik paradoxerweise ein Kriegsziel Josephs II. realisierte.

Nach Beendigung dieses katastrophalen Feldzugs erteilte Kaunitz, der auf Franzens dringende Bitte noch immer die Akten der Staatskanzlei einsah, Preußen und Russland den Rat, die französische Republik als Preis für den Frieden anzuerkennen, und er gab die Bedingungen dazu an. Er schloss seinen Appell mit den Worten: „Möge dieser Rat eines Freundes der Menschheit angehört und befolgt werden"![11] Ob Franz seinen Alliierten Kaunitz' Friedensplan mitteilte, ist nicht erforscht.

Der Weg in das Abhängigkeitsverhältnis Österreichs von Preußen, den Leopold II. geöffnet hatte, wurde jetzt von Franz beschritten: die militärische Intervention in Frankreich war die Gelegenheit, Polen zwischen Preußen und Russland

[8] Ebd., fol. 283v: „den Abend bei Kaunitz. Er schien dessen ungeachtet [= ungeachtet Franzens Absicht, sich ihn als Ratgeber zu erhalten] besiegt."

[9] Ernst Wangermann, Grillparzer und das Nachleben des Josephinismus, in: Anzeiger der österreichischen Akademie der Wissenschaften, phil.-hist. Klasse, Jg. 128 = 1991, Wien, 1992, S. 56f.

[10] Härter, Reichstag, S. 212: „Eine bewaffnete Auseinandersetzung mit Frankreich sollte [...] weder in Form einer Gegenrevolution noch als Reichskrieg, sondern als eine Art „Polizeiaktion" durchgeführt werden, [...]".

[11] Wangermann, Kaunitz, S. 139–140.

von der Weltöffentlichkeit fast unbemerkt teilen zu können. Friedrich Wilhelm erklärte Spielmann nach der Schlacht von Valmy, er müsse seine Entschädigungen in Polen, das Russland schon im April 1792 überfallen hatte, suchen, Franz könne sich seine irgendwo im Westen holen. Mit dem Jahreswechsel 1792/3 krönte der russisch-preußische Vertrag über die Zweite polnische Teilung, um dessentwillen der Krieg unternommen worden war, das Scheitern des gesamten, seit März 1792 verfolgten außenpolitischen Konzepts des Kaisers Franz und seiner leichtsinnigen Ratgeber.[12] Von allen Alternativen geschichtlichen Handelns war jene gewählt worden, die das Vergießen eines „Meers von Blut" erforderlich machte, was Kaunitz vergeblich und wiederholt zu vermeiden suchte.

15.2. Kaunitz' Rückzugsgefecht gegen den Polizeistaat

Um die durch die Niederlagen erzeugte politische Krise zu überwinden, nahm Franz den Grundsatz der Beherrschung seiner Völker durch Terror und Furcht vor Austreibung an. Er teilte im Sommer 1792 Pergen seinen Wunsch mit, ihm die Polizei wieder anzuvertrauen und befahl ihm, Vorschläge zu unterbreiten, wie man die „heilsame" Institution einer autonom agierenden Polizei wieder herstellen könne. Weil Franz Pergens System wiederherstellen wollte, erachtete es Graf Sauer als seine Pflicht, zu demonstrieren, dass auch er zu wirksamen geheimen Polizei-Operationen fähig sei. Auf seinen Befehl führte im Dezember 1792 die österreichische Polizei ihre erste großflächige Razzia gegen Ausländer durch.[13] Damit hatte er sich jedoch in den Augen des Kaisers nicht genügend qualifiziert. Pergen allein kannte sein System, das er niemandem mitgeteilt hatte. Am 3.1.1793 berief ihn Franz und gab Sauer den Befehl, die gesamte Polizeiverwaltung sowohl in Wien als auch in den Provinzen an Pergen zu übergeben. Damit war, wie unter Joseph II., ein Zweig der Regierung geschaffen worden, dessen Methoden, Gerichtsbarkeit und Befugnisse weder dem Publikum noch den anderen Ministern bekannt waren. Das Publikum wurde Anfang 1793 in einer kurzen Notiz der „Wiener Zeitung" von der Wiederherstellung der Polizeihofstelle unterrichtet. Entsetzen verbreitete sich, denn nun war klar, dass Franz nicht nur das aufgeklärte Reformprogramm aufs Eis gelegt hatte, sondern auch die Bevölkerung durch die Furcht vor geheimer Überwachung und willkürlichen Verhaftungen beherrschen wolle.

Pergen machte das Wohlfahrtstaatskonzept, so gut sich das machen ließ, rückgängig. Kaunitz war Vorsitzender des Staatsrats geblieben und führte in dieser Funktion zahlreiche Rückzugsgefechte für die Erhaltung des Rechtsstaates, wozu

---

12 Wangermann, From Joseph II, ^{2}1969, S. 129.

13 Wangermann, From Joseph II, ^{2}1969, S. 128: „ the first large-scale politicial round-up to be made by the Austrian police".

ihm Leopolds Gesetze als Handhabe dienten. Geld für geheime Beobachtung und Auslagen der Polizei fand er nicht für überflüssig, doch müsse vor allem durch den Erlass „weiser Gesetze" der vordringenden „falschen" Aufklärung, worunter er unbescheidene Kritik an den Handlungen des Landesfürsten und der Regierung verstand, begegnet werden. Politik müsse immer nach Vorstellungen von einer durch Humanität bestimmten Gerechtigkeit gemacht werden. Sicherheit der Person und des Eigentums müsse auch im Krieg gewahrt bleiben:

> Bürgerliche Freiheit und Eigenthumsrecht sind keine französischen Traumbilder, sie sind tief in einer gerechten monarchischen Verfassung gegründet [...] Die Missbegriffe von bürgerlicher Freiheit [= die Abschaffung der Monarchie durch die Republik] sind in Frankreich in den Zeiten der Unordnung allgemein geworden, und sie wären vielleicht nie entstanden, wenn dort besonders die politischen Stellen der wahren Begriffe öfters vor dem Thron zu erwähnen, sich zur Pflicht gehalten hätten.[14]

Mit anderen Worten, die Revolution in Frankreich war die Folge eines Mangels der Aufklärung im Rat des Königs. Sie wäre nie entstanden, wenn aufgeklärte Grundsätze die Politik einigermaßen bestimmt hätten. Mit dieser Meinung wies sich Kaunitz im Krieg als Sprecher der aufgeklärten Zivilgesellschaft aus. Er bekämpfte zusätzlich die Wiederherstellung des alten gegenreformatorischen Bündnisses Thron-Altar mit der Idee, dass keinesfalls „irrige" Gesinnungen – gleichviel ob politische oder religiöse – bestraft werden dürften, auch dann nicht, wenn sie angeblich vom Landvolk in nächtlichen Zusammenkünften geäußert wurden. Gewaltanwendung sei kein brauchbares Überzeugungsmittel. Er wollte die ihm bekannte Unpopularität des Krieges im Krieg lediglich durch das Festhalten an der österreichischen Rechtsstaatlichkeit und an dem Reformkatholizismus entschärfen. Er wollte also wie unter Joseph II. Kritik an dem Krieg – analog zum Türkenkrieg – erlauben. Eine sorgfältige Zensur der Lektüre des Landvolks schien ihm schon wegen der Septembermorde notwendig zu sein, aber die Äußerung von „irrigen" Gesinnungen, sowohl religiöse, als politische, sollte auch in Kriegszeiten nicht bestraft werden.[15]

---

14 Votum Kaunitz' Nr. 54 vom 15.9.1793 ad Circulandum 3203 (Vortrag der Obersten Justiz vom 22.8.1793) „über die Frage, wie weit über politische Strafurtheile der Rechtsweg offen zu lassen sey"

15 Votum Kaunitz' Nr. 121/1792/29.9. ad Circulandum 4529 Note des böhmisch-österreichischen Hofkanzlers Graf Kollowrath vom 19.9.1792 „über die Anzeige des mährischen Gouverneurs, dass von den Unterthanen der Herrschaft Kunstadt geheime Zusammenkünfte nächtlicher Weile gehalten werden". Wörtlich: „So ist auch die Aenderung und allmählige Ausrottung solcher Grundsätze und Meinungen, die sich bey den niedern Volksklassen stets auf eine irrige Ueberzeugung gründen, nur das Werk des Religionsunterrichts, des guten Beispiels, vernünftiger Vorstellungen und einer sorgfältigen Zensur aller der kleinen Schriften und fliegenden Blätter, die wegen ihrer Wohlfeilheit auf dem flachen Lande Absatz finden und die Lektur des Landvolks ausmachen".

15.3. Kaunitz' Kritik an Josephs Publizitätspolitik

Kaunitz war wie Sonnenfels davon überzeugt, dass nur Aufklärung die Untertanen reifer und gehorsamer machte, und dass Aufklärung die Pressefreiheit voraussetzte.[16] „Dass bereits sehr viele der geschicktesten deutschen Schriftsteller den französischen Grundsätzen [...] mit mehr oder weniger Behutsamkeit anhängen", war für ihn unbestrittene Tatsache. Nach Malyusz' Interpretation seines Votums samt Nachtrag vom Jänner 1793 sah Kaunitz „im Schrifttum einen ausgezeichneten Verbündeten" der Habsburgermonarchie. Franz sollte sich seines Erachtens, durch Neigung und Achtung für Wissenschaften und Schriften auszeichnen, wozu nach Kaunitz Josephs Regierung nur teilweise als Vorbild diente, weil Joseph zwar die Zensurbeschränkungen entfernt, aber „die Aufkeimung der österreichischen Literärcultur" durch seine Verachtung der Literatur gehemmt, und auf diese Weise eine „widrige und in manchen Gelegenheiten sehr schädlich befundenen Stimmung gegen dessen [seine] Regierungsanstalten und Schritte" befördert habe. Hätte er die erlaubte, ja erwünschte Kritik an seinen Handlungen berücksichtigt, hätte er mit der öffentlichen Meinung regieren können, anstatt: gegen sie. Wahrheitsliebe, damit ist die Kritik an den Handlungen des Landesfürsten und der Regierung gemeint, solle geachtet und belohnt werden, damit die Revolutionsgrundsätze, ‚denen bereits sehr viele der geschicktesten deutschen Schriftsteller mit mehr oder weniger Behutsamkeit anhängen', ihre Anziehungskraft einbüßten.[17] Mit seinem Nachtragsvotum zu diesem Votum versuchte Kaunitz Eger, der ihm unterstellte, für die Miete von Schriftstellern plädiert zu haben, davon zu überzeugen, dass er nicht dazu geraten habe, Schriftsteller für Kriegspropaganda zu mieten. In ihm hielt er an seiner Aufforderung an Franz zur Achtung der Schriftsteller fest. Zusätzlich regte er an, dem englischen Beispiel im Krieg zu folgen, also Kriegspropaganda ebenso zu erlauben wie Anti-Kriegspropaganda. Die Regierungspraxis der damals mächtigsten Nation, England, die soeben wegen der Öffnung der Schelde durch die Franzosen in den Krieg gegen Frankreich eingetreten war, schien Kaunitz vernünftig zu sein: Pitt behinderte die außerparlamentarische Opposition gegen den Krieg damals noch nicht an der Ausübung ihres Rechts, sich zu versammeln und Petitionen an Parlament und Regierung gegen den Krieg zu verfassen. Er stützte seine Kriegspolitik auf Kräfte im Parlament, die den Krieg befürworteten. Kaunitz' Kommentar zu dem Umgang Englands mit der Opposition gegen den Krieg lautete: „Das Beyspiel, welches in dem gegenwärtigen Augenblicke die eng-

16 In seinem Buch: „Betrachtungen eines österreichischen Staatsbürgers an seinen Freund".

17 Votum Kaunitz', Jänner 1793, zitiert nach: Elemér Malyusz, Kaunitz über die Kulturpolitik der Habsburgermonarchie, in: Südostdeutsche Forschungen II (1937), S. 7–12, im weiteren: Malyusz, Kaunitz.

lische Nation vor Augen legt, beweiset, dass, verbunden mit einer weisen und milden Regierung, Aufklärung das sicherste Mittel ist, die Ruhe und Anhänglichkeit der Untertanen zu befestigen".[18] Die Stimmung gegen den Krieg mit der Errichtung des Polizeistaates zu bewältigen, würde nach seiner Meinung die Voraussetzungen für den Wettbewerb Österreichs mit den anderen Mächten verschlechtern. Die Anhänglichkeit der Untertanen an die Regierung könne nur durch die Erlaubnis, der Opposition gegen den Krieg Ausdruck zu verleihen, befestigt werden.

Hochedlinger, der Kaunitz' Votum vom Jänner 1793 samt Nachtrag im Jahr 1997 abgedruckt und kommentiert hat,[19] behauptet S. 70: „Selbst die „Josephiner" unter den Mitgliedern des Staatsrates waren von der Idee des Staatskanzlers, gemietete Zeitungsschreiber einzusetzen, alles andere als begeistert". Mit den „Josephinern" meinte er den Staatsrat Eger, der Kaunitz unterstellt hatte, gemietete Zeitungsschreiber zur Kriegspropaganda einzusetzen. Kaunitz wehrte sich gegen die Unterstellung dieser Idee in einem eigenen Votum, das Malyusz 1937 publiziert hat. Das kümmerte Hochedlinger nicht. Um Egers Interpretation zu unterstützen, zitiert er auf verballhornte Weise ein Dekret, in dem festgestellt wurde: auch in Zeitungen durfte nichts erscheinen, „was eine vortheilhafte Beziehung auf die französische Revolution hat. Vielmehr würde gut geschehen, wenn solche Zeitungsschreiber als Gelehrte aufgemuntert würden, bey schicksamer Gelegenheit die üblen Folgen der französischen Revolution lebhaft darzustellen und sich dabey besonders einer popularen jedermann leicht fasslichen Schreibart zu bedienen".[20] Die Ideen zu diesem Befehl, sowohl Zeitungsschreiber als Gelehrte zur lebhaften Darstellung der üblen Folgen der Französischen Revolution aufzumuntern, stammten aber nicht von Kaunitz, wie Hochedlinger behauptet, sondern vom Obersthofmeister Fürst Starhemberg.[21] Hochedlinger hat also durch die verballhornte Wiedergabe eines von Starhemberg stammenden Dekrets und durch die Wiederholung des von Kaunitz korrigierten Irrtum des Staatsrates Eger Kaunitz zum Urheber der Idee gemacht, gemietete Zeitungsschreiber für die Propagierung des Krieges einzusetzen.

---

[18] Kaunitz Nachtrag-Votum vom 26.1.1793, zitiert nach: Malyusz, Kaunitz, S. 11.

[19] M. Hochedlinger, „[...] dass Aufklärung das sicherste Mittel ist, die Ruhe und Anhänglichkeit der Unterthanen zu befestigen". Staatskanzler Kaunitz und die ‚franziszeische Reaktion', 1792–1794, in: H. Reinalter (Hg.), Aufklärung-Vormärz – Revolution. Jahrbuch der Internationalen Forschungsstelle Demokratische Bewegungen in Mitteleuropa von 1770–1850 an der Universität Innsbruck, Innsbruck, Bd. 16/17, 1996/7. Im weiteren: Hochedlinger, Staatskanzler.

[20] Hochedlinger, Staatskanzler, S. 72.

[21] Wangermann, Von Joseph II, S. 144–145.

15.4. Jakobinerprozesse

Die Aufklärer, die bis dahin gegen den drohenden Krieg Stimmung gemacht hatten, mussten gegen den Krieg selbst Stimmung machen, ein viel riskanteres Unternehmen als das gegen Hoffmann siegreich geführte Gefecht der Aufklärung von 1791/2. Starhemberg meinte, der österreichische Hof müsse für die Entstehung eines Kriegspatriotismus sorgen, weil ein „privater" Kriegspatriotismus im Habsburgerreich nicht wie in England existiere und schlug vor, was Franz billigte: Zeitungsschreibern und Gelehrten, die Darstellung der üblen Folgen der Revolution aufzutragen.[22]

Kaunitz lehnte das ab: in seinem vorletzten Votum setzte er der Nervosität der Regierung wegen der Siege der Franzosen bewusst seine rechtsstaatlichen Positionen entgegen. Eine auf Menschlichkeit gegründete Gerechtigkeit sei die wichtigste Stütze der Staaten.[23] In seinem letzten Votum stellte er fest, dass der Priester bei seinem Volk bleiben müsse und nahm gegen jene Priester öffentlich Stellung, die den Eid auf die *Constitution Civile du Clergé* verweigert und das revolutionäre Frankreich verlassen hatten. Kaunitz lehnte es ab, sie aus dem von Joseph II. geschaffenen Religionsfond materiell zu unterstützen.

Kaunitz' Tod fiel zeitlich mit dem *coup d'éclat* zusammen, den die Polizei zur Ablenkung der Bürger vor dem endgültigen Verlust Belgiens gegen die zahlreichen Kriegsgegner führte. Jetzt wurden sie mit Außerkraftsetzung der österreichischen Habeas Corpus Akte auf der Grundlage eines einzigen Spitzelberichts von der Polizei beschuldigt, mit den Jakobinern in Frankreich eine Verschwörung gegen Franzens Leben organisiert zu haben, wofür die Anhaltspunkte vollkommen fehlten. Franz Hebenstreit Freiherr von Streitenfeld hatte den einmaligen Kontakt zum Feind nach Paris hergestellt und dem Feind seinen Plan zum Bau einer Kriegsmaschine übergeben lassen, um durch die Vortäuschung einer organisierten mächtigen Opposition gegen den Krieg mit Verbindungen zum „Feind" die Polizei dazu zu zwingen, Franz zur Schließung des Friedens mit der französischen Republik zu raten. Körner und Vocelka sehen in Hebensteit einen Verbreiter republikanischen Gedankenguts, der den Aufbau einer planmäßigen politischen Opposition gegen den Krieg vorantrieb. In seinem Gespräch mit dem Agent provocateur entwickelte Hebenstreit den Plan der Erstürmung der Hofburg mit einigen Soldaten, man lasse Franz vor seiner Ermordung einige weiße Zettel unterschreiben, mit denen die Mörder den Reichstag einberufen konnten. Als *philosophe* und *Homo politicus* wollte er den Bürgerkrieg, der in Frankreich nach Ludwigs Hinrichtung ausgebrochen war, für Österreich vermeiden. „Euer ist das himmlische Königreich, das ihr heimgebracht habt zu euch" schrieb er an

22 Wangermann, Von Joseph II., S. 145, mit Berufung auf „Staatsratsprotokoll, 5987 ex 1792".

23 Ebd. S. 201: Votum vom 14.6.1791.

die Franzosen, bevor diese sich 1793 auf den Abweg der Dechristianiserung begaben.[24] Als Christ und *philosophe* warnte er die Atheisten im Sicherheitsausschuss vor der Anwendung des Terrors:

> Und ihr, Brüder, zitternd unter einem altertümlichen Blitz,
> bevor ihr euer Recht mit Waffengewalt beansprucht,
> lernt euch erkennen und nur das Wahre verehren.[25]

Hebenstreit unterstand der Militärgerichtsbarkeit, die die Todesstrafe nicht abgeschafft hatte. Wegen der tatsächlichen Vermittlung von Plänen einer neuen Waffe an den „Feind" verurteilten ihn die Auditoren zum Tod durch den Strang wobei sie die Version der Polizei, er sei das Haupt einer Jakobinerverschwörung nur sehr gelegentlich für ihre Urteilsfindung heranzogen.[26]

Die Aufklärung war im Rat der Krone nach Kaunitz' Tod noch so stark, dass Franz die Anordnung zur Aufstellung eines Sondergerichtshofs zur Erzeugung von „Jakobinern" oder Staatsverrätern im Hinblick auf die allgemeine Aufregung, die sie hervorrufen würde, widerrief. Aus diesem Grund konnte die von Franz verfügte Außerkraft-Setzung der Rechtsstaatlichkeit beim ordentlichen Kriminalgerichtsverfahren auf die Dauer nicht aufrechterhalten werden. Ungeachtet der Bemühungen der Polizei konnte ein staatlich verordneter Kriegspatriotismus in den Koalitionskriegen -- nicht entstehen, der Krieg war und blieb unpopulär.[27] Nachdem sich Napoleon zum Kaiser gekrönt und die Errungenschaften der Revolution (Sklavenbefreiung, Judenemanzipation) wieder abgeschafft hatte, wurde im Volkskrieg von 1809 aufgeklärter Patriotismus neu belebt.[28] Mit der Ernennung Metternichs zum Staatskanzler mutierten jedoch alle bisher erfolgreich geführten Gefechte gegen den Polizeistaat zu Rückzugsgefechten der Aufklärung.

---

24 Hebenstreit in: Alfred Körner, Die Wiener Jakobiner in: Walter Grab, Deutsche revolutionäre Demokraten, 1972, S. 71.

25 Ders. in: ebd., S. 70.

26 Wangermanns Verteidigungsplädoyer für Hebenstreit gegen den „Ankläger" Ogris als Staatsanwalt im Rahmen der Wiener Vorlesungen ist leider! noch ungedruckt.

27 Gerda Lettner, Gilda Pasetzky, Revolutionärer Patriotismus und Friedensforderungen in der Musik des ausgehenden 18. Jahrhunderts. Haydn, Paul Wranitzky, Hebenstreit und Horix: Das historisch-musikalische Umfeld der „Schöpfung", in: Francia, Reihe II, Bd. 30, 2003.

28 Wangermann, Sonnenfels, S. 164–165.

16. Abschließende Betrachtung

Der aufgeklärte Absolutismus in der Habsburgermonarchie war ein vielschichtiges, ständig sich verschiebendes Verhältnis zwischen den Fürsten, den Aufklärern und den privilegierten Ständen. Aufgeklärte Minister dachten aufgeklärter und fortschrittlicher als der Fürst, dem sie dienten. Meine auf Wangermanns Forschungen und Überlegungen aufbauende Forschung widerspricht jener historischen Forschung, die sich an Friedrich II. und Bismarck orientiert. Diese bewertet die Österreich nachteilige Schließung des Bündnisses mit Preußen 1791 als „zweite diplomatische Revolution". In dieser Forschung wird Kaunitz mit seinem sich an Menschenliebe und theologischer Toleranz orientierenden Gerechtigkeitsbegriff entsprechend abgewertet, eine Einschätzung, die die österreichische Geschichtsforschung bis in die zweite Republik tief beeinflusste – Friedrich Walter natürlich vor allem, aber Wandruzska und m. E. auch die neueren Studien Michael Hochedlingers und Vocelkas, die die Aufklärung und ihre Vertreter im Habsburgerreich schlecht machen und die Aufklärungszeit auf einige Jahre, wenn überhaupt auf einige Jahrzehnte begrenzen wollen. Es zeigt sich ein weiteres Mal, wie weit entfernt von der historischen Realität die Vorstellung vom Fürsten als „Philosophen auf dem Thron" ist. Über den *philosophe* als erwünschten, bzw. auch gelegentlich nicht erwünschten Mitarbeiter und Berater der Fürsten kann man aus meiner Studie einiges lernen. Ich habe versucht, dem Fürsten Kaunitz und den beiden Freiherrn van Swieten den ihnen in unserer Geschichtsschreibung gebührenden Platz als Vertreter der österreichischen Aufklärung im „großen achtzehnten Jahrhundert" anzuweisen. Das Schaffen der bedeutendsten Künstler dieser Epoche, Gluck und Mozart kann im Zusammenhang mit diesem Spannungsverhältnis betrachtet und so unseres Erachtens vielleicht sogar besser verstanden werden.

17. Abkürzungsverzeichnis

AÖG:	Kommission zur Pflege vaterländischer Geschichte der kaiserlichen Akademie der Wissenschaften (Hg.), Archiv für Österreichische Geschichte, Wien
AH:	Acta Historica
AHY:	Austrian History Yearbook, Center for Austrian Studies, University of Minnesota
AMAE CP:	Archives Nationales du Ministère des Affaires Etrangeres, Correspondance Politique
BBLI/61:	Bremer Beiträge zur Literatur- und Ideengeschichte, Bd. 61, 2011
fol:	Blatt
FSEW:	G. Ammerer, H. Haas (Hg.), Ambivalenzen der Aufklärung, Festschrift für Ernst Wangermann, München, 1997
FRA:	Österreichische Akademie der Wissenschaften (Hg.), Fontes Rerum Austriacarum
GMT:	Alfred von Arneth, Geschichte Maria Theresias
HHSTA:	Haus-, Hof- und Staatsarchiv
HB:	[Kropatschek J.Hg.], Handbuch aller unter der Regierung des Kaisers Joseph des II. für die k.k. Erbländer ergangenen Verordnungen und Gesetze in einer sistematischen Verbindung,
HSS:	Handschriftensammlung
Jb … öG18:	Jahrbuch (Jahreszahl) der österreichischen Gesellschaft zur Erforschung des 18. Jahrhunderts
JLK:	Beer A. (Hg.), Joseph II., Leopold II. und Kaunitz. Ihr Briefwechsel, Wien, 1873
KA:	Kabinettsarchiv
KAJ:	E. Kovács (Hg.), Katholische Aufklärung und „Josephinismus", Wien, 1979
	Kaunitz: G. Klingenstein, F. A. Szabo (Hg.), Staatskanzler Wenzel Anton von Kaunitz-Rietberg 1711–1794, Graz-Esztergom, 1996
KK:	Kabinettskanzlei
KV:	Konvolut
MIÖG:	Mitteilungen des Instituts für Österreichische Geschichtsforschung
MZA:	Morawske Zemski Archiv, Brno
NCMH:	New Cambridge Modern History
NLK:	Nachlass Kaunitz
ÖNB:	Österreichische Nationalbibliothek
ÖEA:	R. Plaschka, G. Klingenstein u. a. (Hg.), Österreich im Europa der Aufklärung. Kontinuität und Zäsur in Europa zur Zeit Maria Theresias und Josephs II. Internationales Symposion in Wien 20.–23. Oktober 1980, 2 Bd., Wien, 1985
ÖiGuL:	Institut f. Österreichkunde (Hg.), Österreich in Geschichte und Literatur

PCJII:	F. A. J. Szabo, A. Szántay, István György Tóth (Hg.), Politics and Culture in the Age of Joseph II, Institute of History Hungarian Academy of Sciences, Budapest, 2005
r:	recte oder Vorderseite des Blatts = fol.
RiT:	Révue internationale de Théologie
SHK:	Studienhofkommission
STK:	Staatskanzlei
StR:	Staatsratsakten
StR/A:	Staatsratsakten-Abschriften
TBZ:	G. Klingenstein, E. Faber und A. Trampus (Hg.), Europäische Aufklärung zwischen Wien und Triest. Die Tagebücher des Gouverneurs Karl Graf Zinzendorf 1776–1782, 4 Bd.Wien 2009 und Österreichisches Staatsarchiv, Abteilung: HHSTA, Bände 38–40 (1793/4).
v:	verso oder Rückseite des Blatts
WBR:	Wienbibliothek Rathaus

18. Bibliographie

18.1. Primäre handschriftliche Quellen

Österreichisches Staatsarchiv, Abteilung: HHSTA.
Kabinettskanzlei, Nachlass Kaunitz KV: „Gutachten/Original-Konzepte“/KV: „Manuscripte“.
Kabinettsarchiv, Kaunitz-Voten: 1767–1794.
Staatskanzlei/Vorträge: 1771–1792.
–/ Friedensakten, Karton 75, 1791–1794,
–/ Preußen, 1777–1782.
Vertrauliche Akten, Karton 8 (alt Fasz. 7–8), Karton 9 (alt Fasz. 8).
Tagebuch Zinzendorf, Bd.38–40 (1793/4).
Staatsratsakten Karton 1. Das ist der einzige Karton, der den Krieg überlebte.
–/ Abschriften 2 Kartons. Es handelt sich um maschinschriftliche Abschriften eines Dissertanten aus den Staatsratsakten, die dieser nach dem Krieg dem HHSTA zur Verfügung stellte. Dieses Material wurde bislang wenig ausgewertet.
Staatsratsprotokolle 1767–1794.
10 Mikrofilm-Rollen mit der Signatur: Ergänzungsfilme 83. Es handelt sich um die Berichte des französischen Botschafters in Wien und die Weisungen des französischen Außenministeriums an diesen, aus dem Pariser Nationalarchiv, Archiv des Außenministeriums, mit der Signatur: AMAE CP Autriche, Bd. 352–363.
Staatskanzlei/Preußen (Berichte Weisungen), Karton 55, 59.

Moravske Zemski Archiv, Brno: Familienarchiv der Kounitze.

Österreichische Nationalbibliothek, Handschriftensammlung.
Autographen, 296/7–2, –18, –21, 13/79–1.
Alter Bestand, Cod. 9717, 9718, 9719.

Weil die wichtigsten Quellen für die Erforschung der Ära Kaunitz, die Staatsrats-Akten, durch die Einwirkungen des zweiten Weltkrieges vernichtet wurden, musste zu den nicht publizierten Wiener Abschriften auf publizierte Auszüge daraus in einschlägigen Werken zurück gegriffen werden. Für Ungarn sind das die Auszüge der Forschungen von G. Ember in den Acta Historica. Für die gesamte Habsburgermonarchie sind die ersten drei Bände der von Ferdinand Maaß angelegten Quellensammlung mit dem irreführenden Titel: „Der Josephinismus“ unentbehrlich.

18.2. Primäre gedruckte Quellen

18.2.1. Dokumente-Sammlungen, inkl. Briefsammlungen, Mémoiren

Arneth Alfred von (Hg.), Joseph II. und Leopold von Toscana. Ihr Briefwechsel von 1781 bis 1790, 2 Bd., Wien 1872.
–, Maria Theresia und Joseph II. Ihre Correspondenz sammt Briefen Josephs an seinen Bruder Leopold, 3 Bd., Wien 1868.
–, Joseph II. und Katharina von Russland. Ihr Briefwechsel, Wien 1869.

–, Flammermont Jules (Hg.), Correspondance secrète du Comte de Mercy-Argenteau avec l'Empereur Joseph II et le Prince de Kaunitz, Paris, 2 Bd.1891.
Barton Peter (Hg.), Im Zeichen der Toleranz, Wien 1981.
Bauer Wilhelm, Deutsch Otto (Hg.), W. A. Mozart, Gesamtausgabe, Briefe und Aufzeichnungen, Bd. 3, 1963.
Beer Adolf (Hg.). Denkschriften des Fürsten Wenzel Kaunitz-Rittberg, in: Archiv für Österreichische Geschichte, Bd. 48.
–, Leopold II., Franz II. und Katharina: Ihre Correspondenz nebst einer Einleitung zur Geschichte der Politik Leopold II., Leipzig 1874.
–, Joseph II., Leopold II. und Kaunitz. Ihr Briefwechsel, Wien 1873.
Beer Adolf/Fiedler Joseph (Hg.), Joseph II. und Graf Ludwig Cobenzl, ihr Briefwechsel, in: FRA, 2. Abt., Bd. 53, 54, 1900, 1901.
Benda Kalman (Hg.), A Magyar Jakobinusok iratai, 3 Bd., Budapest 1952–1957.
Berzeviczy Aladár von (Hg.) Aus den Lehr und Wanderjahren eines ungarischen Edelmannes aus dem vorigen Jahrhundert: Gregor von Berzeviczy an seine Mutter aus Deutschland, Frankreich und England in den Jahren 1784 bis 1787, Leipzig 1897.
Catalogus librorum a commissione caes. reg. aulica prohibitorum, Editio nova. Viennae, Austriae, 1776.
Cooper Anthony Ashley, Third Earl of Shaftesbury, Standard Edition: Sämtliche Werke in englischer Sprache mit deutscher Übersetzung, Stuttgart-Bad-Cannstatt 1987–2008.
Clive Parry (Hg.), The Consolidated treaty series, New York, Bd. 47.
Dedic Paul, Der Geheimprotestantismus in Kärnten während der Regierung Karls VI. (1711–1740), in: Geschichtsverein Kärnten (Hg.), Archiv für vaterländische Geschichte und Topographie, Bd. 26, 1940 Klagenfurt.
Ember Gyözö, Der österreichische Staatsrat und die ungarische Verfassung 1761–1768 gefolgt von Abschriften Embers der Staatsratsakten 1761–17648 in: Acta Historica, Bd.6 und 7, Budapest 1959, 1960.
Feil Joseph, Sonnenfels und Maria Theresia, in: Sylvester-Spenden eines Kreises von Freunden österreichischer, vaterländischer Geschichtsforschung Nr. 5, Wien 1858.
Haselsteiner Horst, Joseph II. und die Komitate Ungarns. Herrscherrecht und ständischer Konstitutionalismus, Bd. 11 der Veröffentlichungen des österreichischen Ost- und Südosteuropa-Instituts, Wien 1983.
Janko Wilhelm Edler von, Lazarus von Schwendi. Oberster Feldhauptmann und Rat Kaiser Maximilians II., Wien 1871.
Kallbrunner Josef (Hg.), Kaiserin Maria Theresias Politisches Testament, Wien 1952.
Kenninck, Franciscus (Hg.), Les idées religieuses en Autriche de 1767 à 1787; correspondance du Dr. Wittola avec le comte Dupac de Bellegarde in: RiT, Bd. 6, 1898.
Klueting Harm (Hg.), Der „Josephinismus", in: Ausgewählte Quellen zur deutschen Geschichte der Neuzeit, Bd. 12 a, Darmstadt 1995.
Klingenstein Grete u. a. (Hg.), Europäische Aufklärung zwischen Wien und Triest. Die Tagebücher des Gouverneurs Karl Graf Zinzendorf 1776–1782, 4 Bd., Wien, 2009. Bd. 1: Grete Klingenstein, Karl Graf Zinzendorf, Erster Gouverneur von Triest, 1776–1782, Einführung in seine Tagebücher.
Kropatschek Josef (Hg.), Handbuch aller unter der Regierung des Kaisers Joseph des II. für die k.k. Erbländer ergangenen Verordnungen und Gesetze in einer sistematischen Verbindung, Wien, Moesle 1785–1790.
Küntzel Georg, Fürst Kaunitz-Rittberg als Staatsmann, Frankfurt/Main 1923.
Louthan Howard, The quest for compromise. Peacemakers in Counter-Reformation, Vienna Cambridge 1997.
Maaß Ferdinand, Der Josephinismus. Quellen zu seiner Geschichte in Österreich 1760–1790, 3 Bd., in: FRA, 2. Abt., Bd.71–3, Wien 1951–1956.

Mohnike Gottlieb, Briefwechsel zwischen Kaiser Joseph dem Zweiten und Clemens Wenzel, Churfürsten von Trier. Ein Beitrag zur Geschichte der kirchlichen Reformationshandlungen des Kaisers in: Illgen Christian Friedrich (Hg.), Zeitschrift für die historische Theologie. In Verbindung mit der historisch-theologischen Gesellschaft zu Leipzig, Bd. 4, 1834.

Müller Josef, Der pastoraltheologische Ansatz in Rautenstrauch's *Entwurf zur Einrichtung der theologischen Schulen*, in: Wiener Beiträge zur Theologie, XXIV, 1969.

Pribram, Alfred, Francis (Hg.), Urkunden und Akten zur Geschichte der Juden in Wien, 2 Bd.= Historische Kommission der israelitischen Kultusgemeinde in Wien (Hg.), Quellen und Forschungen zur Geschichte der Juden in Deutsch-Österreich, VIII, Wien 1918.

Publikationen des österreichischen Kulturinstituts in Rom II. Abteilung, Quellen II. Reihe: Nuntiaturberichte 1. Bd. = Wien 1970.

Schlitter Hanns (Hg.), Briefe der Erzherzogin Marie Christine, Statthalterin der Niederlande an Leopold II. nebst einer Einleitung: Zur Geschichte der französischen Politik Leopolds II. in: FRA, 2. Abt., Bd. 48, 1. Hälfte 1896.

–, Geheime Correspondenz Josephs II. mit seinem Minister in den österreichischen Niederlanden Ferdinand Grafen Trauttmansdorff 1787–1789, Wien 1902.

–, Die Reise des Papstes Pius VI. nach Wien und sein Aufenthalt daselbst, in: FRA 2. Abt., Bd. 47, Wien 1892.

–, Die Regierung Josefs in den österreichischen Niederlanden, Wien 1900.

–, Briefe und Denkschriften zur Vorgeschichte der Belgischen Revolution, Wien 1900.

Tourneux Maurice (Hg.), Mémoires de Marmontel publiés avec préface, notes et tables, Réimpression de l'édition de Paris, 1891, Slatkine Reprints, 3 Bd., Genève 1967.

Volek Tomislav / Ivan Bittner (Hg.), Mozartischen [sic] Spuren in böhmischen und mährischen Archiven, Einführung Tomislav Volek, Prag 1991.

Wagner Stephan, Der politische Kodex. Die Kodifikationsarbeiten auf dem Gebiet des öffentlichen Rechts in Österreich 1780–1818 in: Schriften zur Verfassungsgeschichte, Bd. 70, 2004.

Weiß Christoph (Hg.), Johann Georg Zimmermann, Memoire an Seine Kaiserlichkönigliche Majestät Leopold den Zweiten über den Wahnwitz unsers Zeitalters = Kleines Archiv des achtzehnten Jahrhunderts, Bd. 24, 1995.

Waldner Eugen, Histor. Institut der Universität Bern (Hg.), Quellen zur Neueren Geschichte, Heft 33 (1976): Hirtenbrief des hochwürdigsten Herrn Johann Joseph Erzbischofs zu Wien, Reichsfürsten, Grafen Trautsohn von Falkenstein, an die Geistlichkeit, besonders an die Prediger seines Kirchensprengels, gegeben zu Wien aus dem Pallaste unserer erzbischöflichen Residenz. Den 1. Jäner 1752.

Walter Friedrich, Österreichische Zentralverwaltung II/3, in: Veröffentlichungen der Kommission für neuere Geschichte Österreichs, Bd. 29, 1934.

Vivenot Alfred von / Zeissberg Heinrich von (Hg.), Quellen zur Geschichte der deutschen Kaiserpolitik Österreichs während der französischen Revolutionskriege 1790–1801, 4 Bd., Wien 1873 ff.

18.2.2. Zeitg. Zeitungen, Werke, Broschüren, Theaterstücke

Alxinger, Johann, Baptist von, Anti-Hoffmann, 1. Teil, S. 50–1, „Zweytes und, Gott gebe! Letztes Stück", beide Wien 1792.

–, Ueber Leopold den Zweyten, Berlin 1792.

Bauer, Anton, Ausführliche Geschichte der Reise des Pabstes Pius VI. (Braschi) von Rom nach Wien, 3 Bd., Wien 1783

„Bélisaire par M. Marmontel de l'Académie Françoise. Chez Johann Thomas Noble de Trattnern à Vienne" 1767.

„Belisar von dem Herrn Marmontel, Mitglied der franz[ösischen] Akademie. Aus dem Französischen übersetzt und mit neuen Anmerkungen begleitet [...]" Wien,/gedruckt bey Joh[ann] Th[omas] Edlen von Trattnern, kaiserl. königl. Hofbuchdruckern und Buchhändlern, Wien, 1768, ²1769.

Bélisaire par Marmontel, nouvelle édition augmenté, Lausanne 1784.

Bodi Leslie (Hg.), Paul Weidmann: Der Eroberer, eine Parodie der Macht, Nachdruck der Ausgabe von Wien, 1786, reprint: Verlag Winter, Leipzig 1997.

[Anonym], Beurtheilung der Fragmente über die jetzigen politischen Angelegenheiten in Ungarn, Babel genannt, Deutschland = Wien 1790.

[Anonym], „Des grossen Erasmus von Rotterdam Gedanken über die Feyertage, die Fasten, und die Priesterehe. In einem Schreiben an den Hochwürdigsten Bischof Christophorus zu Basel", Wien 1782.

Cotta Friedrich, „Bürger von Frankreich", Strasburgisches politisches Journal, eine Zeitschrift für Aufklärung und Freiheit, Bd. 1 =1792.

Grossinger Joseph, Uiber das Antwortschreiben des Herrn Fürsten von Kaunitz-Rietberg an Se. Kaiserl. Majestät, Wien 1781.

Heßl, Ignaz Benedikt, Freimüthige Gedanken über das neue Grundsteuer-Rektifikationsgeschäft. Nach den zwei Hauptgesetzen vom 20ten April 1785 und 10ten Hornung 1780, Wien 1789.

[Hoffmann Leopold Alois], Babel: Fragmente über die jetzigen politischen Angelegenheiten in Ungarn, 1790.

Huber Franz Xaver, Kann ein Schriftsteller wie Herr Professor Hoffmann, Einfluß auf die Stimmung der deutschen Völker, und auf die Denkart ihrer Fürsten haben? An Herrn La Veaux, Verfassers des Strasburger [sic] französischen Couriers. Von Franz Xaver Huber, Verfasser des Schlendrian, Wien 1792.

[Kratter Franz], Briefe über den itzigen Zustand von Galizien. Ein Beitrag zur Staatistik und Menschenkenntnis. Zwei Theile, Leipzig = Wien 1786.

Krsowsky von Krsowitz Ferdinand Taubmann, Kritik über die Artikel, so zwischen Joseph dem II. und Pius dem VI. zu Wien sind abgeschlossen worden, Wien [1782].

Promemoria Sr. Exzellenz des hiesigen päpstlichen Herrn Nuntius [...] vom 12. Dezember 1781 samt der von des geheimen Hof- und Staatskanzlers Fürsten v. Kaunitz-Rietberg [...] ertheilten Antwort in Betreff verschiedener landesfürstlicher Verfügungen in geistlichen Sachen, Wien 1782.

Realzeitung oder Beyträge und Anzeigen von gelehrten und Kunstsachen 1780.

Rautenstrauch Johann, Biographie Marien Theresiens, Wien und Presburg 1780.

Riedel Friedrich Justus, Nöthige Beylage zu der Rautenstrauchischen Biographie Marien Theresens Auf Verlangen vieler Patrioten Deutschlands, Wien 1780.

Rohrer Joseph, Bemerkungen auf einer Reise von der Türkischen Gränze über die Bukowina durch Ost- und Westgalizien, Schlesien und Mähren nach Wien, Wien 1804.

Schlözer, August Ludwig von: Schloezer's Briefwechsel meist historischen und politischen Inhalts, Göttingen, 1777–82, 10 Teile in 10 Bd., hier: Teil 5 = Jg 1779.

[Zanetti, Sigmund Edler von], Nachricht von der wahren Beschaffenheit der neuen Steuer- und Urbarialregulierung in den k.k. deutschen Erbstaaten und in Galizien, Wien 1790.

18.3. Sekundärliteratur

Für die Erforschung der rechtlichen Situation der Juden in Galizien diente mir das selten zitierte Buch Michael Stögers, „Darstellung der gesetzlichen Verfassung der galizischen Judenschaft" (Lemberg, Przemysl, Stanislawow, Tarnow, 1833, 2 Bd.). Prof. Dr. (Dominik) Seyfried Koefil wird in diesem Werk als Verfasser eines Werks: „Systematischer Auszug aus dem für Gallizien bestehenden politischen Gesetze und Verordnungen", Lemberg, 1791, zitiert. Ob es sich um das Mitglied der Loge Zur Wahren Eintracht, Dominik von Köfil handelte, das 1785 zum Professor der politischen Wissenschaften an der Universität Lemberg ernannt wurde, oder um dessen Sohn, ist nicht erforscht. Ich danke Herrn Wangermann für diesen Hinweis.

Arneth, Alfred Ritter von, Biographie des Fürsten Kaunitz. Ein Fragment (posthum), in: Kommission zur Pflege vaterländischer Geschichte der kaiserlichen Akademie der Wissenschaften (Hg.), Archiv für Österreichische Geschichte, Bd.88, Wien 1900.

–, Geschichte Maria Theresias, 10 Bd., Wien 1863–1879.

Bahlcke Joachim, Ungarischer Episkopat und österreichische Monarchie, Stuttgart 2005.

Balázs Éva H., Hungary and the Habsburgs 1765–1800. An Experiment in Enlightened Absolutism, Central European University Press, Budapest 1987.

Barany George, Hoping agaist Hope: The Enlightened Age in Hungary, in: The American Historical Review, Bd. 76, 1971.

Beales Derek, Joseph II. In the shadow of Maria Theresa 1741–1780, 2 Bd., Cambridge 1987, 2009.

–, Prosperity and Plunder, European Catholic monasteries in the age of revolution: 1650–1815, Cambridge 2003.

–, Die auswärtige Politik der Monarchie vor und nach 1780, in: ÖEA, Bd. 1.

Beer Adolf, Die Finanzverwaltung Oesterreichs 1749–1816, in: MIÖG, Wien, Bd. 15, 1894.

Benedikt Heinrich, Als Belgien österreichisch war, Wien 1965.

Bernard Paul, Joseph II and the Jews: the Origins of the Toleration Patent of 1782 in: AHY, Minnesota, Bd.4, 5, 1968, 1969.

Brandl Manfred, Marc Anton Wittola (1736–1797), in: Brandl Manfred (Hg.), Forschungen zur Geschichte der katholischen Aufklärung, Bd. 1, Wien 1974.

–, Der Kanonist Joseph Valentin Eybel (1741–1805), Steyr 1976.

Bruer Albert, Aufstieg und Untergang. Eine Geschichte der Juden in Deutschland (1750–1918), Köln und Wien 2006.

Dickson P. G. M., Finance and Government under Maria Theresia 1740–1780, 2 Bd., Oxford 1987

–, Joseph II's Hungarian land Survey, in: English Historical Review (1991).

–, Joseph II Reshaping of the Austrian Church, in: The Historical Journal, 36 (1993).

Donnert Erich, Joseph II. und Katharina II. Ein Beitrag zu Österreichs Russland- und Orientpolitik 1780 bis 1790, in: ÖEA, Bd. 1.

Dvorak Johann, Joseph von Sonnenfels und die Wiedereinführung der Literarität in der Habsburger-Monarchie, in: Johann Dvorak (Hg.), Aufklärung, Demokratie und die Veränderung der gesellschaftlichen Verhältnisse. Texte über Literatur und Politik in Erinnerung an Walter Grab (1919 200), in: Bremer Beiträge zur Literatur- und Ideengeschichte, Bd. 61 = 2011.

Egger Norbert, Aufklärung, Herrschaftskritik, Zensur. Zu Leben und Werk des österreichischen Dichters Johann Baptist von Alxinger (1755–1797), im gesellschaftlichen und politischen Kontext, Diplomarbeit der Universität Salzburg, 1998.

Ember Győző, Der österreichische Staatsrat und Ungarn in den 1760er Jahren in: Drabek Anna u. a. (Hg.), Ungarn und Österreich unter Maria Theresia und Josephs II., Wien 1982.

Fejtö François, Un Habsbourg Révolutionnaire, Joseph II., Paris 1953.

Fischel Alfred, Christian Julius von Schierendorff, ein Vorläufer des liberalen Zentralismus im Zeitalter Josefs I. und Karls VI., in: Studien zur österreichischen Rechtsgeschichte, Wien 1906.

Fournier Armand, Gerhard van Swieten als Censor in: Sitzungsberichte der kaiserlichen Akademie der Wissenschaften, Bd. 84, 1. Heft, Wien 1876.

Gall Franz, Die alte Universität, in: Pötschner Peter (Hg.), Wiener Geschichtsbücher, Bd. 1, 1970.

Garms Cornides Elisabeth, Zwischen Giannone Muratori und Metastasio, in: Formen der europäischen Aufklärung. Untersuchungen von Christentum, Bildung und Wissenschaft im 18. Jahrhundert, Wien 1976.

Gragger Robert, Preußen, Weimar und die ungarische Königskrone, 1923.
Grünberg Karl, Franz Anton von Blanc. Ein Sozialpolitiker der theresianisch-josefinischen Zeit, München und Leipzig 1921.
–, Die Bauernbefreiung und die Auflösung des gutsherrlich-bäuerlichen Verhältnisses in Böhmen, Mähren und Schlesien, 2 Bd., Leipzig 1893,1894.
Hasquin Hervé, Joseph II. Catholique anticlérical et réformateur impatient 1741–1790, Brüssel 2007.
Härter Karl, Reichstag und Revolution 1789–1806, in: Schriftenreihe der Historischen Kommission bei der Bayerischen Akademie der Wissenschaften, Bd. 46, Göttingen 1992.
Helfert Joseph Alexander Frh. von, Die österreichische Volksschule Geschichte, System, Statistik, Bd. 1: Die Gründung der österreichischen Volksschule durch Maria Theresia, Prag 1860.
Heindl Waltraud, Bureaucracy, Officials, and the State in the Austrian Monarchy: Stages of Changes since the Eighteenth Century, in: AHY, Bd. 37, 2006.
Hersche Peter, Der Spätjansenismus in Österreich in: Veröffentlichungen der Kommission für die Geschichte Österreichs, Bd. 7, Wien 1977.
Hill Christopher, Milton and the English Revolution, London 1977.
Hock Carl, Bidermann Hermann, Der österreichische Staatsrat (1760–1848) Eine geschichtliche Studie, Wien, 1879.
Jacob Margaret, Radicalism in the Dutch Enlightenment in: Jacob Margaret (Hg.), The Dutch Republic in the Eighteenth Century, decline, enlightenment and revolution, Cornell Univ. Press, 1992.
Karniel Joseph, Fürst Kaunitz und die Juden, in: Jahrbuch des Instituts für Deutsche Geschichte, Bd. 12, Tel-Aviv 1983.
–, Die Toleranzpolitik Kaiser Josephs II., in: Schriftenreihe des Instituts f. deutsche Geschichte der Universität Tel Aviv, Bd. 9, Gerlingen 1985.
Klingenstein Grete, Staatsverwaltung und kirchliche Autorität im 18. Jahrhundert, Wien 1970.
Kohrs Doris, Aufklärerische Kritik der Allgemeinen Deutschen Bibliothek Friedrich Nicolais an den Wiener Schriften des Josephinischen Jahrzehnts, Wien 1981.
Komlosy Andrea, Der Staat schiebt ab. Zur nationalstaatlichen Konsolidierung von Heimat und Fremde im 18. und 19. Jahrhundert, in: Querschnitte, Bd. 20, 2006.
Kowalská Eva, Gottfried van Swieten and the protestants: The case of the mixed schools, in: PCJII.
Krones Franz, Ungarn unter Maria Theresia und Joseph II. 1740–1790. Geschichtliche Studien im Bereiche des inneren Staatslebens, Graz 1871.
Lambrecht Karen, Tabelle und Toleranz Johann Ignaz von Felbigers Reform der Volksschulbildung in Ostmitteleuropa, in Jb2004ÖG18.
Lax Louis, Der Abfall der Belgischen Provinzen von Oesterreich, Aachen und Leipzig 1836.
Lettner Gerda, Das Rückzugsgefecht der Aufklärung in Wien 1790–1792, Campus Forschung Bd. 558, 1988.
–, Laßt „Bürgerfreunde" statt der Fürsten regieren! Politische Doktrin und Aktion d. österreichischen Bürokratie im 18. Jahrhundert, in: ÖiGuL, Heft 1, Jg 33, 1789.
Lennhoff Eugen, Posner Oskar, (Hg.), Internationales Freimaurerlexikon, Zürich 1932.
Lentze Hans, Joseph von Sonnenfels 1732–1817, in: ÖiGuL, Jg 16, 1972.
Lewin Maurcy, Geschichte der Juden in Galizien unter Kaiser Joseph II., Wien 1933.
Loebenstein Eva-Marie, Johann Rautenstrauch und seine Biographie Maria Theresias, in: ÖiGuL, Jg 15, 1971.
Malyusz Elemér, Kaunitz über die Kulturpolitik der Habsburgermonarchie, in: Südostdeutsche Forschungen II, Leipzig 1937.
Marczali Heinrich, Ungarische Verfassungsgeschichte, Tübingen 1910.
Mitrofanov Paul von, Joseph II. Seine politische und kulturelle Tätigkeit, 2 Bd., Wien 1910.

Müller Josef, Der pastoraltheologische Ansatz in Rautenstrauch's „Entwurf zur Einrichtung der theologischen Schulen", in: Wiener Beiträge zur Theologie, Bd. 24, Wien 1969.

Mumelter von Sebernthal Franz Joseph, ordentlicher Lehrer der allgemeinen Weltgeschichte auf der hohen Schule Wien, Ueber die Verdienste Oesterreichischer Regenten um das Deutsche Reich, Wien 1790.

Orto Umberto, La Nunziatura a Vienna di Giuseppe Garampi 1776–1785, Vatikan 1995.

Pasetzky Gilda, Political and Civic Consciousness in the Mozart's Salzburg, in: R. Wagnleitner (Hg.), Satchmo Meets Amadeus, Innsbruck 2006.

Pesendorfer Franz, Feldmarschall Loudon. Der Sieg und sein Preis, Wien 1989.

Pörtner Regina, Propaganda, Conspiracy, Persecution: Prussian Influences on Habsburg Religious Policies from Leopold I. to Joseph II., in: Jb2004öG18.

–, Die Kunst des Lügens. Ketzerverfolgung und geheimprotestantische Überlebensstrategien im theresianischen Österreich, in: Johannes Burkhardt, Christine Werkstätter (Hg.), Kommunikation und Medien in der Frühen Neuzeit (=Beihefte der Historischen Zeitschrift, Neue Folge 41) München 2005.

Polasky Janet L., Revolution in Brussels 1787–1793, in: Académie Royale de Belgique (Hg.), Classe des Lettres, Mémoires, deuxième série, Heft 4, Bd. 66, Brüssel 1982.

Renwick John, Reconstruction and Interpretation of the genesis of the *Bélisaire* Affair, in: Ders. (Hg.), Jean-François Marmontel (1723–1799) – Dix Études, Paris 2001.

Roegiers Jan, Die Bestrebungen zur Ausbidlung einer Belgischen Kirche und ihre Analogie zum österreichischen (theresianischen) Kirchensystem, in: KAJ, Wien 1979.

Rosenstrauch-Königsberg Edith, Cagliostro und Wien – Das letzte Opfer der päpstlichen Inquisition, in: FSEW.

–, Freimaurerei im josephinischen Wien. Aloys Blumauers Weg vom Jesuiten zum Jakobiner, Wien 1975.

Rozdolsky Roman, Die große Steuer- und Agrarreform Josefs II. Ein Kapitel zur österreichischen Wirtschaftsgeschichte, Warschau 1961.

Sashegyi Oskar, Zensur und Geistesfreiheit unter Joseph II., in: Studia Historica Academiae Scientiarum Hungaricae, Bd. 16, Budapest 1958.

Steiner Gerhard, Freimaurer und Rosenkreuzer – Georg Forsters Weg durch Geheimbünde, Berlin 1987.

Stöger Michael, Darstellung der gesetzlichen Verfassung der galizischen Judenschaft, 2 Bd., Lemberg, Przemysl, Stanislawow, Tarnow, 1833.

Szabo Franz, Kaunitz and enlightened absolutism 1753–1780, Cambridge 1994.

–, The Seven Years War in Europe 1756–1763, in: Modern Wars in Perspective, 2008.

–, Prolegomena to an englightened despot? Text and Subtext in Joseph II's Co-Regency Memoranda, in: PCJII.

Szántay Antal, Regionalpolitik im Alten Europa. Die Verwaltungsreformen Josephs II. in Ungarn, in der Lombardei und in den österreichischen Niederlanden 1785–1790", Akadémiai Kiadó, Budapest 2005.

Tassier Suzanne, Les Démocrates Belges de 1789, étude sur le Vonckisme et la Révolution Brabançonne", in: Académie Royale de Belgique (Hg.), Classe des Lettres, Mémoires, deuxième série, Bd. 28, Brüssel 1932.

Tietze Hans, Die Juden Wiens: Geschichte – Wirtschaft – Kultur (Reprint der Ausgabe von 1933), Wien 1987.

Vocelka Karl, Glanz und Untergang der höfischen Welt, Repräsentation Reform und Reaktion im habsburgerischen Vielvölkerstaat, in: Wolfram Herwig (Hg.), Österreichische Geschichte 1699–1815, 2001.

Vocelka Karl, Österreichische Geschichte, München, [3]2010.

Vösenhuber Kurt, Die Folgen der Aufhebung der josephinischen Steuer- und Agrarreform in Niederösterreich, Salzburg 1992.

Walter Friedrich, Kaunitz' Eintritt in die innere Politik, in: MIÖG, Bd. 46, 1932.
Wandruszka Adam, Leopold II., Erzherzog von Österreich, Großherzog von Toskana, König von Ungarn u. Böhmen, römischer Kaiser, 2 Bd., Wien 1964, 1965.
Wangermann Ernst, From Joseph II. To the Jacobin Trials. Government Policy and Public Opinion in the Habsburg Dominions in the Period of the French Revolution, Oxford University Press, [1]1959, [2]1969.
–, The Habsburg Possessions and Germany, in: NCMH, Bd. 8, 1965.
–, Von Joseph II. zu den Jakobinerprozessen, Wien 1966 = deutsche Übersetzung mit den Originalzitaten.
–, The Austrian Achievement 1700–1800, London 1973.
–, Aufklärung und staatsbürgerliche Erziehung. Gottfried van Swieten als Reformator des österreichischen Unterrichtswesens 1781–1791, Wien 1978.
–, Josephinismus und katholischer Glaube, in: KAJ, Wien 1979.
–, Matte Morgenröte. Verzug und Widerruf im späten Reformwerk Maria Theresias, in: Koschatzky Walter (Hg.), Maria Theresia und ihre Zeit, Residenz Verlag, Salzburg 1979.
–, Josephiner, Leopoldiner und Jakobiner, in: Einzelveröffentlichungen der Historischen Kommission zu Berlin, Bd. 29, 1980.
–, La Revolution Française imaginée dans l'empire des Habsbourg, in: Centre d'Études et de Recherches Autrichiennes (Hg.), Austriaca Cahiers Universitaires d'Information sur l'Autriche, N° 11, Novembre, 1980.
–, Fortschritte, Methode, Konfession und deutsche Sprache in den österreichischen Volksschulen unter Gottfried van Swieten in: Les Lumières en Hongrie, en Europa Centrale et en Europe Orientale in: Actes du Cinquième Colloque de Matráfüred, 1981.
–, Reform Catholicism and Political Radicalism, in: Porter Roy / Teich Mikulas (ed.), The Enlightenment in National Context, Cambridge 1981.
–, Deutscher Patriotismus und österreichischer Reformabsolutismus im Zeitalter Josephs II., in: Wiener Beiträge zur Geschichte der Neuzeit, Bd. 9, Wien 1982.
–, Die Geschichte Göttweigs vom Ausgang des 18. Jahrhunderts bis zum Ende der Monarchie, in: Bayerische Benediktinerakademie (Hg.), Studien und Mitteilungen zur Geschichte des Benediktiner-Ordens und seiner Zweige, Heft I–II Bd. 94, Jg 1983.
–, Joseph II. – Fortschritt und Reaktion
–, Kontinuität und Zäsur in Europa zur Zeit Maria Theresias und Josephs II., beide in: ÖEA.
–, Die Habsburger, ihre Untertanen und Friedrich II., in: Treue Wilhelm (Hg.), Preußens großer König. Leben und Werk Friedrichs des Großen. Eine Ploetz-Biographie, Freiburg, Würzburg 1986.
–, Revolution in music – music in revolution, in: Porter Roy / Teich Mikulas (ed.), Revolution in History, Cambridge, first published: 1986, reprinted: 1993.
–, Joseph von Sonnenfels und die Vaterlandsliebe der Aufklärung, in: Reinalter Helmut (Hg.), Joseph von Sonnenfels, Wien 1988.
–, Wien und seine Kultur zur Zeit Glucks in: Gluck-Studien, Bd. 1, Kassel 1989.
–, The Conditions of National Consciousness in the Epoch of Enlightenment in: ISECS (Hg.) Studies on Voltaire and the Eighteenth Century, Bd. 264, Oxford 1989.
–, Die Freimaurerei Österreichs im 18. Jahrhundert, in: Csobadi Peter (Hg.), Wolfgang Amadeus – Summa Summarum; das Phänomen Mozart: Leben, Werk, Wirkung, Wien 1990.
–, The Austrian Enlightenment and the French Revolution in: Brauer Kinley / Wright William (ed.), Austria in the Age of the French Revolution 1789–1815, Center for Austrian Studies University of Minnesota 1990.
–, Preußen und die revolutionären Bewegungen in Ungarn und den österreichischen Niederlanden zur Zeit der Französischen Revolution, in: Büsch Otto / Neugebauer-Wölk Monika (Hg.), Veröffentlichungen der Historischen Kommission zu Berlin, Bd. 78, 1991.

–, Publizistik als Parlamentsersatz bei Staatstheoretikern der Josephinischen Ära, in: Benedikt Moriz (Hg.), Verdrängter Humanismus-Verzögerte Aufklärung. Österreichische Philosophie zur Zeit der Revolution und Restauration (1750–1820), Wien 1992.
–, Grillparzer und das Nachleben des Josephinismus, in: Anzeiger der österreichischen Akademie der Wissenschaften, phil.-hist. Klasse, Jg 128, 1991, Wien 1992.
–, Die Reaktionen auf die Reformen Josephs II. in der Broschüren-Literatur, in: A tudomány solgálatában, Festschrift für Kalman Benda, Budapest 1993.
–, Ethik und Ästhetik: Moralische Auflagen an die schönen Künste im Zeitalter der Aufklärung, in: Barth-Scalmani Gzbda, Mazohl-Wallnig Brigitte, Wangermann Ernst (Hg.), Genie und Alltag. Bürgerliche Stadtkultur zur Mozartzeit, Salzburg 1994.
–, Österreichische und ungarische Briefe zum Reformwerk Joseph II. und zur ständisch-adeligen Oppositionsbewegung in Ungarn, (Vortrag gehalten 1979 in Studienkreis für Kulturbeziehungen in Mittel- und Osteuropa), in: Hanak Petr, Heindl Waltraus u. a. (Hg.), Kultur und Politik in Österreich und Ungarn, Wien 1994 (sic).
–, Gesellschaftliche und moralische Anliegen der österreichischen Aufklärung, in: Csáky Moriz u. a. (Hg.), Europa im Zeitalter Mozarts, Wien 1995.
–, Lockerung und Verschärfung der Zensur unter Joseph II. und Leopold II. in: Weinzierl Erika u. a. (Hg.), Justiz und Zeitgeschichte, 2 Bd., Wien 1995.
–, Kriminalverbrechen und Bestrafung im Josephinischen Österreich, in: ebd.
–, Aufklärung und Rechtsentwicklung im Josephinischen Österreich, in: ebd.
–, Toleranz und Minderheitenrechte in Österreich seit der Reformation in: Mitteilungen des Instituts für Wissenschaft und Kunst, 53. Jg, 1996.
–, Kaunitz und der Krieg gegen das revolutionäre Frankreich, in: Klingenstein Grete / Szabo Franz (Hg.), Staatskanzler Wenzel Anton von Kaunitz-Rietberg 1711–1794, Graz-Esztergom 1996.
–, Historical Roots of Intolerance in Austrian Society, in: Digestive Diseases, Jg. 17, Heft 5–6, 1999 „Including A Period of Darkness – The University of Vienna's Medical School and the Nazi Regime. Contributions to a Symposium held in conjunction with the 11th World Congress of Gastro-enterology, Vienna, 1998", S. 260–266.
–, „By and By We Shall Have an Enlightened Pupulace": Moral Optimism and the Fine Arts in Late-Eighteenth-Century Austria, in: AHY, Bd. 30, Minnesota 1999.
–, Wandlungen in der österreichischen Bildungspolitik von Maria Theresia bis Franz II., in: Walter Leitsch / Stanislaw Trawkowski (Hg.), Polen und Österreich im 18. Jahrhundert, Wydawnictwo Naukowe 2000.
–, Die Sonne der Aufklärung, in: Heiss Gernot / Liessmann Konrad (Hg.) Das Millennium. Essays zu tausend Jahren Österreich, Wien 2000.
–, 1781 and all that: Toleranz und Toleranzdiskussion im Jahrzehnt Josephs II., in: Jb2001öG18.
–, „Austria", in: Kors Alan Charles (ed.) Encyclopedia of the Enlightenment, Bd. 1, Oxford, 2003.
–, „Josephinism", in: ebd., Bd. 2.
–, Die Waffen der Publizität. Zum Funktionswandel der politischen Literatur unter Joseph II., in: Österreich Archiv, München 2004.
–, Giuseppinismo e Aufklärung cattolica nell'ambito dell'Università di Innsbruck in: Memorie dell'Accademia Roveretana degli Agiati, Ser. II., Bd. 8 2004.
–, Die moralische Erziehung der Jugend in den Studienplänen Gottfried van Swietens und seiner Mitarbeiter, in: Szabo Franz u. a. (Hg.), Politics and Culture in the Age of Joseph II, Institute of History Hungarian Academy of Sciences, Budapest 2005.
–, 1848 und die Emanzipation der Juden im Habsburgerreich, in: Zentrum für Jüdische Kulturgeschichte der Universität Salzburg (Hg.), Chilufim, Zeitschrift für Jüdische Kulturgeschichte, Bd. 1, 2006.
–, Freimaurerei in Wien im 18. Jahrhundert: Organisation und mentalitätsgeschichtlicher Standort, in: Hochradner Thomas / Massenkeil Günther (Hg.) Mozarts Kirchenmusik, Lieder und Chormusik, 2006.

–, An Eighteenth-Century Engine of Reform, in: AHY, Bd. 37, 2006.
–, Emigration und Transmigration österreichischer Protestanten im 18. Jahrhundert, in: Querschnitte, Bd. 20, 2006.
–, Joseph II. und seine Reformen in der Arena der politischen Öffentlichkeit, in: Schmale Wolfgang / Zedinger Renate / Mondot Jean (Hg.), Josephinismus – eine Bilanz Échecs et réussites du Joséphisme, in: Jb2007öG18.
–, Hervé Hasquin: Joseph II – Catholique anticlerical et réformateur impatient. Brüssel 2007, in: Jb2009öG18.
–, Ansätze des demokratischen Denkens in Österreich im späten 18. Jahrhundert, in: Dvorak/ Aufklärung, 2011.
–, „Vom himmlischen Gewölbe/Ströhmt reine Harmonie/Zur Erde hinab'. Aufgeklärte Religiosität im Unterricht und in den Textbüchern zu Haydns Oratorien", in: Österr. Ak. d. Wiss. (Hg.), [...] Haydns und van Swietens späte Oratorien – Aspekte ihres geistigen Hintergrunds und musikalischen Tons, Wien 2012.
Wertheimer Joseph Ritter von, Die Juden in Oesterreich. Vom Standpunkte der Geschichte des Rechts und des Staatsvortheils, 3 Teile, Leipzig 1843
Winner Gerhard, Die Klosteraufhebungen in Niederösterreich und Wien, Wien 1967.
Winkelbauer Thomas, Ständefreiheit und Fürstenmacht. Länder und Untertanen des Hauses Habsburg im konfessionellen Zeitalter, Teil 2, Wien 2004.
Winter Eduard, Der Josefinismus und seine Geschichte. Beiträge zur Geistesgeschichte Oesterreichs 1740–1848, in: Bd. 1 der Prager Studien und Dokumente zur Geistes- und Gesinnungsgeschichte Ostmitteleuropas, Brünn 1943.
Wolf Adam, Geschichtliche Bilder aus Österreich, 2 Bd., Wien 1880.
–, Leopold II. und Marie Christine, Wien 1867.
Wolf Gerson, Österreich und Preußen 1780–1790, Wien 1880.
Wolny Reinhold, Die josephinische Toleranz unter besonderer Berücksichtigung ihres geistlichen Wegereiters Johann Leopold Hay, in: Wissenschaftliche Materialien und Beiträge zur Gesch. und Landeskunde der böhm. Länder, Bd. 15, München 1973.
Wolfsgruber Cölestin, Christoph Anton Kardinal Migazzi, Fürsterzbischof von Wien, Saulgau 1890.
Wright William, serf, seigneur, and soverein. Agrarian Reform in Eighteenth-Century Bohemia, Minneapolis 1966.
Zolnai Béla, Die geistige Bedeutung des Generalseminars von Preßburg (Bratislava) für Ungarn und die slawischen Völker in: Zeitschrift für Slawistik, Bd. 1, Berlin 1956.

19. Register

19.1. Namensregister

19.2. Sachregister